Sabine Asgodom (Hrsg.)

Die Frau, die ihr Gehalt mal eben verdoppelt hat ...

Sabine Asgodom (Hrsg.)

Petra Bock / Andrea Lienhart
Ursu Mahler / Theresia Volk

Die Frau, die ihr Gehalt mal eben verdoppelt hat ...

25 verblüffende
Coaching-
Geschichten

Kösel

Verlagsgruppe Random House FSC-DEU-0100
Das für dieses Buch verwendete FSC-zertifizierte Papier
Munken White liefert Arctic Paper Munkedals AB, Schweden.

Copyright © 2008 Kösel-Verlag, München,
in der Verlagsgruppe Random House GmbH
Umschlag: 2005 Werbung, München
Umschlagmotive: Getty Images
Illustrationen: Wolfgang Pfau, Baldham
Druck und Bindung: GGP Media GmbH, Pößneck
Printed in Germany
ISBN 978-3-466-30788-3

www.koesel.de

Inhalt

Einleitung 7

Mitten ins Herz 10
Karriere okay, Ehe kaputt (Sabine Asgodom) 10
Das eigene Biotop (Dr. Petra Bock) 19
Der denkbar beste Chef (Andrea Lienhart) 28
Sturmwarnung (Theresia Volk) 39
Ich liebe dich, ich hasse dich oder:
    Alles hat seinen Preis (Ursu Mahler) 53

Das Ziel fest im Blick 66
Etappen einer Entscheidung (Ursu Mahler) 66
Geld (Dr. Petra Bock) 78
Undercover (Theresia Volk) 90
»Aber ich habe doch gar nicht studiert ...«
    (Andrea Lienhart) 102
Von den Besten lernen (Dr. Petra Bock) 113

Konflikte klug lösen 124

Die Kämpferin (Theresia Volk) 124
Ein Fall von Selbstcoaching (Andrea Lienhart) ... 138
Von der Assistentin zur Co-Managerin
 (Sabine Asgodom) 149
Rumpelstilzchens Verwandlung (Ursu Mahler) ... 156
Die Zeit läuft (Theresia Volk) 167

In Führung gehen 176

Ein Bild sagt mehr als tausend Worte ...
 (Andrea Lienhart) 176
Wer langsam geht, kommt weit (Ursu Mahler) ... 189
Fachidiot sucht Anschluss (Sabine Asgodom) .. 196
Fäuste und Fingerspitzen (Theresia Volk) 207
Mal eben das Gehalt verdoppelt
 (Sabine Asgodom) 217

Wenn Träume wahr werden 225

Von welchem Lebensstandard sprechen Sie?
 (Sabine Asgodom) 225
Die Kraft des Träumers (Dr. Petra Bock) 235
Der Traummann (Andrea Lienhart) 250
Motorrad-Susi (Ursu Mahler) 260
Die Wunderfrage (Dr. Petra Bock) 270

Danksagung 277

Die Autorinnen 278

Einleitung

Liebe Leserin, lieber Leser!

Dies ist ein Buch, das Geschichten von Coachings erzählt, also von Menschen mit Veränderungswünschen, von Gesprächen, von Beratung, von Strategiedebatten, von Methoden und Techniken, von praktischen Vorschlägen und ihrer tatsächlichen Umsetzung. Geschichten von Suchenden und Handelnden, Zweifelnden und Zielstrebigen. Von ganz normalen Menschen, die zum Teil verblüffende Erfahrungen im Coaching gemacht haben. Nicht immer verläuft ein Coaching so spektakulär wie in der Geschichte der Frau, die ihr Gehalt eben mal verdoppelt hat. Aber es ist immer eine spannende Geschichte zu sehen, was Menschen ins Coaching einbringen, welche Wandlungen sie durchlaufen und was dabei herauskommen kann.

Wir, fünf erfolgreiche Coaches aus Deutschland – Theresia Volk, Ursu Mahler, Andrea Lienhart, Dr. Petra Bock und Sabine Asgodom – lieben unseren Beruf. Denn er beinhaltet das Edelste, was wir uns vorstellen können: Die Arbeit mit Menschen. So unterschiedlich unsere Ansätze und Methoden sind, wir alle arbeiten mit dem gleichen positiven Menschenbild: Es ist spannend und lohnend, Menschen dabei zu helfen, ihr Leben aktiv zu gestalten, um so mehr Zufriedenheit und Lebensglück zu gewinnen. Konsequent lassen wir uns von Ansätzen des Coachings leiten, die Herz und Hirn, Intuition und Ratio, Gefühle und Denkansätze, Mitgefühl und Pragmatismus verbinden.

Wir wollen, dass dieses Buch wie ein Energieschub auf Sie wirkt. Bei privater oder beruflicher Neuorientierung soll es Ihnen helfen, durch unsere Beispiele Ihre Träume in erreichbare Ziele umzusetzen. Die Menschen, von denen Sie lesen werden, haben das geschafft.

Wir erzählen Ihnen 25 authentische Geschichten aus unserem Coaching-Alltag, von Frauen und Männern, Jüngeren und Älteren, Erfolgreichen und Erfolgsuchenden.

Sie werden sich wie auf dem dritten Stuhl am Coachingtisch fühlen, hautnah und ganz dabei. Natürlich haben wir alle Angaben so verändert, dass die Menschen nicht wiederzuerkennen sind und ihre Anonymität gewahrt bleiben. Die Geschichten sind ein Lehrbeispiel dafür, was Coaching bringen kann.

Was eigentlich ist Coaching?

Coaching bedeutet nicht Therapie. Coaching ist eine moderne Form der Begleitung. Es geht nicht darum, langfristig anhaltende, tiefe persönliche Probleme zu analysieren, sondern es geht darum, bei ganz konkreten Veränderungswünschen sehr schnell und effektiv, manchmal in nur wenigen Stunden, den Dialog, den Rat, die kluge Fragestellung und die Expertise des Coaches zu bieten.

Längst hat sich Coaching als eine weit verbreitete Möglichkeit der Unterstützung etabliert und ist nicht mehr Führungskräften, Künstlern oder Spitzensportlern vorbehalten. Coaching hilft Menschen:

- die Probleme mit Vorgesetzten oder Kunden haben;
- die nach der Familienphase wieder in den Beruf zurückkehren wollen;
- die erfolgreicher werden wollen;
- die ihre Lebensbalance wiederfinden wollen;
- die mehr Geld verdienen wollen;
- die den Sinn in ihrer Arbeit wiederfinden wollen;
- die sich mit anderen Menschen besser verstehen wollen;

- die sich selbstständig machen wollen;
- die sich von Zuhause abnabeln wollen;
- die sich besser organisieren wollen;
- die Ziele erkennen und erreichen wollen;
- die selbstbestimmter leben wollen;
- die etwas verändern wollen.

In den 25 Mutmachgeschichten werden Sie aber nicht nur sehen, wie in Coachings gearbeitet wird, und wie Menschen Veränderungen positiv bewältigen können, sondern wir verraten und erklären Ihnen darüber hinaus unsere favorisierten und in vielen Jahren bewährten Profi-Methoden, die Sie für sich nutzen können: entweder für ein Selbstcoaching, mit dem Sie für sich selbst auf gute Lösungen kommen, oder für Gespräche mit Freunden oder Kollegen, denen Sie als »ehrenamtlicher« Coach zur Verfügung stehen können.

Auch Coachingkollegen werden sicher Ansätze finden, die sie in ihrer Arbeit bestätigen oder bereichern.

Wir wünschen Ihnen Freude bei den spannenden Geschichten und Erfolg beim Ausprobieren der einen oder anderen Coaching-Methode.

Sabine Asgodom, München
Dr. Petra Bock, Berlin
Andrea Lienhart, Freiburg
Ursu Mahler, München
Theresia Volk, Augsburg

Mitten ins Herz

Karriere okay, Ehe kaputt

Coach: Sabine Asgodom

Ein herrlicher Frühlingstag, die Sonne scheint warm in mein Coaching-Zimmer. Ich blättere noch einmal durch den Fragebogen, den mir Anne Michels zur Vorbereitung geschickt hat. Die Kielerin wird in wenigen Minuten kommen, 45 Jahre alt, Unternehmensberaterin, äußerst erfolgreich. Ich freue mich auf zwei spannende Stunden. Ihr Fragebogen zeigt, dass sie seit Jahren sehr gut im Geschäft ist, eine gut gebuchte Freiberuflerin mit einem Umsatz von einer viertel Million Euro. Ich habe mir nach dem Vorgespräch ihre Homepage angeschaut, sehr professionell! Zurzeit betreut sie ein Düsseldorfer Kommunikations-Unternehmen in einem schwierigen Change-Prozess. Das heißt, sie ist montags bis freitags in Düsseldorf. Ihr Mann arbeitet in Kiel im öffentlichen Dienst, versorgt den Haushalt. Sie haben keine Kinder.

Ich blättere auf die letzte Seite des Fragebogens, warum kommt sie noch mal ins Coaching? Ach ja, sie möchte weiter an ihrer Karriere arbeiten. Schon beim ersten Durchlesen habe ich mich gewundert: Sie geht doch ganz stringent ihren Weg, was will sie von mir? Ich erinnere mich an ähnliche Klientinnen, die manchmal nur die Bestätigung wollen, dass sie alles richtig machen. Manche wollen eine Art Absolution für ihren Weg, der oft ehrgeizig und tough ist. Also, ich bin gespannt. Ich schiebe das Flipchart zurecht, lege dicke Stifte bereit.

Es klingelt um Punkt zehn. Meine Mitarbeiterin führt Frau Michels herein, eine schmale, gut gekleidete Frau. Sie ist sehr blass, ihr glattes, brünettes Haar wirkt vernachlässigt, glanzlos. Und sie hat die traurigsten Augen, die ich seit langem gesehen habe. Scheu betritt sie den Raum, schaut mich bei der Begrüßung nur kurz an, dann senkt sie den Blick. Seltsam, ich hatte sie mir ganz anders vorgestellt, selbstbewusster, mit einer professionellen Ausstrahlung. Wir sprechen ein bisschen über die Anreise, das Wetter, dies und das. Ich schenke ihr Kaffee ein, ein Glas Wasser. Sie schaut mich beim Sprechen kaum an. Ich bemerke an ihr einen bräunlich verfärbten Schneidezahn, der meine Aufmerksamkeit auf sich zieht.

Wie immer zu Beginn eines Coachings erläutere ich den geplanten Ablauf: Ich habe auf Grund des Vorgesprächs und des Fragebogens Arbeitsblätter vorbereitet, die wir je nach Gesprächsverlauf nutzen werden, ich werde ein Coaching-Protokoll führen, sprich, ich schreibe mit, sie kann einfach erzählen, spinnen, reden. Sie nickt nur.

Ich bitte sie, von ihrem aktuellen Auftrag zu erzählen. Sie berichtet von dem Erfolg, den sie hat, wie gut die Dinge laufen, dass ihr Auftraggeber sie schätzt, dass man ihr sogar eine feste Stelle in dem Unternehmen angeboten hat. Und das alles sagt sie ohne ein einziges Lächeln. Sie berichtet von einer klassischen Männerkarriere, in der Woche beim Kunden, an den Wochenenden zu Hause in Kiel. Sie verdient richtig gutes Geld. »Es macht mir wirklich Spaß«, sagt sie, und schaut dabei so traurig, als berichtete sie von einem Rausschmiss, einem furchtbaren Misserfolg. Irgendetwas stimmt hier nicht, denke ich.

Ich lasse sie ihre Stärken aufschreiben: Zehn sollen es mindestens sein. Ihre Liste ist bravourös, da zeigt sich wieder die kompetente Frau aus dem Fragebogen. Sie weiß, was sie kann:

- Hohes analytisches Vermögen
- 14 Jahre Berufserfahrung in Unternehmen mit klingenden Namen
- Seit 6 Jahren selbstständig, mit besten Referenzen für Change Management
- Glänzender BWL-Abschluss
- Perfekte Selbstorganisation
- Die Fähigkeit, Menschen zu motivieren
- Strukturiertes Denken
- Ausbildung als Mediatorin, Verhandlungsgeschick
- Gute Branchenkenntnis
- Drei Fremdsprachen (Englisch, Französisch, Spanisch)

MEINE STÄRKEN

1.
2.
3.
4.
5.
6.
7.
8.
9.
10.

Und alles vorgetragen mit schleppender Stimme und Lei-
chenbittermiene. Was ist denn da los? Ich frage sie, ob sie sehr
viel gearbeitet habe in letzter Zeit. »Ja, schon, aber das ist
okay. In zwei Monaten habe ich drei Wochen Urlaub.« Kein
Lächeln.

In welche Richtung soll sich ihr Beruf entwickeln? Sie
zuckt mit den Achseln. »Ich habe keine Ahnung!« Ich ziehe
das Arbeitsblatt mit dem Alternativrad heraus. Ich liebe dieses
Tool, das ich in den Jahren des Coachens entwickelt habe. In
den mittleren Kreis kommt das Thema »Berufliche Entwicklung«, an jede der zehn Speichen ringsherum schreiben wir
eine mögliche Alternative. Am Schluss werden die Alternativen
von der Klientin bewertet, wie gut gefallen sie ihr? Sie kann
zwischen null und zehn Punkte vergeben, null heißt, kommt
überhaupt nicht in Frage, zehn bedeutet »Super, mach ich«.

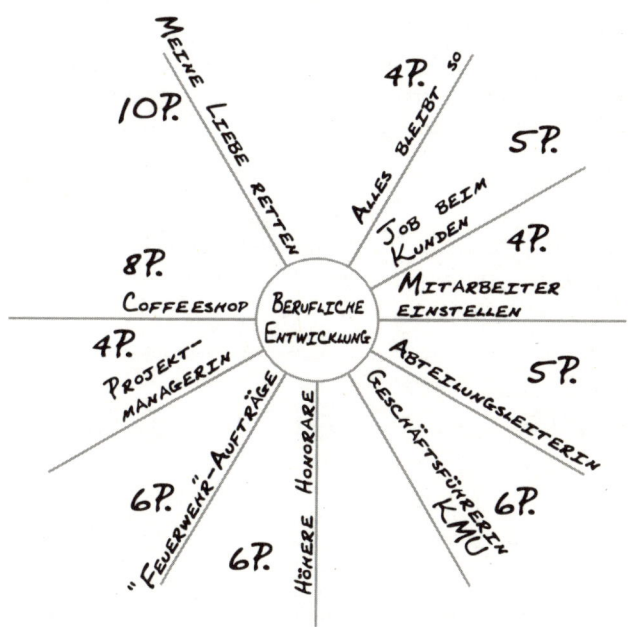

Die erste Alternative heißt immer: Alles bleibt, wie es ist. Durchaus eine Möglichkeit, wenn die Situation nicht unerträglich ist. Stellen sich die gefundenen Alternativen als weniger attraktiv heraus als der Ist-Stand, sollte man es sich gut überlegen, ob man etwas verändern sollte. Ich schreibe also an die erste Speiche:

Alternative 1: Alles bleibt, wie es ist.

Im Gespräch ergeben sich folgende weitere Möglichkeiten:

Alternative 2: Sie nimmt das Stellenangebot beim Kunden an.

Alternative 3: Sie vergrößert ihr Unternehmen, stellt Mitarbeiter ein.

Alternative 4: Sie sucht sich irgendwo in einem guten Unternehmen eine Stelle als Abteilungsleiterin.

Alternative 5: Sie sucht sich irgendwo eine Stelle als Geschäftsführerin in einem mittelständischen Unternehmen.

Alternative 6: Sie erhöht als Freiberuflerin ihr Honorar, verdient also mit weniger Aufträgen genauso viel Geld wie bisher und gewinnt Zeit.

Alternative 7: Sie übernimmt nur noch kurzfristige »Feuerwehr«-Aufträge.

Alternative 8: Sie wird Projektmanagerin in einem Unternehmen.

Jetzt gehen Anne Michels die Ideen aus. Ich frage sie nach Träumen, abstrusen Ideen, nach Fantasie-Projekten. Ihre Augen leuchten kurz auf.

Alternative 9: Sie macht sich mit einem Coffeeshop in Kiel selbstständig.

Damit ist ihre Fantasie erschöpft.

Manchmal schreibe ich als Gag als Alternative an eine Speiche »Reich heiraten«. Da Anne Michels ja verheiratet ist, schreibe ich spontan an die letzte freie Stelle: »Meine Liebe retten.«

Das empfinde ich als das Spannendste am Coaching, dass ich manchmal mehr spüre als gesagt wird, dass ich meinem Gefühl folge und spontan Dinge sage, ohne genau zu wissen, warum. Und in den allermeisten Fällen lande ich damit Treffer.

Jetzt bitte ich die Klientin, die Punkte zu vergeben, je besser ihr eine Alternative gefällt, umso mehr Punkte soll sie vergeben. Anne Michels überlegt nicht lange, die ersten acht Möglichkeiten bekommen zwischen vier und sechs Punkte. Die Alternative »Coffeeshop« bekommt acht Punkte. Und die letzte Alternative »Meine Liebe retten«? Anne Michels sagt mit tonloser Stimme »Zehn«. Ich schaue überrascht auf. Und sehe, wie sich ihre Augen mit Tränen füllen. Sie fängt hemmungslos an zu weinen. Ich stehe auf, gehe um den Tisch herum, nehme sie in den Arm. Sie schluchzt herzerweichend. Nach einigen Minuten beruhigt sie sich. Putzt sich die Nase. Entschuldigt sich tausend Mal.

Ich erkläre ihr, dass sie nicht die erste Klientin auf diesem Stuhl ist, die bei mir weint. »Wenn Sie hier nicht weinen dürfen, wo denn sonst?« Ich nenne dieses Phänomen auch den »Fluch der starken Frauen«. Immer müssen sie vermeintlich stark sein und die Contenance behalten, bloß nicht die Kontrolle verlieren, bloß nicht hysterisch werden. Meistens dürfen sich viele andere an ihre starken Schultern anlehnen (manche setzen sich sogar darauf), aber die starke Frau ihrerseits sehnt sich vergebens nach einer Schulter. Auch wenn sie es nie zugeben würde. Oft fehlt ihr einfach eine vertraute Person, bei der sie auch einmal schwach und verzagt sein kann. Von der sie sich Hilfe wünschen kann.

Das ist etwas, was ich schon nach wenigen Coachings erkannt habe: Das Berufliche, das Private und das Persönliche gehören immer zusammen. Nie geht es nur um den einen Teil des Lebens. Egal, wie das Ausgangsthema heißt. Manchmal ist es einfach, ein berufliches Thema zu formulieren, um zusammen mit einem professionellen Zuhörer über das Leben nachdenken zu dürfen. Und: Sich coachen zu lassen, ist eine Möglichkeit, über seelische Qualen zu sprechen, ohne sich »therapieren« lassen zu müssen. Das heißt: Einem guten

Coach gelingt es, seelische Unzufriedenheit direkt in Energie für gewünschte Veränderungen umzusetzen.

Anne Michels hat sich beruhigt, trinkt einen Schluck Wasser, beginnt zu erzählen: Von ihrer Angst, ihren Mann zu verlieren. »Ich bin ja nie zu Hause, er trägt die ganze Last. Wenn ich freitagabends todmüde zu Hause einlaufe, bin ich gestresst und habe gar keine Lust mehr zu reden. Ich habe das Gefühl, wir werden uns immer fremder. Wir brauchen zu lange, um wieder auf gleiche Betriebstemperatur zu kommen. Dann ist das Wochenende schon wieder vorbei und ich fahre wieder weg.«

Hat ihr Mann schon einmal gesagt, dass er unglücklich über die Situation ist?

»Nein, so klar noch nie, aber ich spüre, dass wir uns verlieren. Ich habe einfach Angst, dass er dieses Leben nicht mehr lange mitmacht.« Sie schluchzt noch einmal auf.

Plötzlich wirft sie den Kopf nach hinten, ihre Augen blitzen auf und zum ersten Mal spüre ich ihre Kraft: »Ich will ihn nicht verlieren. Ich liebe ihn.« Noch einmal putzt sie kräftig die Nase und setzt sich gerade hin. Okay, so können wir weiter arbeiten.

Ich schreibe aufs Flipchart in großen Buchstaben die Überschrift »Meine Liebe retten«.

MEINE LIEBE RETTEN:

1)

2)

3)

4)

5)

Und wir sammeln alle Möglichkeiten, die ihr einfallen:
- Selbstständig bleiben, aber mehr Aufträge in der Nähe finden, um öfter zu Hause zu sein
- Arbeitszeiten ändern, Vier-Tage-Woche, donnerstagabends nach Hause fahren
- Festanstellung in Norddeutschland finden
- Weiterarbeiten, aber Prioritäten verändern
- Mit meinem Mann reden.

Der letzte Punkt bekommt ein dickes rotes Herz. Ja, damit wird sie anfangen. Über das Unausgesprochene reden, ihre Beobachtungen und Befürchtungen mitteilen. Ihr Herz öffnen. Ihn ermutigen, das gleiche zu tun. Und über angemessene Alternativen reden. Sie wünscht sich beides: Erfolgreich im Beruf zu sein und eine glückliche Ehe zu führen. Und sie glaubt an diese Möglichkeit.

Die letzten zehn Minuten des Coachings nutzen wir, um eine Umsetzungsliste zu erstellen. Wann wird sie mit ihrem Mann reden? Was wird sie recherchieren? Ich mache sie auf ihren verfärbten Zahn aufmerksam. Erzähle ihr, wie oft ich ihn anschauen muss, wenn sie redet. Sie fährt mit ihrer Zunge darüber:»Das hat mir noch niemand gesagt. Ich dachte nicht, dass er so auffällt. Danke.« Und wir schreiben als nächsten Punkt auf die To-do-Liste: Zum Zahnarzt gehen.

Anne Michels ist sehr gefasst, als sie sich verabschiedet. Und ich freue mich über ihre wiedererlangte Kraft.

Drei Monate später bekomme ich einen Brief von ihr:

Liebe Frau Asgodom,
das Gespräch mit Ihnen hat mir einiges geholfen. Ich habe meine To-do-Liste schon ziemlich abgearbeitet.
- **Der Zahn ist überkront und sieht nun gut aus (vielen Dank noch einmal für den Hinweis).**
- **Ich habe mit einem Unternehmen hier in Kiel Kontakt. Leider hat sich wegen einer Stelle noch nichts Konkretes ergeben.**

- Zur Zeit mache ich eine kurze Gestalttherapie.
- Den schwierigsten Punkt erwähne ich zum Schluss. Nach meiner Rückkehr aus München hatte ich ein sehr intensives Gespräch mit meinem Mann.

Ich versuche, einige Dinge nun anders zu betrachten. Es ist sehr schwer, eingefahrene Verhaltensweisen zu ändern. Wobei ich gerade die Erfahrung mache, wenn man sich selbst ändert, ändert sich auch das Umfeld.

Der Punkt »Liebe retten« kann nicht so einfach abgearbeitet werden. Es ist eine langwierige Aufgabe, die ich nicht immer konsequent verfolge. Sie kostet mich doch mehr Kraft als ich anfangs gedacht habe. Sie ist aber andererseits auch sehr interessant. Unbewusst spüre ich, dass ich für diese Aufgabe einen Großteil meiner Energie benötige. Das heißt, ich lasse meine beruflichen Ziele ziemlich schleifen und belasse die berufliche Situation, wie sie momentan ist.

Ich möchte Ihnen mit meinem Feedback sehr herzlich für Ihre Unterstützung danken. Ohne die Sitzung bei Ihnen und Ihren Zuspruch hätte ich den für mich wichtigsten Punkt »Liebe retten« nicht erkannt.

Momentan kann ich noch nicht sagen, dass ich dieses Ziel erreichen werde, aber ich arbeite daran.

Ihre Anne Michels

Coaching ist jeweils der Beginn von etwas. Es ist ein Wahn anzunehmen, dass Menschen in wenigen Stunden ihr Leben verändern. Aber sie können Hinweise bekommen, aus ihrem eigenen Herzen, aus ihrem Verstand, durch richtiges Nachfragen und kleine Experimente, was fehlt und wonach sie sich sehnen. Und sie können den Mut bekommen, etwas Neues anzufangen. Auch wenn der Prozess selbst sicher länger dauert. Coaching also als Impuls und Initialzündung für einen »Schritt in die richtige Richtung«. Alles Gute auf Ihrem Weg, Frau Michels.

Das eigene Biotop
Coach: Dr. Petra Bock

»Ist das denn nicht zu egoistisch?«, fragt mich Sabine Schumacher. Sie sitzt klein und gebückt vor mir. Die Schultern hochgezogen, die Augen weit aufgerissen. Wie ein kleines Mädchen, das darauf wartet, eine Standpauke zu bekommen. Sie wirkt hilflos mit ihren bestimmt über sechzig Jahren.

»Was ist egoistisch daran, wenn Sie jetzt, nach dem Tod Ihres Mannes, an die Ostsee fahren und dort den Sonnenuntergang genießen wollen?«, frage ich zurück. Sie weicht meinem Blick aus und schaut ins Leere. Sie zieht die Schultern hoch und scheint zu schmollen.

Frau Schumacher hatte sich ganz anders bei mir vorgestellt. Eine feinsinnige, gut gekleidete sogenannte »Best Agerin«, die auf einer nostalgischen Berlin-Reise zufällig in einem Vortrag von mir gelandet war. »Meine Lebensaufgabe finden«, sagte sie mir nach dem Vortrag begeistert, »das ist doch genau mein Thema!« Obwohl sie für nur wenige Tage von Wien nach Berlin gekommen war, wollte sie unbedingt einen Coaching-Termin zum Thema »Berufung« bei mir haben. Sie klingelt pünktlich auf die Minute und strahlt mich schon an der Tür erwartungsvoll an. »Wissen Sie, ich bin in Berlin aufgewachsen, aber mein Vater, ein bekannter Schauspieler, musste in den fünfziger Jahren Ostberlin überstürzt verlassen. In einer nächtlichen Aktion mussten wir, die ganze Familie, in den Westen fliehen. Ich war damals erst zehn Jahre alt und habe mich seit diesem Tag immer heimlich nach Berlin gesehnt.«

»Und wie gefällt es Ihnen heute?«, frage ich noch ganz im Small-Talk-Ton, bin aber schon mitten drin in meiner Arbeit.

»Es ist wunderschön«, ruft sie begeistert, »noch schöner als in meinen Erinnerungen!«

»Und Sie haben es erst jetzt, 16 Jahre nach der Wende, einrichten können, hierher zu kommen?«, frage ich.

»Es gab so vieles, was in den letzten Jahren wichtiger war«, sagt sie nun fast beiläufig, »da konnte ich diesem Wunsch nicht nachgehen.« Sie kramt in ihrer Handtasche nach einem Block und einem Stift. Die Begeisterung und gute Laune sind verflogen. Sie richtet sich in ihrem Sessel ein, überschlägt die Beine und sieht mich mit geradem Rücken ernst und erwartungsvoll an.

Ich nehme die gleiche Sitzhaltung ein und beginne mit einigen einfachen, unverfänglichen Fragen, die es ihr erleichtern sollen, sich in der neuen Gesprächssituation mit mir einzurichten und wohlzufühlen. Im Coaching ist es wichtig, dafür zu sorgen, dass die Chemie zwischen Coach und Coachee stimmt. Es hat den Anschein, dass ich die Stimmung zwischen ihr und mir, noch völlig unbewusst, bereits mit meiner Nachfrage nach dem langen Warten auf die Berlin-Reise getrübt habe. Es ist damit deutlich, dass sehr vieles, was wir heute besprechen werden, mit ihrer Familiensituation in der Vergangenheit zu tun haben könnte. Irgendetwas, so meine Arbeitshypothese, hindert diese Frau schon lange daran, ihre Wünsche und Sehnsüchte zu erfüllen.

Frau Schumacher hat schwierige Jahre hinter sich. »Ich habe meinen Mann drei Jahre bis zu seinem Tod gepflegt. Er hatte eine schwere Herzkrankheit und konnte in vielen Nächten vor Angst und Überforderung nicht mehr schlafen. Manchmal habe ich Wache gehalten, damit er sich überhaupt trauen konnte, die Augen zu schließen. Nach seinem Tod war ich so übernächtigt und ausgepowert, dass ich in der ersten Zeit nur geschlafen habe.«

Sie spricht sehr liebevoll über ihren Mann. Es scheint eine sehr gute, tiefe Verbindung zwischen dem deutlich Älteren und ihr gewesen zu sein. Er war ein wohlhabender Industrieller, sie eine Schauspielerin auf dem Weg nach oben, als sie sich kennengelernt haben.

»Mein Mann ist die große Liebe meines Lebens«, sagt sie nachdenklich. Sie ist jetzt den Tränen nahe, hat sich aber schnell wieder unter Kontrolle.

»Das Leben muss weitergehen«, sagt sie, »und ich brauche eine Aufgabe für den nächsten Abschnitt meines Lebens.«

Ob sie denn schon eine Idee habe, was ihre Aufgabe sein könnte, frage ich sie.

»Ja, ich habe da diese und jene Idee, aber die lässt sich nicht umsetzen, fürchte ich.«

Meine Erfahrung in Berufungs-Coachings ist, dass Menschen sich entweder das Träumen verbieten oder es sich ganz abgewöhnt haben. Sie kritisieren sich für das, was sie sich wünschen oder dafür, dass sie einfach keine Ahnung haben, wie sie es umsetzen sollen. Frau Schumacher schien zur dritten Gruppe zu gehören.

»Ich habe vor einigen Jahrzehnten mit meinem Mann in London gelebt und dort Straßentheater gemacht. Nach kurzer Zeit war ich umringt von Passanten, die sich gar nicht trennen konnten. Manchmal war der Auflauf, der entstanden war, so groß, dass die Polizei den Gehweg räumen musste. Ich glaube, diese Momente auf der Straße bei den ganz alltäglichen Menschen, die einfach nur Theater sehen wollten, gehören zu den besten meines Lebens.«

Ihre Stimme wird weich und jung, als sie das sagt.

»Ich möchte das heute wieder machen. Ich möchte gerne Theater für ganz normale Menschen auf der Straße spielen. Ich träume davon, mit anderen guten Schauspielern solche Straßenprojekte zu machen.«

»Was genau reizt sie daran?«, frage ich, um die tiefere Motivation hinter diesem Wunsch zu erfahren.

»Ich möchte einfachen Menschen, die nicht jeden Tag mit Kultur zu tun haben, Theater näher bringen. Ich bin überzeugt davon, dass Theater immer noch eine wichtige moralische Kraft hat und ich möchte sie damit berühren und zum Nachdenken bringen.«

Hohe Werte sind meiner Erfahrung nach eine sehr gute Motivation, um auch ungewöhnliche Projekte erfolgreich zu absolvieren. Wenn ich aber ausschließlich von Werten höre, wenn ich nach der persönlichen Motivation frage, frage ich mich, wo der Mensch dahinter bleibt. Denn etwas gerne zu tun, muss, um stabil umgesetzt werden zu können, immer auch einen unmittelbaren Nutzen für den Betreffenden bringen. Hohe Werte allein reichen meist nicht aus, um die Mühen der Ebenen, von denen Bertolt Brecht so treffend geschrieben hat, auszuhalten. Die Mühen der Ebenen sind jene Phasen in der Umsetzung eines Veränderungsprozesses, in denen nichts Spektakuläres passiert, sondern die Kraft zum Durchhalten verlangt ist. Disziplin und ein bestimmter Wille, etwas zu erreichen – oder eben einfach gerne zu tun. Letzteres ist bei Weitem die beste Motivation. Ich bleibe also dran und frage:

»Was reizt Sie persönlich, Sie als Sabine Schumacher, an diesem Vorhaben? Was haben Sie selbst davon?«

Sie ist zunächst irritiert, fragt, ob Menschen zum Nachdenken zu bringen nicht genug sei, dann schweigt sie und sagt schließlich mit fester Stimme:

»Ich will wieder spielen. Ich habe jahrelang meinem Mann zuliebe nicht gespielt. Ich fürchte, zu alt für eine weitere Bühnenkarriere zu sein und möchte schlicht und einfach vor Publikum spielen. Weil ich kein Geld brauche, muss ich mich auch nicht an einem Theater verdingen und kann mir meine moralischen Ziele leisten. Ich will machen, was mir wirklich etwas bedeutet und mir nicht von einem Regisseur reinreden lassen.«

Wow, denke ich, das ist ein Wort. So kann Sabine Schumacher also auch sprechen.

Sie sitzt jetzt immer noch gerade, aber mit beiden Füßen auf dem Boden vor mir. Ihr Blick ist offen und dennoch entspannt. Wir sind im Dialog.

»Eigentlich wäre damit doch alles klar«, sage ich, »Sie wissen, was Sie möchten, es klingt alles wohl überlegt und realistisch und dabei strahlen Sie eine Menge Kraft und Entschlossenheit aus.«

»Ich weiß nicht, ich bin so müde«, antwortet sie und lässt die Schultern hängen, »es ist noch so viel zu tun. Ich muss noch den gesamten Nachlass meines Mannes ordnen, muss das Haus in Ordnung bringen, Verwandte besuchen, meiner Tochter zur Seite stehen – ihre Ehe läuft nicht gut.« Sabine Schumacher spricht, als ob sie eine imaginäre To-do-Liste auswendig gelernt abspulen würde. Eine Aufgabe reiht sich an die nächste. Wenn die eine erledigt ist, wartet bereits eine andere. Ich weiß, dass es keinen Sinn hat, sie zu unterbrechen. Ich höre geduldig zu, notiere, was sie sagt, nehme ernst, was so schwer auf ihr lastet, dass es sie förmlich zu Boden zu drücken scheint. Es ist ein einfacher und zugleich schwerer Fall: Sie gehört zu den Menschen, die zuallerletzt an sich denken. Wie aber soll ein Mensch, der nicht an sich zu denken gelernt hat, seine Berufung leben, selbst wenn er sie gefunden hat?

Die meisten Menschen haben innere Antreiber, die sie zum Funktionieren bringen. Bei den einen ist es der Satz »Sei perfekt!«, bei anderen ist es »Du musst dich mehr anstrengen!«, wieder andere lassen sich durch »Du musst zuerst an die anderen denken!« zur Raison, d.h. zur Aufgabe der eigenen Träume und Wünsche bringen. Sie sind das Überbleibsel einer autoritären Erziehung, in der es darum ging, Kinder auf eine Erwachsenenwelt vorzubereiten, in der sie sich an- und einpassen müssen. Der letzte Satz, »Du musst zuerst an die anderen denken!«, so mein Eindruck, ist der Antreiber Frau Schumachers. Nun konnte ich mir erklären, warum sie ihre nostalgische Reise nach Berlin 16 Jahre hatte warten lassen. Und auch, warum sie so traurig und abweisend wurde, als ich sie genau darauf ansprach. Denn verdrängte und vernachlässigte Träume verschwinden nicht einfach. Sie sind im Hintergrund da und verlangen immer wieder, angesehen zu werden. Wenden wir uns ab oder verdrängen wir sie weiter, erzeugen sie ein latentes Unwohlsein, eine innere Spannung, die wir uns nicht erklären können. Werden wir dann mit den Träumen konfrontiert, z.B., weil eine Nachbarin oder ein Freund genau das macht, was wir uns im tiefsten Inneren wünschen, kommen sie wieder hervor und erzeugen im schlechten Fall Neid, Hass und Missgunst auf Menschen, die unsere Träume zu leben wagen. Im besten Fall inspirieren sie uns, unsere Träume wahr- und ernst zu nehmen und genau hinzuschauen, was uns im Leben fehlt, was gelebt werden möchte.

Ich frage Frau Schumacher, wann sie zuletzt ernsthaft Theater gespielt hat. Sie richtet sich wieder auf, bekommt wieder Kraft.

»In den ersten Jahren mit meinem Mann habe ich noch gespielt, habe bei uns zu Hause Unterricht gegeben und war auf diesen und jenen Bühnen. Es waren gute Rollen mit tollen Kollegen. Aber nach und nach wurde es schwerer für mich zu spielen, weil ich nicht mehr einfach reisen konnte.«

Ich frage, was der Grund dafür gewesen sei. Das Paar hatte zwar ein Kind, war aber finanziell so gut gestellt, dass es sich eine Kinderfrau leisten konnte.

»Mein Mann begann, sich in den Siebzigerjahren sehr für die damals aufkommende Umweltbewegung zu engagieren. Wissen Sie, er machte nie halbe Sachen und nahm es mit dem Umweltschutz sehr, sehr ernst. Er erwartete, dass wir in unserem Leben mit gutem Beispiel vorangingen.«

Heute hört man viel über engagierten Umweltschutz, aber was Frau Schumacher erzählt, übertrifft meine Vorstellungen.

»Wir heizten im Winter so gut wie nicht mehr, um die Umwelt nicht zu belasten. Ich unterrichtete meine Schüler im Wintermantel und sie durften sich zur Probe nicht ausziehen, weil es bei uns so kalt war. Ich kann mich noch gut an meine klammen Finger erinnern, die ich hatte, wenn ich die Textseiten umblätterte.« Frau Schumachers Miene verrät den Schmerz, den ihr das alles bereitet hat. Sie prüft genau, wie ich auf ihre Geschichte reagiere. Ich bleibe ernst und trotzdem locker, werte nicht, kommentiere nicht, höre zu.

»Nach und nach wurde auch mir klar«, fährt sie fort, »welche Belastung Flüge, Autofahrten und Bahnfahrten mit Dieselloks für die Natur waren. Ich konnte mit meiner Schauspieltruppe nicht mehr reisen. Es wäre einfach nicht mehr verantwortbar gewesen. Ich habe meinen Mann da sehr verstanden. Es war dann ganz selbstverständlich, dass ich mich immer mehr zurückgezogen und meinen Mann bei seinen viel wichtigeren Aktivitäten unterstützt habe. Ich habe ihm die Reden getippt, Bücher besorgt, ihn zu Veranstaltungen begleitet. Und als er dann vor zehn Jahren krank wurde, war sowieso an nichts anderes mehr zu denken.«

Ich will wissen, wann es angefangen hat, dass das Leben und die Ideen anderer Menschen wichtiger wurden als ihre eigenen Vorstellungen und Wünsche. Ich frage nach der Flucht aus Berlin, von der sie eingangs erzählt hatte. Sie berichtet mit glänzenden Augen über ihren Vater, der ein bedeutender Schauspieler und ein überragender Charakter gewesen sein soll. »Wir haben alle sehr darunter gelitten, dass er aus politischen Gründen so schäbig behandelt worden war. Und wir Kinder wollten alle, dass er stolz auf uns ist, dass es ihm wieder gut gehe in der neuen Umgebung. Mein glühendster Wunsch war, selbst eine geachtete Schauspielerin zu werden und seinem guten Namen gerecht zu werden.«

Frau Schumacher erzählt als über Sechzigjährige mädchenhaft, selbstverständlich und voller kindlicher Verehrung von ihrem Vater und seinem Schicksal, und es schießt mir der Gedanke durch den Kopf, dass sie heute in Berlin ist, um sich nach dem Tod ihres Mannes wieder ausführlich dem Vater zuzuwenden.

Es ist es nicht meine Aufgabe, Frau Schumacher auf die Zusammenhänge möglicherweise unbewältigter Vater-Tochter-Beziehungen in ihrem Leben aufmerksam zu machen. Als Coach bin ich dafür da, der Erwachsenen im Hier und Heute auf die Sprünge zu helfen, ihre aktuellen Ziele zu erreichen.

Sie kam ihrer Berufung wegen zu mir, sie hat bereits eine Vision und sie sagt, dass es Müdigkeit und Pflichten sind, die sie daran hindern, ihre Berufung zu leben. Dort setze ich inhaltlich wieder an, auch wenn ich an die Wurzeln des eigenen Antreibers gehe. An den Punkt, an dem sie aufgehört hat, Theater zu spielen, weil andere Interessen und Ideale wichtiger waren als ihre eigenen.

»Was würde Ihnen gut tun«, frage ich, »um ihre Müdigkeit zu überwinden? Wie könnten Sie sich richtig ausruhen und wieder zu Kräften kommen?«

Sie lächelt versonnen und winkt beinahe ab. Dann aber schluckt sie und sagt:

»Ich würde zu gerne irgendwo an der Ostsee sitzen und den Sonnenuntergang genießen.«

»Waren Sie denn schon dort?«, frage ich.

»Ja, ich war dort, früher mit meinem Vater, aber seitdem nicht mehr. Zu DDR-Zeiten war es nicht möglich und es wäre ja eine weite Reise und nicht verantwortbar gewesen.«

»Warum nicht?«, frage ich naiv.

»Nun, der Natur wegen!«

Ich sehe sie an, dehne den Moment ein wenig aus.

»Sind Sie denn kein Stück Natur, Frau Schumacher?«

Sie starrt mich an.

»Haben Sie denn nicht wie jeder Laubfrosch verdient, ein Biotop zu haben, in dem sie wachsen und gedeihen können?«

Frau Schumacher schluckt und schweigt.

»Menschen sind genauso Natur und haben ein gutes Biotop verdient, finde ich. Wenn es Ihnen gut tut, nach so vielen Jahren des Sich-Aufopferns einen Abend lang an der Ostsee in die untergehende Sonne zu sehen, dann finde ich das mehr als in Ordnung für das Stück Natur ›Sabine Schumacher‹, das Sie sind. Sie haben das gleiche Recht auf Erholung, Wachstum und Entfaltung wie die Bäume da draußen, finden Sie nicht?«

Ich wende meinen Blick ab und schenke ihr Wasser nach. Sie greift nach ihrer Handtasche und nestelt darin, bis sie ein Taschentuch gefunden hat. Die Tränen rollen ihr über die Wangen. Sie weint jetzt ungehemmt.

Den Rest der Sitzung arbeiten wir gemeinsam an ihrem ganz persönlichen Biotop.

Was ist mein Biotop? Was brauche ich,
um zu wachsen und zu gedeihen?

Frau Schumacher kommen viele sofort umsetzbare Ideen: Ausziehen aus dem großen, alten Haus und eine kleine Stadtwohnung nehmen, näher dran sein am Leben. Reisen, endlich reisen. An die Ostsee, um erst einmal Luft und Energie zu tanken, endlose Spaziergänge am Strand. Den Nachlass ihres Mannes ordnen, in Ruhe und mit Unterstützung eines befreundeten Anwalts. Die Tochter zunächst Tochter sein lassen.

»Jetzt bin erst mal ich dran«, meint sie entschlossen.

»Und dann, wenn ich wieder im Lot bin, suche ich mir eine eigene Schauspieltruppe zusammen und wir gehen einfach auf die Straße und spielen.«

Der denkbar beste Chef
Coach: Andrea Lienhart

Ich sitze im Zug nach Bremen. Der Großraumwagen ist schwach besetzt, der Schaffner eben durchgegangen, und ich habe reichlich Muße, meinen Gedanken nachzuhängen.

Ich denke an das bevorstehende Gespräch mit Herrn Dr. Peter Mühlbauer, einem »hohen Tier« in einem bekannten Software-Unternehmen. Er bekleidet eine Position direkt unter dem Vorstand. Ich habe ihn noch nie gesehen. Und ich bin mir nicht ganz im Klaren darüber, wozu er mich überhaupt kommen lässt. »Es geht um die Ergebnisse einer Befragung, die über mich gemacht wurde«, hatte er am Telefon gesagt, »ich würde diese gerne mit Ihnen besprechen. Ich sende Ihnen die Dokumente gleich noch zu.«

Bei der Tätigkeit als Coach gibt es manchmal die Situation, dass man sozusagen ins Ungewisse aufbricht, dass man nicht weiß, was auf einen zukommt. Ein Satz, den ich in solchen Momenten hilfreich finde und mir immer wieder vorsage, lautet:»Trust in the process!« Das will nichts anderes heißen als: Mitten hinein in die Situation! Es gilt, offen zu sein, genau zuzuhören, aufzunehmen, was kommt und darauf zu vertrauen, dass die richtigen Themen im Prozess von selbst entstehen.

Was ich von Peter Mühlbauer bisher kenne, ist das Ergebnis der Befragung, die sein Unternehmen für ihn durchgeführt hat. Es handelte sich um ein 360-Grad-Feedback. Das ist eine Methode, die eine Art Rundumblick auf eine Führungskraft ermöglicht. Sämtliche Personen, mit denen diese Führungskraft im Arbeitsalltag in Verbindung steht, werden befragt. Unterstellte und gleichgestellte Mitarbeiter, auch Vorgesetzte, Kunden und Lieferanten haben die Gelegenheit, an einer solchen Befragung anonym und freiwillig teilzunehmen. Sie ist sehr umfassend, und nur die Person, um die es geht, bekommt das Ergebnis zu sehen.

Der Grund, warum ich nach Bremen unterwegs bin, ist, dass Peter Mühlbauer mit mir über seine Ergebnisse in dieser Auswertung sprechen möchte. Und während der Zug durchs Münsterland rast, nehme ich ein letztes Mal die Erhebungsbögen mit der Auswertung zur Hand. Ich kann es immer noch nicht fassen. Denn dieser Mann hat die beste Beurteilung erzielt, die ich überhaupt je zu Gesicht bekommen habe! Ein Feedback ohnegleichen; wenn man das in Schulnoten ausdrücken wollte: fast überall Bestnoten, immer wieder eine glatte 1! Und zwar auf allen Feldern. Ob nach der sozialen Kompetenz gefragt worden war, also seinem Einfühlungsvermögen, seiner Durchsetzungskraft, seiner Konfliktfähigkeit, seiner Art, die Mitarbeiter zu motivieren. Oder ob sich die Fragen eher auf seine individuelle Kompetenz bezogen, also auf sein Selbstvertrauen, seine Belastbarkeit, seine Entscheidungsfreude: Stets war das Bild makellos. Auch

im Bereich der fachlichen Kompetenz scheint Peter Mühlbauer über jeden Zweifel erhaben. Die Ergebnisbögen be-
scheinigen ihm exzellentes Expertenwissen, starke Identifikation mit dem Unternehmen, beste Führungskompetenz,
Kundenorientiertheit, ein gutes internes Netzwerk und so
weiter. Wenn es z.B. im Fragenbogen hieß: »Wie gut schätzen
Sie Herrn Dr. Mühlbauer auf einer Skala von 1 bis 10 hinsichtlich seines Einfühlungsvermögens ein?«, dann brachten
derlei Fragen durchweg Beurteilungen im höchsten Bereich
der Skala. Dort, wo die Möglichkeit bestand, Kommentare
abzugeben, bekam Peter Mühlbauer das Feedback, er gäbe
»klare Anweisungen«, verfüge über eine »hohe Motivations-
gabe«, sei »souverän«, »höflich«, ein »großes Vorbild«, kurz: Er
solle »bleiben, wie er ist«, er sei ein »Chef, wie man ihn sich
wünscht«.

Da mehr als 40 Mitarbeiter, Kunden, Lieferanten und auch
die unmittelbaren Vorgesetzten von Peter Mühlbauer an der
Befragung teilgenommen hatten, war das Ergebnis bestens
abgesichert. Trotzdem kann ich es kaum glauben. Es gibt zwar
minimale Abweichungen von der Ideallinie – manchmal ist
die Note keine glatte 1, sondern 1,2 oder 1,3 – allerdings
sind das so wenige Fälle, dass sie mir im Ganzen nicht der
Rede wert zu sein scheinen. Und ich weiß, dass bei anonymen
Befragungen Mitarbeiter durchaus die Chance wahrnehmen,
harsche Kritik an ihren Vorgesetzten zu üben, wenn die Gelegenheit dazu besteht. Weiß Gott, ich habe schon ganz andere Ergebnisse gesehen!

Ich ertappe mich bei dem Gedanken, die Befragung könnte
manipuliert worden sein; das Ergebnis ist so unglaubwürdig
gut! Andererseits: Was für einen Zweck hätte eine Manipu-
lation haben sollen? Keiner außer mir und Dr. Mühlbauer
kennt den Abschlussbericht. Und vielleicht ist Dr. Mühlbauer einfach ein »Supermann«? Ich hatte immer gelernt und
geglaubt, die »ideale« Führungskraft gäbe es nicht. Vielleicht
gibt es sie doch, und ich bin gerade auf dem Weg zu ihr? Ich

kann nicht leugnen: Ich bin aufs Äußerste auf Dr. Mühlbauer gespannt.

In Bremen steige ich aus und suche den Ausgang des Bahnhofs. Ich will mir gerade ein Taxi rufen, da bemerke ich einen jungen Mann in brauner Livree. Er hält ein Schild hoch, auf dem mein Name steht. »Herzlich willkommen in Bremen«, sagt er, nachdem ich mich vorgestellt habe. »Ich bin der Fahrer von Dr. Mühlbauer und soll Sie abholen. Da steht der Wagen. Bitte steigen Sie ein!«

Ich lasse mich in den Fond sinken. Was für eine zuvorkommende Behandlung! Andererseits bekleidet mein Klient eben wirklich einen sehr hohen Rang im Unternehmen. »Sie werden Appetit haben nach der weiten Fahrt«, unterbricht der Fahrer meine Gedanken. »Ich soll Ihnen ausrichten, dass Herr Dr. Mühlbauer vor dem Coaching mit Ihnen zu speisen wünscht. Es ist Ihnen doch recht?«

»Sehr aufmerksam«, sage ich, »ich habe wirklich Hunger. Aber vielleicht bloß eine Kleinigkeit, ich bin ja vor allen Dingen wegen des Gespräches hier.«

»Das lässt sich doch verbinden«, sagt der Fahrer. »Ich fahre Sie direkt in unsere Zentrale. Dr. Mühlbauer wird Sie im Restaurant empfangen, in seiner Privatlounge.«

Wir halten vor einem Palast aus Glas und Stahl, fahren im Aufzug achtzehn Stockwerke hoch. Dort steht schon ein Kellner, der auf mich wartet. In dem Raum, in den er mich führt, gibt es nur einen einzigen Tisch, zwei Stühle und zwei Kellner, die sich im Hintergrund halten. Und mich. Was für ein Ambiente! Und dann kommt Dr. Peter Mühlbauer.

Mein erster Eindruck ist: ein völlig normaler Mensch! Er ist weder besonders hochgewachsen noch besonders klein, weder besonders gutaussehend noch auffallend hässlich. Etwa 52, 53 Jahre alt, ein eher unauffälliger Mann, was im Kontrast steht zu dem, wie er sich im Vorfeld präsentiert hat.

Er verhält sich mir gegenüber nicht zu vertraulich, aber auch nicht distanziert. Ungewöhnlich allerdings ist die Höflichkeit, mit der er mich behandelt, die hohe Aufmerksamkeit, die perfekte Konzilianz. Sie hat zur Folge, dass ich schon nach wenigen Sekunden des Gesprächs mit diesem Mann das ganze Drumherum, das besondere Ambiente um uns herum vergessen habe. Ich bin wach und konzentriert. Während des Essens plaudern wir locker und freundlich. Er fragt mich, woher ich komme, was ich mache. All das macht er auf eine sehr angenehme Art. Er ist mir sympathisch.

Nach dem Essen räumen die Kellner ab und ziehen sich zurück. Als die Türen geschlossen worden sind, zieht Dr. Mühlbauer den Auswertungsbericht aus seiner Tasche, legt ihn auf den Tisch, schaut mich an und sagt:»Also, wollen wir beginnen?«

»Sie haben sich den Bericht ja durchgeschaut. Wie ist es Ihnen denn dabei ergangen?«, frage ich Peter Mühlbauer zum Einstieg.

Darauf fängt er an zu blättern. Er spricht darüber, wie sehr ihn die Beurteilung freut. Bei vielen Punkten sagt er, das habe er so erwartet. Es gibt nichts, wovon er völlig überrascht ist. Er kann das schöne Ergebnis annehmen.

Manchmal geht er auf etwas ein, bei dem es kleine Abweichungen vom »sehr gut« gibt. Beispielsweise vertraten mehrere der Befragten die Meinung, er stelle sehr hohe Ansprüche an die Leistungen seiner Mitarbeiter. Manche sehen das kritisch. Dazu sagt er, er müsse aufpassen, dass er von seinen Mitarbeitern nicht allzu viel verlange, schließlich sei es nicht gut, jemanden zu überfordern. Unterfordern dürfe man die Mitarbeiter/innen allerdings auch nicht, fügt er hinzu. Einige hatten ihm bescheinigt, er gebrauche manchmal zu viele Fremdwörter. Als er zu diesem Punkt kommt, lacht er und sagt, er könne sich schon vorstellen, woher diese Einschätzung stammt. Aber er nimmt die Kritik hin und lässt sie gelten.

Diese kleinen Abweichungen von der Ideallinie sind allerdings so geringfügig, dass es schwer fällt, sie überhaupt zu finden. Obwohl ich normalerweise im Coaching die Stärken und Ressourcen fokussiere, bin ich in Peter Mühlbauers Fall sogar regelrecht neugierig, Flecken auf der Sonne zu finden. Ich kann es kaum fassen, dass jemand überall nur die Bestbeurteilung bekommen hatte. Aber das Thema »Schwächen« haben wir rasch durchgesprochen, weil es nicht viel hergibt.

Dr. Mühlbauer spricht ungefähr zwanzig oder dreißig Minuten darüber, wie der Bericht auf ihn wirkt. Im Wesentlichen höre ich ihm aufmerksam zu und stelle ihm ab und zu Verständnis- und Vertiefungsfragen. Manchmal weicht er auch vom eigentlichen Thema ab und erzählt von sich selbst, wie schon vorher beim Essen. Ich bekomme mit, dass er es auch im Privatleben gut getroffen hat. Er erzählt von seiner Familie, seiner Frau und den Kindern und ich bekomme den Eindruck, dass er eine glückliche Ehe führt. Und ich höre, dass er auch sozial engagiert ist, dass er sich für seine Stadt – Bremen – einsetzt, dass er in seiner Kirchengemeinde eine wichtige Rolle spielt. Es ist auffallend und ganz erstaunlich, wie gut bei ihm alle Lebensbereiche erfüllt und ausgeglichen sind.

Schließlich klappt er den Feedback-Bericht wieder zu und sagt zu mir: »Und was jetzt? Was halten *Sie* davon?«

Das ist genau die Frage, die ich mir selbst auch schon die ganze Zeit stelle. Was soll ich einer Führungskraft, die dem Ideal eines Chefs offenkundig denkbar nahe kommt, überhaupt noch raten?

Ich sage zu ihm, dass ich schon viele Feedbackgespräche geführt, doch noch nie ein so positives Auswertungsergebnis gesehen habe wie seines.

Daraufhin schaut er mich erwartungsvoll an und fragt: »Und was raten Sie mir? Wie soll es Ihrer Meinung nach mit mir weitergehen?«

»Das habe ich mich auch gefragt, als ich die Feedbacks

gelesen habe«, antworte ich ihm. »Was hat ein Mann mit solchen Ergebnissen wohl noch für Ziele?«

»Sagen Sie es mir!«

Er fügt hinzu, dass er das Gefühl hat, vom Schicksal reich beschenkt worden zu sein mit vielen Fähigkeiten und Stärken, vor allem auch mit vielen Erlebnissen und Erfahrungen. Und dass er Glück gehabt hatte, die richtige Frau zu finden und familiär gut eingebunden zu sein. Er stellt sich deshalb nun die Frage: »Was soll ich aus all meinen Erfahrungen machen? Beruflich kann ich nicht noch höher hinaus, da gibt es eigentlich keine Ziele mehr.« Er schaut mich wieder an und fragt: »Was meinen denn Sie?«

»Sie haben unglaublich viel geleistet in Ihrem Leben und unglaublich viel erreicht. Dankbarkeit und Wertschätzung für all das sind das eine. Vielleicht ist jetzt ein Perspektivenwechsel angesagt«, gebe ich ihm zur Antwort.

»Was meinen Sie denn damit?«

»Ich finde«, sage ich, »Sie sollten sich einmal Gedanken darüber machen, wie Sie Ihre guten Erfahrungen an andere weitergeben können. Wie auch andere davon profitieren könnten.«

Herr Mühlbauer fährt sich durch sein Haar und überlegt.

»Anderen etwas beibringen? Mein Wissen sichern?«, fragt er. Langsam beginnt er zu nicken.

»Sie haben recht, das könnte es sein. Ich habe auch schon darüber nachgedacht. Das eigene Lernen ist zwar ein lebenslanger Prozess. Aber es würde mir auch Spaß machen, die Rolle des Lehrenden einzunehmen und meine guten Erfahrungen weiterzugeben Das ist ein guter Impuls«, fügt Herr Mühlbauer lächelnd und mit fester Stimme hinzu.

Mein »Impuls« ist nicht »ausgedacht«, sondern ergibt sich aus der Situation. In dem Moment, in dem man sich auf einen anderen Menschen wirklich einlässt, wenn man sich ein Bild von ihm macht, versucht, sich so gut wie möglich in ihn hineinzuversetzen, tauchen hilfreiche Gedanken und Impulse wie von selbst, aus der Intuition heraus, auf. So jedenfalls ist meine Erfahrung.

Das übrige Gespräch ist ganz der Frage gewidmet, wie er seine guten Erfahrungen ganz konkret weitergeben kann. Wir entwickeln Ideen, die schon längere Zeit in ihm schlummerten. Sie lagen in ihm bereit und treten jetzt ans Tageslicht. Ich muss gewissermaßen nur Hebamme spielen. Beispielsweise fällt ihm ein, dass er bereits verschiedene Male von der Universität Anfragen erhalten hat, ob er nicht Lehrveranstaltungen zum Thema Organisation und Führung übernehmen will. Das hat er bisher immer ein bisschen zur Seite geschoben.»Aber das ist doch bestimmt ein lohnendes Ziel?«, fragt er. Er bringt mehrere solcher Einfälle vor, die wir alle sammeln. Wir sitzen noch eine Weile zusammen und reden und sind erstaunt darüber, was uns alles an Ideen kommt.

Zum Beispiel sprechen wir über Mentoring, also über den Gedanken, dass er sich eine jüngere Führungskraft zur Seite nehmen und sie zum Thema »Führung« beraten könnte. Oder es fällt uns ein, dass er selbst als Coach für dieses Thema antreten könnte. Oder auch, dass er sich selbst coachen lassen könnte im Hinblick darauf, andere von seinen Erfahrungen partizipieren zu lassen. Wir haben uns warm geredet, die Ideen kommen bald von ihm, bald von mir. Es ist ein gutes Miteinander.

Übrigens habe ich auch in anderen Coachings die Erfahrung gemacht: Wenn die Menschen erst einmal über 40 sind, wird es für sie immer wichtiger, etwas *Sinnvolles* zu tun. Sie wollen einen Beitrag zum Ganzen leisten. Es gibt das bekannte Modell von den vier Säulen – oder vier Waagschalen –, welche die vier Bereiche symbolisieren, die zur Zufriedenheit eines Menschen wichtig sind. Eine Säule: Beruf und Karriere. Die andere Säule: Gesundheit. Die dritte Partnerschaft und Beziehung. Und die vierte Säule beinhaltet den Lebenssinn. Es ist wichtig, dass diese vier Säulen oder Waagschalen ungefähr auf gleicher Höhe sind und dass jede Schale ungefähr gleich viel beinhaltet. Es ist in Ordnung, wenn in einer dieser Schalen einmal etwas mehr oder etwas weniger enthalten ist, aber insgesamt ist es wichtig, dass sich ein Gleichgewicht zwischen ihnen hält.

Die Säule Lebenssinn – der Wunsch, etwas Sinnvolles zu leisten, einen Beitrag zum Ganzen zu liefern – wird bei Menschen über 40 im Allgemeinen immer wichtiger. Und zwar unabhängig davon, wie erfolgreich jemand in seinem Beruf ist.

Häufig sitzen Menschen bei mir im Coaching, so um die 50 Jahre alt, die mir sagen:»Ich habe alle meine Ziele erreicht, ich verdiene viel Geld, habe einen tollen Job, habe Ansehen und alles, was ich mir wünschen kann.« Und doch stellt sich ihnen die Frage:»Was jetzt?« Sie wollen wissen, was sie jetzt machen sollen. Genau wie Peter Mühlbauer.

Und immer wieder stelle ich fest, dass die Weiterbildungskonzepte der Unternehmen für diese Leute nicht mehr greifen. Erstens haben sie irgendwann die meisten Seminare bereits absolviert: für Führungskompetenz, für Kommunikation, für neues Fachwissen und noch einige andere Themen. Andererseits ist es aber noch viel zu früh für sie, schon an die Rente zu denken. Es handelt sich hier um eine bisher vernachlässigte Zielgruppe, die dabei ist, den Markt zu erobern.

Dr. Mühlbauer und ich sprechen über den demographischen Wandel. Wir machen uns Gedanken, wie man in naher Zukunft das Wissen sichern kann, nicht allein das Führungswissen, wie in seinem Fall, sondern auch das Fachwissen. Inwieweit es didaktische Konzepte für die Zielgruppe der über 50-Jährigen gibt, die Fragen behandeln, wie sie auch ihn beschäftigten: Was sind meine nächsten Herausforderungen, was kann ich selbst noch lernen, welche neuen Ziele gibt es für mich?

Wir überlegen, ob er über seine Erfahrungen vielleicht Vorträge halten oder Artikel für die Mitarbeiterzeitung verfassen könnte, bis hin zu der Frage, wie es wäre, wenn er ein Buch schreiben würde. Dr. Mühlbauer erzählt mir von einer Gruppe im Unternehmen, die sich speziell mit Innovationen und kreativen Ideen befasst, und er freundet sich mit dem Gedanken an, zu dieser Gruppe hinzuzustoßen, um sie mit seinen Erfahrungen und seinen Ideen zu bereichern.

Zwar ist er selbst, wie er zögernd bemerkt, schon ein »ganzes Bündel von Jahren« älter als die jungen Leute in dieser Arbeitsgruppe, die meist frisch von der Uni kommen. Andererseits würde er mit seinem Erfahrungswissen der Gruppe vermutlich gut tun, weil er die vielen neuen Ideen gleich ein bisschen realistischer beurteilen und steuern könnte als die weitaus Jüngeren. Dort also könnte jemand mit seiner Kompetenz gefragt sein.

Und nicht zuletzt sprechen wir darüber, wie sein Wissen für spätere Zeiten gesichert werden könnte. Konkret heißt das, wir überlegen, welche Möglichkeiten des Archivierens es gibt. Er bemerkt hierzu, dass es wichtig ist, zunächst einmal eine Auswahl zu treffen, das Wichtige vom weniger Wichtigen zu trennen und sich dann Gedanken darüber zu machen, wie er das wichtige Wissen am besten aufbewahren und anderen zugänglich machen könnte.

Im Laufe unseres Gesprächs wird mir bewusst: Dieser Mann hat nicht zufällig von allen Kollegen, Kunden und Vorgesetzten beste Beurteilungen bekommen. Er ist tatsächlich ein besonderer Mensch, vielleicht wirklich die »ideale« Führungspersönlichkeit, von der ich immer vermutet hatte, dass es sie gar nicht gibt. Äußerlich, wie gesagt, ist nichts Auffälliges an ihm, aber sobald man mit ihm in Verbindung tritt, spürt man gleich die große Wertschätzung, die er seinen Mitmenschen entgegenbringt. (Ich selbst hatte diese Wertschätzung ja schon erfahren, noch bevor ich ihn persönlich getroffen hatte: Es wäre schließlich nicht nötig gewesen, mich von seinem Fahrer abholen zu lassen oder mich zum Essen einzuladen.) Er verhält sich prinzipiell freundlich und wertschätzend gegenüber allen Menschen seines Umfeldes. Das ist ein Grundzug seines Charakters. Ich spüre diese Wertschätzung nicht nur in der Art, wie er mich behandelt. Er war beim Essen auch den Kellnern gegenüber sehr höflich gewesen. Ich spüre es in der Art, wie er von seinen Mitarbeitern spricht oder von seiner Frau und seinen Kindern oder von seinem eigenen Chef. Und auch sich selbst, das merke ich, behandelt und beurteilt er mit einer grundsätzlichen Wertschätzung.

Mit welcher Ungewissheit war ich zu diesem Gespräch gefahren und mit welcher Zufriedenheit beenden wir es! Zufriedenheit auf beiden Seiten: Ich selbst bin glücklich, dass sich mein Leitsatz »Trust in the process!« wieder einmal bewährt hat und dass ich bei der Geburt so vieler neuer Ideen gewissermaßen die Hebamme war. Für Peter Mühlbauer aber haben sich völlig neue Perspektiven aufgetan. Zum Umsetzen der von ihm entwickelten Ideen ist kein weiteres Coaching mehr erforderlich.

Wir empfinden das Gefühl großer Dankbarkeit füreinander, denn wir haben beide viel voneinander gelernt. In einer Stimmung von Freude und Zuversicht beenden wir das Gespräch. Es ist eine Schwingung zwischen uns, als wären wir seit langer Zeit enge Freunde. Wäre es kein geschäftliches Miteinander, womöglich würden wir einander beim Abschied umarmen.

Sturmwarnung

Coach: Theresia Volk

Die Klarheit seines Innern
ist für den Menschen das höchste Gut.
Adalbert Stifter

Erste Sitzung: Erste Böen

»Mein Alter finde ich ganz okay. Deswegen komme ich nicht«, sagt Maria Dillinger schmunzelnd, als sie bei unserem ersten Treffen den Grund für ihre Coaching-Anfrage erläutert. Sie ist vor wenigen Tagen 42 Jahre alt geworden und ich gratuliere ihr nachträglich zum Geburtstag. »Aber ich glaube, ich befinde mich dennoch in einer Art Midlife-Crisis, jedenfalls bin ich mit einigem unzufrieden, vor allem beruflich, und möchte mir gerne Klarheit verschaffen, wie ich weitermachen soll.« Frau Dillinger strahlt Ruhe und Gelassenheit aus.

Sie ist inzwischen die Nummer zwei in einem großen Hotel. Nach einer Ausbildung zur Hotelfachfrau und ersten Jahren der Berufserfahrung hat sie sich entschieden, BWL zu studieren. Nach Abschluss des Studiums fand sie ihre heutige Stelle bei ihrem jetzigen Chef, der das Unternehmen mit aufgebaut hatte. Nach und nach übernahm sie immer mehr Verantwortung. Inzwischen ist sie im (verflixten?) siebten Jahr im Haus, und es knirscht im Gebälk.

Ich frage sie, wie groß denn ihre momentane Unzufriedenheit sei. Sie antwortet: »Das weiß ich gar nicht genau. Es ist, wie wenn es in der Wettervorhersage heißt: Ein Orkantief wird vorbeiziehen. Es kann einen die volle Wucht der Zerstörung treffen, und kein Stein bleibt auf dem anderen; es kann aber auch glimpflich ausgehen, und es pustet einen nur kräftig durcheinander und zerzaust die Haare.«

Dieses Bild passt zu ihr. Sie hat auf den ersten Blick so gar nichts Aufbrausendes an sich, sondern wirkt wie eine sehr ruhige und stabile Person, die sich nicht so schnell irritieren und zerzausen lässt. Dennoch finden manchmal im Inneren dieser Menschen Stürme statt, die die Außenwelt in keiner Weise mitbekommt. Jedenfalls ist ihr Orkanbild von großer Kraft und ich bin gespannt, ob und auf welche Weise der Sturm losgehen würde.

In der ersten Sitzung machen wir uns also an die Wetterkarte und identifizieren drei Bereiche (»Tiefs«), die ihr die Freude an der Arbeit zumindest zeitweilig verdüstern:
1. Ihre Rolle und Funktion im Hotelbetrieb,
2. ihre Beziehung zum Chef und
3. ihr Konfliktverhalten.

Um mit dem Letzteren anzufangen: Ihr ist klar, dass sie sehr oft Konflikten aus dem Weg geht. »Ich bin nicht besonders schlagfertig«, sagt sie. »Ich ärgere mich oft im Nachhinein über bestimmte Situationen und auch darüber, dass ich nicht

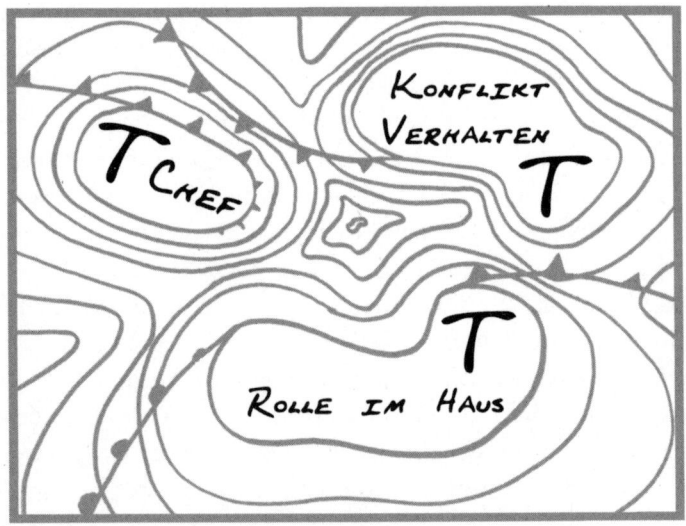

Drei Tiefdruckgebiete

deutlicher meine Meinung sage.« Oft findet sie das Ganze aber auch nicht der Aufregung wert und entscheidet sich lieber für die Ruhe als für den Sturm.

Ganz anders ihr Chef; er ist in mehreren Punkten das genaue Gegenteil von ihr. Sehr extrovertiert, aufgedreht, auch aufbrausend, immer wild gestikulierend, macht er drei Dinge auf einmal und redet auch etwa dreimal so viel wie sie. Es gibt nahezu nichts, worüber er sich nicht aufregen kann oder in das er sich nicht einmischen muss. Sein Engagement ist ebenso glaubwürdig wie raumgreifend und bisweilen arrogant. Ich kann mir das Tandem gut vorstellen. Der nach außen orientierte Kommunikator und die intern für Stabilität sorgende Haushälterin (im wahrsten ökonomischen Sinne).

Damit sind wir bei der zweiten momentanen »Tief«-Zone angelangt: ihre ambivalente Beziehung zu ihrem Chef. Sie war nicht schon immer schwierig. Zu Beginn waren sie sogar ein Dreamteam. Er förderte sie sehr, sie hat viel von ihm gelernt und hat seine Eloquenz und Dynamik durchaus bewundert. Dabei übernimmt sie mehr und mehr Verantwortung. So hätte es weitergehen können. Unklar ist der genaue Punkt, an dem es sich veränderte und die Statik dieser Zusammenarbeit in Schräglage geraten ist.

Als sie vor sieben Jahren in das Unternehmen eintrat, wurde sie noch als Assistenz der Geschäftsleitung eingestellt. Nach drei Jahren wurde ihre Stelle in »Verwaltungsleiterin« umbenannt. Und inzwischen reden die externen und internen Partner von der »Stellvertretenden Geschäftsführerin«, wenn von ihr die Rede ist. Dabei hat sie immer zuerst das Aufgabenfeld mit der entsprechenden Verantwortung übernommen und erst anschließend den offiziellen Titel dazu erhalten. Mit der typischen Zurückhaltung von »stillen Wassern« ist ihr die reale Funktion immer wichtiger als der offizielle Titel. Und dass sie latent unterschätzt wird, hinderte sie nicht am Aufstieg. So hat sie sich quasi undercover emporgearbeitet.

Maria Dillinger beschreibt es so: »Anfangs bin ich vielleicht noch wie ein braver Dackel hinter dem Herrchen hergelaufen, das war auch in Ordnung so – ich musste ja noch viel lernen und wollte es auch –, aber inzwischen ist es an vielen Stellen umgekehrt. Ich kenne mich in der Materie besser aus als er, trotzdem darf ich nicht offiziell die Verhandlungen führen.« Im Gegenteil.»Sein Misstrauen und sein Kontrollwahn wachsen. Es häufen sich abwertende Bemerkungen oder auch Ausladungen aus wichtigen Strategie-Sitzungen«, erzählt sie weiter.»Du hast doch ohnehin soviel zu tun und kriegst den Mund ja eh nicht auf. Lass mich das mal machen.« Das kränkt sie, fachlich schaden kann es ihr nicht mehr, denn ihre Stellung im Unternehmen ist sehr gefestigt. Alle wissen, dass sie die Fachfrau ist, und kommen anschließend ohnehin auf sie zu, um mit ihr die Einzelheiten zu besprechen bzw. von ihr die genauen Informationen zu erhalten, die der Chef logischerweise nicht hat.

Sein Charaktertyp setzt enge Grenzen. Freiwillig und von selbst kommt er nie darauf, dass Maria Dillingers Kompetenz ausreicht für den nächsten Schritt, oder dass sie die Seine in einigen Fachgebieten dezidiert übersteigt. Für ihn ist sie immer noch seine Assistentin geblieben: treu, gutmütig, schnell von Begriff und folgsam (wie war das mit dem Dackel?).

Womit also anfangen?

Um mehr an ihre doch ziemlich verborgene Gefühlsebene zu kommen, symbolisiere ich die drei Tiefdruckgebiete in drei Ecken des Raumes und bitte sie, von einer Position zur anderen zu gehen, um besser wahrnehmen zu können, wie sich der Druck anfühlt und welche Impulse sie spürt. Frau Dillinger ist nicht sonderlich begeistert, erhebt sich aber dennoch aus ihrem Stuhl und stellt sich auf das erste der drei Felder.

Es ist die Position »Meine Rolle und Funktion«, und sie meint etwas lustlos:»Ja, das könnte ich schon noch mal genau formulieren, welche Gremien, welche Kompetenzen ich auch offiziell haben will und muss, um eine gute Arbeit zu machen, z.B. die Projektleitung für den geplanten Anbau. Aber ich krieg ja auch so, was ich brauche.«

Wir gehen weiter. Im Feld »Meine Beziehung zum Chef« – in der anderen Ecke des Raumes – wird ihr Seufzen noch tiefer: »Eigentlich müsste ich ihm sagen: ›Deine Art ödet mich inzwischen einfach an, ich will, dass du dich mir gegenüber anders verhältst.‹ Aber ich weiß genau, was dann für eine Szene folgt. Er fühlt sich missverstanden und gekränkt.«

Ich fahre fort: »Und Sie haben eigentlich nicht die geringste Lust dazu, weil Sie an eine Besserung nicht mehr glauben.«

»Ganz genau«, sagt sie erleichtert.

»Dann hat es auch keinen Sinn; dann lassen Sie das besser sein«, sage ich und überrasche sie damit. Vermutlich befürchtet sie schon seit Beginn des Coachings, dass sie um diese grundsätzliche Beziehungsklärung nicht herumkommt, denn diese Schlechtwetterzone ist ja offensichtlich. Aber es ist noch zu früh.

Ich führe sie noch zum dritten kritischen Feld »Mein Konfliktverhalten«. Hier fühlt es sich für sie noch am angenehmsten (!) an, und sie entscheidet sich, etwas daran zu arbeiten und bei einem konkret auftretenden Fall den Ärger nicht hinunterzuschlucken, sondern einen kleinen Teil davon herauszulassen.

Auch das erscheint mir eher nur gut gemeint, und nicht wirklich entschieden. Aber ich verstärke das Zögern noch und sage: »Bisweilen reicht es schon aus zu bemerken, dass man jetzt den Mund hält, statt sich zu wehren. Man muss äußerlich gar nichts anders machen. Das Entscheidende wächst ohnehin still im Innern.«

Das erleichtert sie nochmals sehr – auch wenn ich den Eindruck habe, dass sie es mir nicht ganz abnimmt. Wir verabschieden uns am Ende der Sitzung und verabreden uns für zwei Wochen später.

Warum habe ich sie nicht deutlicher konfrontiert, dass ihre Veränderungsimpulse etwas halbherzig klingen? Weil ich diese noch zarten Ansätze stärken will! Dazu gehe ich bisweilen genau in die andere Richtung: Nicht zu viel machen und sich zu früh die Bestätigung holen, dass es ja eh nicht klappt (»Ich kann nun mal keinen Wutausbruch kriegen« – richtig. Dann sollte man auch keinen vortäuschen).

Außerdem – um noch einmal das Orkanbild zu zitieren – scheint es mir noch gänzlich offen, ob sich im Innern von Frau Dillinger wirklich genügend Orkanenergie zusammenbraut oder ob sie den Sturm lieber vorbeiziehen lässt. Sie weiß es ja selbst nicht. Coaching dient auch dazu, genau zu klären, was jetzt ansteht und keineswegs dazu, etwas zu puschen, was noch nicht reif ist.

Zwei Wochen später sagt sie die Stunde wegen Krankheit ab. Tja! Der Widerstand, denke ich mir natürlich.

Zweite Sitzung: Alte Muster
Fünf Wochen später treffen wir uns wieder. Ich staune: Sie ist braungebrannt (Urlaub), ganz aufgeräumt, redet sogar etwas mehr als sonst. »Ich überlege mir, ob ich mal ein Sabbatjahr beantragen soll.« Sie erzählt ein wenig vom Urlaub. Und davon, dass sie sich beworben hat! Sie sagt es eher beiläufig: »Ja, es ist eigentlich nichts Besonderes, genau dieselbe Branche und halt eine Leitungsstelle in einem größeren Haus. Da konnte ich ja nicht anders, als es mal zu probieren.« Sie stapelt wie gewohnt tief.

Was ihr aber akut viel mehr auf dem Magen liegt, ist wieder ein heftiges Aneinanderrasseln mit ihrem Chef letzte Woche, am ersten Tag nach dem Urlaub. Es gab die üblichen gegenseitigen Vorwürfe: Sie würde ihn zu wenig informieren – er würde ja nie zuhören etc. Was sie allerdings wundert: Er schrieb ihr am Wochenende eine SMS, was er denn tun könne, um sie zu halten!

»Weiß er denn von Ihrer Bewerbung?«

»Eben nicht. Ich bin auch verwundert. Aber wir kennen uns natürlich schon sehr gut, vielleicht ahnt er, dass ich mir zurzeit mehr als üblich Gedanken mache, wie ich hier weiterarbeiten will.«

In der Tat, gerade solche impulsiven Alphatiere haben manchmal einen untrüglichen Instinkt, wenn Gefahr droht.

»Und? Wie haben Sie auf die SMS reagiert?«, frage ich.

»Na ja, ich hab, glaub ich, irgendetwas Unverbindliches zurückgeschrieben«, erwidert sie und erzählt nahtlos weiter über seine Art, sich aufzuregen, über seine Kontrollsucht, über seine Angewohnheiten.

Ich höre ihr eine Weile zu, dann unterbreche ich sie: »Wissen Sie, an was ich denke, wenn ich Sie so reden höre? An ein altes nörgelndes Ehepaar! Man kennt sich in- und auswendig, lebt zusammen und geht sich auf die Nerven. Seine Socken liegen an den bekannten Stellen, und Sie können sie einfach nicht mehr sehen. Gleichzeitig lohnt aber auch kein Gespräch darüber. Weil es schon fast nichts mehr helfen würde, wenn er sie das eine Mal wegräumen würde. Inzwischen haben Sie auch die Hoffnung aufgegeben, dass er Ihnen mal freiwillig Blumen mitbringt. Nein, natürlich können Sie sich selbst welche kaufen, und Sie tun es ja auch. Sie bekommen auch den offiziellen Titel ›Stellvertretende Geschäftsführerin‹, wenn Sie ihn aktiv selbst holen. Sie haben es aufgegeben, von ihm zu erwarten, dass er es tut.«

Sie lacht: »Genau! Ganz genau so ist es!«

»Und wissen Sie, was das Besondere an solchen Ehepaaren ist?«, fahre ich fort. »Sie streiten sich noch in 100 Jahren! Nichts ist so beständig wie ein eingespieltes altes Nörgel-Paar!«

Sie schaut amüsiert und runzelt die Stirn: »O je. Dann hab ich ja wenig Chancen, etwas zu verändern.«

»Vielleicht wollen Sie ja gar nichts verändern?«

»Wie kommen Sie darauf?« »Sie haben es vorhin selbst erzählt. Ihr Chef fragt Sie, was er tun kann, um Sie zu halten, und Sie antworten ihm: nichts! Stattdessen klagen Sie weiter über seine bekannten Macken. So weit, so vertraut. Und Sie flirten lieber ein bisschen mit einer anderen Stelle, als sein Angebot am Schopf zu packen und ehrlich zu sagen, was Sie anders haben möchten.«

Jetzt ist sie nachdenklich geworden. Ich setze nach:»Nur mal angenommen, er meint es ernst – was Sie vermutlich nicht ganz glauben – und Sie könnten völlig frei wählen und würden alles bekommen, was Sie sich wünschen:Was würden Sie wollen?«

Wieder ein langes Schweigen.

Dann nach einer Weile:»Ja, jetzt begreife ich erst. Ich glaube tatsächlich, dass er mir kein Angebot mehr machen kann, was mich wirklich noch interessiert«, stellt sie überrascht fest.

Und es zeigt sich, dass das alltägliche Genörgel mit dem Chef das eigentliche Thema übertüncht hat. Dass sie nämlich aus dem Job herausgewachsen ist, dass ihr die Schuhe inzwischen zu klein sind. Selbst wenn sie keinen Stress mit ihrem Chef hätte, wäre es Zeit, nach etwas Neuem zu suchen. Bloß hätte sie es dann vielleicht schon früher bemerkt. So»hält« der Konflikt sie fest und emotional beschäftigt.

Ihr schlechtes Verhältnis zu ihm ist nicht die Ursache für ihr Unwohlsein, sondern die Folge. Es geht letztlich um die »Erlaubnis«, sich beruflich weiterzuentwickeln. Das ist in diesem Hotel in dieser Konstellation nicht mehr möglich, was aber gleichzeitig bedeutet, den Chef verlassen zu müssen. Das ist von seiner Seite nicht vorgesehen, dazu braucht er sie zu sehr.

»Nun ist es ja sehr praktisch«, fahre ich ein bisschen salopp fort,»dass Sie sich nur wie ein altes Ehepaar verhalten, aber nicht wirklich eines sind. Das bedeutet nämlich schlicht: Sie dürfen sich trennen. Sie müssen keine Anwälte einschalten und nicht vor Gericht ziehen. Sie brauchen auch keine Eheberatung aufzusuchen, sondern es ist natürlich und legitim und keineswegs moralisch verwerflich, wenn Sie sich nach etwas Attraktiverem umschauen.« Aber das sagt sich natürlich leicht. Emotional geht es hier auch um eine Trennung aus einer engen Verbindung. Maria Dillinger ist lange – und sehr gerne – seine (kleinere) Partnerin gewesen. Sie mochten sich. Aber sie ist gewachsen, und in dieser Verbindung scheint ein Kontakt auf Augenhöhe und damit ein persönliches Reifen von beiden nicht weiter möglich.

Damit endet die zweite Sitzung. Was würde sich weiter zusammenbrauen?

Was es so schwer macht, sich aus solchen ungleichen Beziehungen zu verabschieden, ist das letztendliche Eingeständnis, dass die erfahrene Ungerechtigkeit und Ungleichheit nicht mehr ausgeglichen werden wird. An der Börse würde man sagen: Man realisiert seinen Verlust, wenn man eine Aktie, deren Kurs stetig weiter sinkt, irgendwann verkauft. Und hört auf zu hoffen, dass man das ursprünglich eingesetzte Kapital noch einmal zurückbekommt (oder gar eine Rendite). Aber ist Frau Dillinger wirklich bereit, aus diesem einstigen Dreamteam auszusteigen für ihr eigenes berufliches Fortkommen?

Dritte Sitzung: Im Sturm

Zur dritten Sitzung kommt eine relativ unglücklich dreinschauende Maria Dillinger, gar nicht mehr so ruhig und gelassen wie sonst. »Eigentlich müsste ich mich ja freuen, aber eher das Gegenteil ist der Fall«, beginnt sie. Was ist passiert? Sie hat ein erstes Gespräch in dem neuen Hotel geführt, in dem sie sich beworben hatte. Dieses Gespräch verlief sehr positiv, sie wurde eingeladen in die nächste Runde. Und inzwischen hat sie auch ihrem Chef von der Initiative berichtet – ihre Loyalität ist nach wie vor groß. Der flippte aus, wie nicht anders zu erwarten war. Drohungen, alte Rechnungen, Beschwörungen, Angst, dazwischen wieder »Das traust du dir doch gar nicht zu« (sozusagen eine Bilderbuch-

Projektion), Schweigen, Trotz. Die ganze Liste der bekannten Szenen einer Ehe.

Der Sturm ist also losgebrochen. Und sie hat verständlicherweise Angst vor dem »Worst Case«, dem schlimmsten anzunehmenden Fall: Dass das Verhältnis intern jetzt völlig zerrüttet ist und sie aber auch die neue Stelle gar nicht bekommt oder sie vielleicht nehmen muss, obwohl sie sie womöglich nicht will, einfach, weil sie es an der jetzigen Stelle nicht mehr aushält. Dass sie also durch alle Ritzen fallen würde und am Ende mit leeren Händen dastünde. Gegen Angst hilft immer das Konkrete: Was genau kann jetzt schlimmstenfalls passieren? Wir spielen einige mögliche Szenarien gedanklich durch. Und dabei zeigte sich: Das Schlimmste – der Worst Case – ist bereits passiert! Sie steht schon mittendrin im Sturmtief und hält sich aufrecht. Die Stimmung ihres Chefs könnte schlechter nicht sein. Sie hat definitiv noch nichts anderes in Händen, aber sie macht ihre Arbeit und ist handlungsfähig im Betrieb. »Stimmt eigentlich. Es ist nichts zusammengestürzt«, stimmt sie zu, »aber ich fühle mich natürlich sehr unwohl.«

Frau Dillinger hat sich in eine interessante Muss-Situation gebracht, die sie in mehrerlei Hinsicht mobilisiert: bezüglich ihres Konfliktverhaltens (ausweichen ist nicht mehr möglich), bezüglich ihrer Klärung, welche externe – oder auch interne – Veränderung sie vorantreiben will und in Bezug auf ihren Chef. Also genau die drei Punkte, die sie in der ersten Sitzung genannt hat, und bei denen noch sehr wenig Veränderungs-Energie zu spüren war.

Obwohl die Eskalation der Gesamtsituation für einen Typ wie Maria Dillinger äußerst unangenehm ist, ist sozusagen alles in Ordnung, ja fast logisch (psycho-logisch). Sie hat sich in Bewegung gesetzt und ihr Umfeld reagiert.

Aber inmitten der ganzen Turbulenzen kommt noch etwas anderes zum Vorschein – und im ernsten Gesicht von Frau Dillinger ist es bereits zu sehen –, ein anderes Gefühl: das der Trauer. Sie hat viel gegeben und auch bekommen in diesem

Hotel, in dieser Beziehung mit diesem Chef – auch wenn vieles schwierig oder nicht möglich war und jetzt endgültig nicht mehr nachzuholen sein würde. Auch wenn er jetzt noch so tobt. Kann sie wirklich gehen?

Wir schauen bewusst darauf, was sie zurücklassen würde. Und eine Weile experimentieren wir mit der möglichen »Rückkehr« und dem, was sie noch hält. Aber gerade weil die Trauer – und nicht etwa die Wut – das stärkste Gefühl ist, wird deutlich, dass es tatsächlich um Abschied und Trennung geht. Selbst wenn sie weitere ein, zwei Jahre bleiben würde (»Länger kann ich es mir auf keinen Fall vorstellen!«): Innerlich hat sie sich zum Zentrum der Veränderung vorgearbeitet.

Es lautet – zu ihrem Chef gesprochen: ICH VERLASSE DICH.

Verhandlung hin, Verletzung her, sie bemerkt selbst, dass es nicht mehr um diese Einzelheiten ging (die Socken, die Blumen), und er merkt es auch. Deswegen ist von ihm nichts anderes, nichts Rationaleres, zu erwarten. Sie hat rhetorisch oder taktisch nichts falsch gemacht, sondern sie hat sich innerlich abgewandt. »Und da können Sie natürlich nicht ernsthaft erwarten, dass er sich nicht wehrt, und zwar auf seine Art.« »Ja, das tut er«, sagt sie leise. Er macht dicht, er droht, er kennt natürlich ihre verletzlichen Punkte und setzt noch einmal alle seine Pfeile.

Das Ende einer Beziehung mobilisiert oft noch einmal alle Arten und Unarten derselben, die sie auch vorher charakterisierten, nur extremer. (Denn man stelle sich einmal kurz vor, wenn es anders wäre, und die Trennung sich so vollziehen ließe, wie man es sich wünschte, dann entfiele nicht selten der Grund für die Trennung.)

An diesem Punkt angekommen, wird es sehr ruhig in Maria Dillinger. Sie ist im Auge des Sturms.

Wir verabschieden uns, wissend, dass sie jetzt gar nichts mehr »tun« muss. Ihre innere Klärung ist gereift. Wie auch immer die Entscheidung ausfällt bei dem neuen Haus – Maria

Dillinger hat einen Zug ins Rollen gebracht, der sie verändern wird.

Wir verabreden deswegen kein konkretes nächstes Treffen, sondern sie will jetzt erst einmal die weiteren Entwicklungen abwarten und dann eine abschließende Sitzung nehmen, wenn eine konkrete Entscheidung ansteht.

Letzte Sitzung: Die Entscheidung

Knappe vier Wochen später kommt ihre Mail:»Es sieht so aus, als dürfte und müsste ich mich entscheiden«, schreibt sie.»Kann ich vorbeikommen?«Wir verabreden uns noch für den Abend des darauf folgenden Tages. Was war inzwischen passiert? Ihr Chef kam überraschend schnell aus der Trotzecke heraus, und er und sogar der Eigentümer selbst legten sich sehr ins Zeug, um sie zu halten. Man bot ihr die Personalführung für einen ganzen Teilbereich an und»selbstverständlich« die alleinige Projektleitung für den Anbau.»Ich war mir fast sicher, dass ich dieses Angebot annehme«, sagt sie, und ich kann das nachvollziehen. Die Gemüter haben sich wieder beruhigt, und eine ruhige Wetterlage zieht Frau Dillinger in der Regel vor. Sie erfährt selten wie nie Wertschätzung für ihre Arbeit.

Die Stürme, durch den Umweg über die Bewerbung ausgelöst, hatten bereits ihr gutes Werk getan. Sie konnte es jetzt tatsächlich gut sein lassen. Dachte sie.

Dann kam das entscheidende Gespräch beim potenziell neuen Arbeitgeber. Sie wollte eigentlich gar nicht mehr hinfahren. Tat es aber doch. Bevor sie ins Auto stieg, schrieb sie mir noch besagte Mail und jetzt, einen Tag nach dem Gespräch, sitzen wir einander gegenüber. Natürlich hat sie eine Zusage bekommen. Sie wollen sie als Geschäftsführerin haben. Und das neue Haus ist eine ganz andere Kategorie. Die Aufgabe ist noch um einiges anspruchsvoller als zuerst gedacht: Der Umsatz ist viermal größer als in ihrem jetzigen Betrieb. Sie könnte die ganze Leitungsebene nach ihren Vorstellungen strukturieren. Die Eigentümer setzen große

Hoffnungen in ihre Erfahrung und Kompetenz. Und Maria Dillinger fragt:»Ob ich dem allem gewachsen bin?« Ihre »Euphorie« über diese optimale Ausgangssituation hält sich wie immer sehr in Grenzen.

Sie sitzt ruhig und konzentriert da und denkt nach. Sie kann jetzt ernten, aber ich bin mir nicht sicher, für welche Frucht sie sich entscheiden wird.

Alle Pläne sind manchmal – beim Kontakt mit der Wirklichkeit – Schall und Rauch. Und erst ganz am Ende zeigt sich, wohin der Weg tatsächlich geht.

Mein Part in dieser Situation ist, die Frage wirklich von ihr beantworten zu lassen. Dazu unterstütze ich sie mit einigen »Tests«.

Der Erste:»Nehmen Sie an, Sie bleiben in Ihrem jetzigen Haus und blicken in fünf Jahren auf diese dann zurückliegende Entscheidung, was fällt Ihnen ein?«

»Ob ich nicht vielleicht eine Chance verpasst habe«, kommt es zögernd.

»Und nehmen Sie an, Sie haben sich für das neue Hotel entschieden?«, mache ich die Gegenprobe.»Tja, dann hab ich natürlich keine Ahnung, wie es mir geht.« Aber sie sagt es mit wesentlich mehr Drive und Frische.

Zweite Frage:»Nehmen wir an, egal wie Sie sich entscheiden, Sie hätten jeweils vollen Erfolg. Alles würde gelingen, was immer Sie sich vornehmen. Was würden Sie wählen?«

»Natürlich die neue Aufgabe«, antwortet sie spontan.

»Wieso natürlich?«, frage ich nach.»Nehmen wir an, das Verhältnis zu Ihrem jetzigen Chef bessert sich nachhaltig. Sie arbeiten hervorragend zusammen, er schätzt Sie und freut sich und ist Ihnen zutiefst dankbar, dass Sie dem Dreamteam von einst noch mal eine Chance gegeben haben?« Ich verstärke wieder das Zögern.

Sie denkt nach:»Ja, das wäre schön, aber nach zwei, drei Jahren würde ich ja dann ohnehin gehen. Ich werde nicht bis zur Rente bleiben.« Sie schluckt. Da ist sie wieder, die Trauer.

Und sie selbst erinnert sich jetzt an mein Bild vom alten Nörgel-Paar. »Es ist halt nicht einfach, nach all den Jahren, auch wenn wir uns bisweilen wie ein altes Ehepaar benommen haben; gerade deswegen.«

Ein letzter Test: Wir stellen noch einmal im Raum die zwei Möglichkeiten auf, um die Gefühle noch mehr zu heben. Sie platziert in einer Ecke den alten Betrieb, das »Bleiben«. Sie steht dort und zuckt mit den Schultern(!). »Ja. Vertraut. Schön. Im Moment.« Nach einer Weile: »Aber auch der Zweifel, ob der Friede nicht trügt und nicht schon bald alles wieder beim Alten sein würde.«

Dann, an der neuen Position, am anderen Ende des Raumes, das »Gehen«: wieder das Schlucken und beinahe Tränen. Hier ist es emotional am dichtesten. Ich halte beinahe den Atem an. Es geht nicht mehr um eine Entscheidung. Die hat Maria Dillinger innerlich bereits getroffen, es geht um den nächsten Schritt: um den Abschied und die Trauer. Emotional wissen wir es oft schon vorher. Der Kopf ziert sich nur noch und tut so, als würde er abwägen. Stattdessen schindet er etwas Zeit heraus, die auch gebraucht wird – allerdings nicht zum Ent-scheiden, sondern zum Scheiden. Denn das tut immer weh.

Was sagt uns das über Veränderungsvorhaben? Es sind innere Prozesse, für die es eine nicht geringe Menge an Energie braucht. Woher kommt diese Energie? Unter anderem aus der Unzufriedenheit mit einer bestimmten Situation. Ohne Unzufriedenheit bewegen wir unsere bequemen Leiber nämlich nirgendwo hin.

Maria Dillinger hat halbbewusst genau das Richtige gemacht. Sie hat eine unangenehme Situation verstärkt, indem sie ihrem Chef von ihrer Bewerbung erzählt hat. Dadurch hat sie die ganze Situation – die anderen und auch sich selbst – dramatisiert, aber auch dynamisiert.

Um es im Beziehungsbild auszudrücken: Ein Flirt oder ein Seitensprung an sich kann eine schief gewordene Beziehung stabilisieren, weil er Ihnen lediglich eine angenehme

Entlastung schafft. Aber wenn Sie »beichten« und Ihren Partner damit konfrontieren, wird die Situation erst einmal schlimmer. Nicht nur für Ihren Partner, sondern insbesondere für Sie! Das aber ist eine notwendige Voraussetzung, dass sich etwas ändert. Und es wird sich etwas verändern – innerhalb oder außerhalb der Beziehung. Genau das ist auch das Risiko. Wer aber ins Zentrum des Sturmes vordringt, wird mit überraschender Klarheit belohnt. Ob die Seele dafür bereit ist, entscheidet sie genau dort.

Ich liebe dich, ich hasse dich oder: Alles hat seinen Preis
Coach: Ursu Mahler

Sonntagnachmittag. Ich genieße es, mal nicht schon am Sonntagabend reisen zu müssen. Ganz entspannt sitze ich auf der Terrasse und nehme mir Zeit zu lesen.

Das Telefon klingelt. Eine Münchner Freundin ruft an und erzählt: »Eine Tenniskollegin braucht deine Hilfe, ich habe ihr deine Adresse gegeben. Sie hat Stress mit ihrer Schwester und ist kurz vor dem Durchdrehen, sie kann nicht mehr. Sie wird sich bei dir melden.« Ich frage kurz nach dem Namen der Dame, dann reden wir über anderes.

Zwei Tage später ruft mich Gertrud Kerbel an, und wir vereinbaren einen Kennenlern-Termin.

Eine Woche später sitzt sie mir gegenüber und erzählt: »Meine Schwester bevormundet mich von morgens bis abends, weiß alles besser und ist neidisch auf das Leben, das ich führe. Sie selbst sagt zwar, dass sie total zufrieden sei, das stimmt aber nicht. Sie ist unzufrieden und frustriert und will, dass ich genau so lebe wie sie.« Frau Kerbel berichtet noch eine Weile von den Bevormundungen ihrer Schwester, die 68 Jahre, also zwei Jahre älter als sie selbst ist. Sie war Studienrätin, aber schon seit ihrem 54. Lebensjahr arbeitet sie nicht mehr in ihrem Beruf. »Ich bin bei meiner Mutter und meinen Großeltern aufgewachsen, weil meine Eltern sich getrennt haben«, erzählt Frau Kerbel weiter. »Mein Vater hat ein Maschinenbauunternehmen aufgebaut und ist damit sehr reich geworden. Meine Schwester blieb bei meinem Vater – wir wurden aufgeteilt. Jetzt lebe ich aber schon seit 25 Jahren mit meiner Schwester in dem Anwesen, das unser Vater gekauft hatte. Es gehört uns beiden. Die Leute im Ort nennen es die »Kerbel-Villa«. Wir wohnen zwar getrennt, meine Schwester wohnt unten und ich im oberen Stockwerk, aber es ist alles offen und wir sehen uns eigentlich ständig.« Frau Kerbel lässt einen zehnminütigen Wortschwall los. Ich spüre den Druck, unter dem sie steht. Es ist, als ob ein Ventil sich geöffnet hätte und jetzt strömt heißer, scharfer Dampf aus.

Ich höre Vorwürfe, Anschuldigungen, höre, dass sie unglücklich und unzufrieden ist. Ich sehe in ihr Gesicht und nehme ihre traurigen Augen wahr. »Weshalb sind Sie gekommen, Frau Kerbel, und was möchten Sie, dass geschieht?«, frage ich sie, als sie geendet hat.

Ich stelle zu Beginn, wenn der Coachee seine Trauer, seine Wut, seine Verzweiflung verbalisiert hat, manchmal diese Frage, weil das »Was möchten Sie, dass geschieht?« dem Befragten (noch) nicht die Last des Entscheiden-Müssens und des aktiven Handelns aufbürdet, sondern erst einmal eine Wunsch-Phantasie kreiert. Frau Kerbels Unglücklichsein beruht offensichtlich auf dem Gefühl, nicht »sich selbst« zu leben, keinen Sinn zu sehen in dem, was ihr Leben ausfüllt.

Verzweifelt antwortet sie: »Ich kann so nicht mehr leben mit meiner Schwester, ich halte das nicht mehr aus. Sie raubt mir alle Kraft und ich kann nichts dagegen tun. Das muss aufhören, das muss anders werden. Wir haben Geld und Haus und können uns alles leisten. Und trotzdem bin ich unglücklich.«

Ich lege ein großes Flipchart-Blatt auf den Tisch, ziehe im Querformat mit einem dicken Filzstift eine Linie von links nach rechts und sage zu Frau Kerbel:»Hier links ist 0 Jahre, Ihr Start. Hier rechts ist 66 Jahre, heute.«

»Zeichnen Sie bitte auf dieser Linie alle Ihre wichtigen Lebensabschnitte, Erlebnisse und Eindrücke auf. Hier sind Wachsmalkreiden und Filzstifte. Sie können mit Symbolen, kleinen Zeichnungen oder Stichworten arbeiten, ganz wie Sie wollen. Es ist Ihr Lebenspanorama mit allem, was es an Fröhlichem und Traurigem, an Höhen und Tiefen beinhaltet. Es geht nicht um tolle künstlerische Gestaltung, es geht ums Erinnern, Erleben und Festhalten, ums Nachspüren.«

Lebenspanorama

Nach circa 30 Minuten ist sie so weit, und wir reden den Rest der Sitzung über ihre Erlebnisse, über ihre Kindheit und Jugend, über ihre Ängste, Befürchtungen, ihr Glück und ihren Schmerz. Es wird deutlich, dass sie sich schon als kleines Kind überflüssig vorkam, dass die ältere Schwester immer die Wichtigere und »Tonangebende« war, was darin gipfelte, dass die Schwester beim Vater bleiben durfte, während sie mit der Mutter aus- und umziehen musste.

Frau Kerbel erzählt mir weiter, dass sie sich vor zwei Jahren eine Wohnung »in der Stadt«, ca. 25 km entfernt, gekauft hat, dort ein, zwei Tage in der Woche oder auch einmal ein Wochenende zubringt und dass dies dann ihre »Fluchtburg« ist. »Dort habe ich meine Ruhe«, sagt sie. »Aber meine Schwester allein lassen, das kann ich nicht. Sie hat doch niemanden sonst. Außerdem wäre es ›der Tod für meine Schwester‹, wenn wir die Villa verkaufen würden. Das kann ich nicht machen.«

Die erste Coaching-Einheit ist zu Ende und wir verabreden uns für die nächste Woche. Als sie gegangen ist, frage ich mich, was sich Frau Kerbel von einem Coaching verspricht, was sie wirklich will.

Sie ist unglücklich, sie steht unter großem Druck, sie ist blockiert und handlungsunfähig und sie will Veränderung. Es wäre doch ein Leichtes auszuziehen, eine standesgemäße Wohnung oder ein Haus zu finden und die Tür hinter sich zu schließen. Gleichzeitig will sie aber auch NICHT handeln.

Mir fällt der alte Sigmund-Freud-Satz ein: »Leiden ist leichter als Handeln.« Ich glaube, unsere gemeinsame Arbeit muss dahin gehen, dass sie nicht nur zur Einsicht, sondern tatsächlich ins Handeln kommt, wie auch immer dieses Handeln aussehen mag.

Die Leiden der Frau K.

Am Mittwoch darauf, in der zweiten Coaching-Einheit, höre ich die gleichen Vorwürfe und Schuldzuweisungen. Nach einer Stunde spüre ich, wie leichte Ungeduld in mir aufsteigt. »Also, Frau Kerbel: Sie sagen einerseits, Sie werden Ihre Schwester und die gemeinsame Villa nicht verlassen. Sie sagen andererseits, Sie wollen raus aus dieser Situation, weg von Ihrer Schwester. Was nun?«

»Wenn ich das wüsste! Ich weiß nur eines: Wenn es so noch lange weitergeht, werde ich verrückt. Wir streiten seit einem Jahr nur noch, es ist gar kein Gespräch mehr möglich. Meine Schwester meint, sie weiß alles und sie hat immer recht. Klar, sie hat studiert, ich nicht. Ich bin nur angelernte Sekretärin. Ich habe gar keine richtige Ausbildung. Meine Schwester sagt auch, ich könnte ja nicht mal rechnen, und ich weiß ja, sie hat recht. Rose macht viel im Kulturbereich und lädt Künstler ein. Die kommen ihretwegen, nicht meinetwegen. Der Bürgermeister kommt, der Pfarrer, unser Arzt aus dem Dorf. Das macht alles die Rose. Ich bin da überflüssig.«

Ich nehme ein DIN-A4-Blatt und schreibe darauf:

Anfangen?
Aufhören?
Mehr tun?
Weniger tun?

und schiebe dieses Blatt zu ihr über den Tisch. »Fragen Sie sich bitte: Womit wollen Sie anfangen? Und womit wollen Sie aufhören? Und von was, mit was wollen Sie mehr tun? Wovon wollen Sie weniger tun? Lassen Sie sich Zeit, hören Sie genau hin und in sich hinein und dann schreiben Sie bitte Ihre Ideen dazu auf.«

Sie macht Stichworte zu jeder Frage. Nach einer Weile schaut sie auf. »Ich will viel gelassener sein, anfangen, diese Gelassenheit wirklich in mein Leben zu nehmen. Ich habe ja gar keine Freude mehr am Leben. Ja, damit will ich anfangen. Warum lasse ich mich so kommandieren und bevormunden, ich möchte einfach gelassener und glücklicher sein.« Ihre Augen füllen sich mit Tränen. »Nun haben meine Schwester und ich so viel Geld und sind trotzdem unglücklich.«

Beim Aufhören geht es um die Daumenschrauben, die sie sich selbst immer wieder anlegt, den Zwang, so zu handeln, wie es ihre Schwester erwartet. Keine Daumenschrauben mehr, dafür mehr Gelassenheit. Sie möchte mehr tun für ihre aktive Freizeit, mehr Kulturelles und sich mehr Zeit für ihr Hobby, das Tennisspielen nehmen. Als Letztes sagt sie: »Ich möchte mich weniger in Frage stellen.« Ich beschließe, in der nächsten Sitzung mit ihr ihre »Glaubenssätze« und »Lebensbotschaften« des Elternhauses genauer anzuschauen und verabschiede sie für heute. Klar wird, dass Frau Kerbel zum einen tiefe Selbstzweifel und Selbstunsicherheit in sich trägt und zum anderen einen Entscheidungskonflikt mit ihrer Schwester hat. Wenn ich es bis hierher nur vermutet habe – jetzt wird es deutlicher: Handeln/Nicht-Handeln ist ihr Thema.

Die Leiden der Frau K., dritte Coaching-Sitzung

In der dritten Sitzung arbeiten wir mit einem Persönlichkeitstest, der ihre Hauptantreiber – »Mache es allen recht«, knapp gefolgt von »Streng dich an« – deutlich macht. Lange reden wir darüber, wie sie als Kind bemüht war, »es allen recht zu machen«, damit sie nicht auch noch die Mutter verliert. Und wie sie die Schwester, die beim Vater lebte, beneidete. Und immer wieder macht sie sich selbst nieder und wertet sich massiv ab. Im Verlauf des Gesprächs wird ihr bewusst, dass es Zeit ist, diese Attribute aus Kindertagen loszulassen. Sie begreift, dass sie ihr Verhalten als Kind in ihr Erwachsenenleben mit ihrer Schwester übernommen hat. Jahrzehntelang wollte sie es der älteren und klügeren, beim weltmännisch-kosmopolitischen Vater aufgewachsenen Schwester recht machen. Und spürte doch, dass es nicht ihr Leben war. Ich lasse sie ihr Stärken-Profil erstellen, um ihr vor Augen zu halten, dass sie viele Qualitäten hat, auf die sie stolz sein und aufbauen kann. Wir gehen jede einzelne Stärke durch.

Dann wage ich einen Blick in die Zukunft: »Frau Kerbel, was resultiert denn Ihrer Meinung nach aus dem, was Sie hier ›erarbeitet‹ haben?« Sie sitzt klein und zusammengesackt wie ein Häufchen Elend auf dem Stuhl.

Die Tränen rollen ihr über die Wangen und dann schluchzt sie: »Ich wusste gar nicht mehr, dass ich auch Stärken habe. Ich will sie wiederhaben und ich will sie auch leben, so wie es für mich passt.

Das andere ist, ›eigentlich‹ müsste ich eine eigene Wohnung haben und nicht mehr mit Rose in der Villa wohnen. Das ist so furchtbar, so eng. Aber Rose alleine zurücklassen, das geht nicht. Wir können die Villa nur zu zweit unterhalten, alleine müsste meine Schwester verkaufen. Das kann ich nicht machen, das würde sie nicht überleben.« Sie redet noch eine ganze Weile über ihr Wollen und darüber, dass sie nicht darf, über ihre »Verantwortung«, die sie habe, und dass es halt nicht zu ändern sei.

MEINE STÄRKEN

FRÖHLICHKEIT
BEHARRLICHKEIT
HERZLICHKEIT
KOCHEN KÖNNEN
DURCHHALTEVERMÖGEN
PRAKTISCH DENKEN
GUT ORGANISIEREN KÖNNEN

Stärkenprofil

Die Leiden der Frau K., unser viertes Treffen

Bei unserem vierten Treffen wirft sie sich, ohne den Mantel auszuziehen, auf ihren Platz und es bricht aus ihr heraus: »Es wird immer schlimmer. Wir haben die ganze Woche nur gestritten und uns angeschrien. Ich habe Rose gesagt, dass ich jetzt zu Ihnen gehe. Sie war fürchterlich wütend darüber. Ich bin dann für zwei Tage in meine Wohnung gefahren, aber das hilft auch nicht, nicht wirklich. Da hocke ich dann abends alleine in der Wohnung und denke an Rose.«

Und wieder ist das Ventil ganz geöffnet, und wieder redet sie über die »Unterdrückungsmechanismen« der Schwester, erzählt detailliert, dass sie sich wegen des Gartens gestritten hätten und Rose ihr Vorwürfe mache, wenn sie zum Tennisspielen gehen will. Dass sie ihr vorschreibt, wann sie aufzustehen hat und, und, und. Während ich überlege, ob ich sie einfach weiterreden lassen soll oder ob und wie ich interveniere, läuft die Zeit. Die Coaching-Einheit ist zu Ende und ich verabschiede Frau Kerbel.

Es ist so viel Druck und Spannung in ihr, so viel Fixiertsein auf diese »große Schwester« und gleichzeitig der dringende Wunsch, sich daraus zu befreien.

Die Leiden der Frau K., fünfte Coaching-Sitzung

In der nächsten Sitzung, als Frau Kerbel wieder beginnt – inzwischen fast schon ritualisiert – »die Leiden der Frau K.« zu schildern, unterbreche ich sie.

Ich stelle drei unterschiedliche Stühle in einem gleichschenkligen Dreieck auf und schlage ihr vor, diese Stühle der Reihe nach zu besetzen. Ein Stuhl ist der »Träumer«, ein anderer der »Realist« und der dritte der »Bewerter«. »Setzen Sie sich bitte zuerst auf den Realistenstuhl – Sie können ihn wählen.« Sie setzt sich auf einen bequemen, modernen Kunststoffstuhl mit Armlehnen und wiederholt, was sie schon die Sitzungen davor geäußert hatte. Es sei eben so, es ließe sich nicht ändern. Sie könne ihre Schwester nicht alleine lassen. Sie dreht Schleife um Schleife, nichts Neues, nichts bewegt sich. Die Selbstzerfleischung geht weiter. Auf dem »Träumer-Stuhl«, für den sie einen verschnörkelten, phantasievoll bemalten alten Holzstuhl wählt, spricht sie über ihren Wunsch, die Villa zu verkaufen und in eine großzügige Eigentumswohnung in der Stadt umzuziehen. Sie phantasiert, ein Pferd kaufen zu wollen. Pferdesport war schon immer ihre geheime Leidenschaft, und als Kind und Jugendliche durfte sie ab und zu reiten. »Nicht allzu weit von uns gäbe es eine Möglichkeit, ein Pferd einzustellen.« Ihre Augen leuchten, ihre Körperhaltung wird straffer, sie richtet sich auf. Dann wechselt sie auf den dritten, den Bewerterstuhl, einen nüchternen Bürostuhl ohne Armlehnen. Sie bleibt lange wortlos sitzen. »Was sagt der ›Bewerter‹ dazu?«, fordere ich sie zum Reden auf. Zum »Träumer« gewandt antwortet sie: »Du hast ja recht. Mein Gott, wäre das schön, das wäre zu schön, ist aber nicht machbar.« Ich hake nach: »Ein Pferd zu kaufen ist nicht machbar? Ist das nicht die leichteste Ihrer Übungen?« »Was glauben Sie, was meine Schwester dazu sagt, die flippt aus.« »Das mag durchaus sein. Erinnern Sie sich, Frau Kerbel, dass eine Ihrer Stärken Durchhaltevermögen bzw. Beharrlichkeit ist?« Sie lächelt und meint, dass sie auf dem »Träumer-Stuhl« ahne, wie glücklich ihr Leben sein könnte. Dann wendet sie sich dem »Realisten« zu: »Ich bin es leid, immer zu fragen, was geht, was ich darf und was ich nicht darf. Ich werde weiter mit Rose in der Villa leben, da hast du recht. Ich werde nicht verkaufen und nichts im Haus umbauen. Ja, das ist die Realität.« Sie beginnt wieder, Ihre »Schleifen zu drehen«, warum es nicht geht und dass es nicht zu ändern ist, und schaut mich ratlos an.

Dilemma-Situation

Ich stehe auf und hole einen weiteren Stuhl, stelle ihn in die Mitte vor »Realist« und »Träumer«. »Frau Kerbel, dieser hier heißt: von beiden etwas. Nehmen Sie doch bitte diesen Platz ein.« Nach einer Weile spricht sie leise: »Vielleicht könnte ich ja mit Rose über einen ›kleinen‹ Umbau reden, nur eine Wand einziehen und eine Küche bei mir oben einbauen. Das muss doch möglich sein. Das ist realistisch.« Sie lacht und schaut auf den »Träumer-Stuhl«: »Und warum sollte ich mir nicht ein Pferd kaufen? Das hat ja mit der Villa und mit Rose nichts zu tun. So könnte ich's mir durchaus vorstellen.«

In »Dilemma-Situationen« ist es hilfreich, sowohl »das Eine« als auch »das Andere« anzuschauen. Dies verhilft zu einem klareren Verständnis der Vor- und Nachteile. Im Falle meiner Klientin ging es mir vor allem darum, ihr genügend Anregungen zu geben, um einen »integrativen Ansatz« zu finden.

»Wie geht es Ihnen jetzt, Frau Kerbel? Wie geht es Ihnen mit dem Gedanken, einerseits in der Villa und bei Rose zu bleiben und andererseits ›Ihr Leben zu leben‹? Wie fühlt sich das an? Was sagt Ihr Herz dazu?« Frau Kerbels Augen werden feucht und sie antwortet: »Gut geht es mir, sehr gut sogar. Ich kann mir das gut vorstellen.«

Wir reden in den nächsten drei Coaching-Sitzungen über die Konkretisierung der Idee, dass Frau Kerbel ihr eigenes Leben lebt. Wo muss sie ansetzen? Was muss sie ganz konkret tun? Wer hilft ihr dabei, wen kann sie ansprechen, wie setzt sie erste Schritte um? Eine gute Bekannte, ebenfalls begeisterte Pferdeliebhaberin, vermittelt einen Reitstall, in dem Tiere eingestellt werden können. Der Tierarzt dort hat Kontakte zu einem Pferdezüchter und Frau Kerbel erzählt mir in einer nächsten Sitzung, dass sie sich »innerlich« bereits für ein Pferd entschieden hat. Einen wunderschönen Wallach mit langer, wehender Mähne. Ich frage sie: »Und äußerlich, haben Sie sich äußerlich auch entschieden?« »Noch nicht. Ich werde heute Abend mit Rose reden und ihr alles erzählen.« »Tun Sie das«, mache ich ihr Mut. »Sie sind eine kluge, erwachsene Frau und haben ein Recht darauf, Ihr Leben zu leben und glücklich zu sein. Sie sind nicht auf der Welt, um so zu sein, wie andere Sie gerne hätten. Also, packen Sie's an!«

Gut gelaunt und gestärkt verlässt Frau Kerbel mein Büro. Die nächste Coaching-Sitzung ist in neun Tagen terminiert.

»Da tut sich was. Es kommt Bewegung hinein«, jubiliere ich. »Sie macht erste, zaghafte Schritte. Wie schön, sie dabei begleiten und unterstützen zu können. Ich freue mich so sehr für sie.«

Die Leiden der Frau K., neun Tage später
Zum zehnten Termin kommt Frau Kerbel völlig aufgelöst. Sie erzählt mir, dass sie mit Rose gesprochen hat. Sie hat ihr vom geplanten Pferdekauf erzählt und auch von dem Miniumbau, den sie bei sich im oberen Stockwerk vorhabe. Das Gespräch sei eskaliert. Sie hätten sich angebrüllt, und Rose habe das Ganze beendet mit den Worten: »Du wirst hier gar nichts umbauen und wirst dir auch kein Pferd kaufen, du spinnst ja.« »Und wie haben Sie reagiert?« »Eigentlich gar nicht mehr. Ich bin nach oben gegangen. Ich wollte meine Ruhe haben. Wahrscheinlich ist es wirklich besser, ich lasse das alles.« Wie ein geprügelter Hund sitzt sie mir gegenüber, und ich verstehe einmal mehr, wie gewaltig die Wirkung unserer Erziehung und Sozialisation auf uns ist. Sich von überkommenen Lebensbotschaften zu verabschieden und standhaft das eigene »Ich« zu leben, ist unglaublich harte Arbeit. Den »Antreiber« gegen eine »Erlaubnisbotschaft« auszuwechseln, erfordert kontinuierliches Dranbleiben und ist keine einmalige Sache, die womöglich noch per »Knopfdruck« funktioniert.

In dieser und in den nächsten drei Sitzungen reden wir über genau diese Entwicklungen. Wir schauen auf Frau Kerbels Lebenspanorama, besprechen ihre Antreiber, ihre Verbots- und Gebotsgeber aus Kindertagen. Ihre Stimmung schwankt von Sitzung zu Sitzung. Oft kommt sie völlig resigniert bei mir an und geht nach 1 ½ Stunden gestärkt und »aufgeräumt« weg. Als ich sie auf ihre Wünsche anspreche, sagt sie mit leiser Stimme, aber doch sehr entschieden: »Das mit dem Pferd habe ich begraben. Das geht einfach nicht und ich muss das wohl oder übel akzeptieren. Das ist eben mein Leben und das ist nicht zu ändern. So ist das.«

Ich bin versucht, dagegenzuhalten und die zweite oder dritte Variante von »es geht doch« ins Spiel zu bringen. Tue es dann aber nicht, weil genau dieses, das Wort »*Spiel*«, mich daran hindert.

Frau Kerbel spielt. Sie spielt das Spiel »Ich kann nicht, ich darf nicht, alle sind gemein zu mir, ich bin das arme Opfer«. Wir befinden uns im klassischen Drama-Dreieck: Verfolger – Opfer – Retter. Verfolgerin ist Rose, die Rolle der Retterin ist mir zugedacht.

»Drama-Dreieck«

Nur bin ich nicht bereit, diese Rolle anzunehmen. Ich spreche mit Frau Kerbel über das Drama-Dreieck. »Ja«, sagt sie, »hier bei Ihnen tanke ich jedes Mal auf. Sie geben mir Kraft für die nächste Woche und Kraft, um das alles mit Rose auszuhalten. Seit ich zu Ihnen komme, ist es längst nicht mehr so schlimm für mich.«

»Okay, gut zu hören und doch nicht gut. Wenn ich Ihr Krückstock bin, auf den Sie sich stützen und durch den Sie selbst sich nicht verändern müssen, dann kann das auf Dauer nicht funktionieren. Zurzeit leben Sie nach der Devise: ›Lieber das bekannte Unglück als das unbekannte Glück.‹ Wollen Sie wirklich so leben? So vieles unversucht lassen und nie umgesetzt haben? Jenseits Ihrer wirklichen Gefühle, Wünsche, Träume und Bedürfnisse?«

Ich spreche mit ihr darüber, dass sie diejenige ist, die die Weichen neu oder anders stellt, dass sie entscheidet, was und wie sie es tun will. »Nur – so oder so, jede Entscheidung hat ihren Preis, und Sie müssen den bezahlen. Es kostet immer etwas. Sie bekommen im Leben nichts ›umsonst‹.«

Die Leiden der Frau K., letzter Termin

Wir vereinbaren den nächsten Termin, acht Tage später. Als ich spät am Abend vor dem geplanten Termin nach Hause komme und den Anrufbeantworter abhöre, ist Gertrud Kerbel zu hören. »Hallo, Frau Mahler, ich hab mich entschlossen, alles so zu lassen wie bisher. Ich werde nicht mehr kommen können. Es geht nicht, leider. Es tut mir sehr leid, und das hat auch nichts mit Ihnen zu tun. Sie haben mir trotzdem sehr geholfen.« Sie bedankt sich und wünscht mir alles Gute. Dann spielt der Anrufbeantworter die nächste Aufzeichnung ein.

Ich setze mich erst einmal und höre die Ansage ein zweites, ein drittes Mal. Ich bin betroffen, traurig, aber auch wütend. Meine Gefühle fahren kurzfristig Achterbahn mit mir. Dann greife ich spontan zu Füllfederhalter und Papier und schreibe einen Brief an sie, liebevoll, freundlich, zugewandt. Auch ich wünsche ihr alles Gute und lasse sie am Ende wissen: Sie kann jederzeit anrufen und jederzeit wiederkommen. Ich bin für sie da. Ich beende den Brief mit einem Geschenk an sie, einem Gedicht von Rainer Maria Rilke:

»Ich lebe mein Leben in wachsenden Ringen, die sich über die Dinge ziehn. Ich werde den letzten vielleicht nicht vollbringen, aber versuchen will ich ihn.«

Das Ziel fest im Blick

Etappen einer Entscheidung

Coach: Ursu Mahler

Sorge dich nicht um die Ernte,
sondern um die Bestellung deiner Felder.

Da hat jemand fast ein Drittel seines Erwachsenenlebens damit zugebracht, seine Karriere zu planen, daran zu stricken und Stück für Stück alles zu einem eindrucksvollen Gesamtkunstwerk zusammengefügt. Und dann ist dieses Kunstwerk so passend und so perfekt, dass es kein Leben mehr enthält.

Vor einem halben Jahr hatte ich für einen Seminaranbieter ein offenes Training »Persönlichkeitsentwicklung« durchgeführt. Herr Schwenk war einer der Teilnehmer gewesen. Jetzt meldet er sich telefonisch und möchte einen Halbtages-Coaching-Termin mit mir vereinbaren. Er kommt aus Tübingen zu mir nach München, und ich überlege mir, dass jemand, der diesen weiten Weg auf sich nimmt, sicherlich eine Menge »mitbringt«. Ich versuche, mich an Herrn Schwenk zu erinnern, schiebe Bilder in meinem Kopf hin und her, kann mich aber einfach nicht mehr an ihn erinnern.

Als ich dann zum vereinbarten Zeitpunkt die Tür öffne, steht ein ca. 40-jähriger, freundlicher, sehr gepflegter Mann vor mir, der Selbstbewusstsein ausstrahlt. »Na, dann wollen wir doch mal schauen«, denke ich.

Nachdem Herr Schwenk Platz genommen hat, erzählt er mir, dass er nach dem Abitur eine Ausbildung als Bankkaufmann gemacht und danach Betriebswirtschaft und Wirtschaftswissenschaften studiert hat. Das Studium war eher mühsam und anstrengend für ihn gewesen, aber er »biss sich durch«. »Wie sind Sie aufgewachsen?«, frage ich ihn. »Sehr liebevoll und behütet«, gibt er zur Antwort. »Mein Vater war Lehrer, meine Mutter Sekretärin. In der Schule war ich Klassenbester. Von meinem Vater kam immer wieder die Botschaft ›streng dich an!‹. Das tat ich auch und schaffte einen guten Abschluss. Ich fand meine erste, gut bezahlte Anstellung im Finanz-Bereich. Von da an ging es ständig bergauf. Ich wurde mit immer größeren, immer verantwortungsvolleren Projekten betraut und habe nach vier Jahren zu einem anderen Arbeitgeber mit noch größerer Budget-Verantwortung gewechselt. Ich erhielt Prokura und wurde nach weiteren vier Jahren zum Partner berufen.« Er erzählt weiter, dass er noch nicht ganz 37 Jahre alt gewesen sei, als er den dritten Wechsel zu einem europäischen Finanz-Beratungsunternehmen mit dem Sprung in die Geschäftsleitung toppte. Alles lief bisher also bestens. Und nun sitzt mir Herr Schwenk gegenüber. Er ist fast 39 Jahre alt und strahlt »Erfolg« aus.

»Na, das hört sich ja nach Bilderbuchkarriere an«, sage ich. »Da haben Sie mächtig was geleistet.« Ich lobe ihn für seine Ausdauer, sein hartnäckiges Erfolgsstreben und seinen Mut. Er nimmt seine Titangestellbrille ab, senkt den Kopf und sagt: »Und trotzdem habe ich ein Problem. Ich stehe am Scheideweg. Ich weiß nicht, was ich tun soll. So will ich nicht weitermachen.«

Mit verständnisvollem Nicken und einem aufmunternden Lächeln fordere ich ihn zum Weitersprechen auf.

»Ich will weg von diesem Unternehmen. Alles dort ist kalt, lieblos, nur auf Erfolg getrimmt. Ich sehe keinen Sinn mehr in dem, was ich tue. Ich weiß aber nicht, ob meine Entscheidung richtig ist. Deswegen bin ich jetzt hier. Ich habe mehrere Optionen und Möglichkeiten, aber ich fühle mich überfordert mit einer Entscheidung.«

»Welche Optionen gibt es denn?«, frage ich.

Er nennt die erste Variante, im jetzigen Unternehmen den Vorstandsvorsitzenden zu beerben. Allerdings würde dies das Offenlegen von Unsauberkeiten und einem Finanzgebaren bedeuten, dass er nicht mehr bereit ist, länger zu decken und mitzutragen.

Variante 1 heißt also: Im Unternehmen bleiben und Vorstand, aber auch »Königsmörder« zu werden. Variante 2 ist die Möglichkeit, sich mit drei anderen Kollegen aus dem Unternehmen »herauszukaufen« und »sein eigenes Ding« zu machen. Dies birgt ein großes Risiko, aber auch große Chancen. Variante 3 besteht darin, nach Hamburg zurückzugehen (in seine Geburtsstadt und alte Heimat) und das, was er jetzt in Süddeutschland tut, in ähnlicher Weise im Norden zu tun (er hat dazu ein tolles Angebot). Variante 4 beinhaltet die Möglichkeit, für ein schweizerisches Vermögensberatungsunternehmen von Süddeutschland aus, also ohne Wegzug, zu arbeiten. Die fünfte Variante schließlich bietet München, ebenfalls mit einem attraktiven Angebot, in einem Unternehmen, dessen Mitarbeiter er zum Teil schon kennt. Seine Frau sei gegen einen Umzug, erzählt er. »Wir wollen beide nicht weg aus Tübingen.«

Nun habe ich also seine Varianten und Möglichkeiten gehört. Ich sehe ihn an: Er wirkt sehr kontrolliert, beherrscht, rational. Und genau aus dieser »Kopfhaltung« will ich ihn herausholen. Mir ist klar, dass ich mit »nur darüber reden« bei Herrn Schwenk nicht ans »Eingemachte« komme.

Im Coaching ist mir wichtig, meinen Coachee spüren, fühlen, hören, sehen zu lassen. Es geht um Veränderung, um

Optionen, um Zukunft, letztendlich um individuelles Lebensglück. Das eigene »Drehbuch« so zu schreiben, dass nicht nur Wünsche und Träume, sondern auch Talente, Fähigkeiten und realistische Ziele enthalten sind, ist das Ziel. Dabei geht es um das »Hier und Jetzt« und weniger darum, in der Vergangenheit anzusetzen. Immer wieder fällt mir in solchen Situationen ein Satz von Richard Bandler ein: »Der Blick nach vorne ist auf Dauer das Einzige, was zählt.«

»Okay, Herr Schwenk, jetzt bin ich informiert.« Ich schiebe ihm ein leeres DIN-A4-Blatt über den Tisch und sage: »Malen Sie bitte einen ›Prozentkuchen‹ auf. Wie viel Prozent geben Sie jeder der fünf Alternativen? Und fragen Sie jetzt nicht nur Ihren Kopf, sondern lassen Sie mal Ihr Herz mitreden.« Er sieht mich misstrauisch an. »Wieso Herz, was meinen Sie mit Herz?«, fragt er fast schon ein bisschen missmutig.

»Welche der fünf Varianten lässt Ihr Herz höher schlagen? Bei welcher spüren Sie Ihre Leidenschaft? Welche finden Sie ›einfach nur klasse‹ und geraten ins Schwärmen? Für welche geben Sie Ihr Herzblut? Welche setzt Sie in Verzückung?« Ich sehe ihn lächelnd an; er lächelt – plötzlich mit sehr weichen Gesichtszügen – zu mir herüber und antwortet: »Jetzt verstehe ich.«

»Dann mal los«, ist meine auffordernde Antwort. Unter Einsatz NLP-typischer Fragetechniken (Was würde geschehen, wenn ...? Was brauchen Sie noch, um »es« zu tun/können? Woher bekommen Sie, was Sie (noch) brauchen? Unter welchen Umständen wären Sie bereit ...? Wie fühlt es sich an, ...?) gibt er der Variante »sich mit anderen Kollegen aus dem Unternehmen rauszukaufen« 30 Prozent. Ebenso erhält die Option »nach München gehen« 30 Prozent. Den »Vorstand beerben« erhält 25 Prozent, die restlichen beiden (Schweiz und Hamburg) kann er noch während der Eruierungs- und Zielfindungsfragen ad acta legen. Er brütet eine ganze Weile über seiner Zeichnung und meint: »Jetzt weiß ich schon mal ganz klar, was ich nicht will.«

Mit dieser ersten konkreten Aktivität hält sich Herr Schwenk seine Situation vor Augen und verschafft sich einen Überblick.

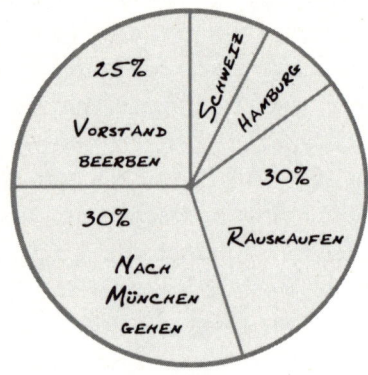

»Prozentkuchen«

Ich nehme die Digitalkamera und halte das Werk im Bild fest. Ich fotografiere häufig die Aktivitäten meiner Coachees, um ihnen nach Abschluss einer Beratung ein kleines Handout, eine Art »Entwicklungs-Chronologie« mitzugeben oder zu schicken.

Herr Schwenk hatte gleich zu Beginn davon gesprochen, dass er und seine Frau nicht umziehen wollten. Mit der Chronologie erhält er eine gute Diskussionsgrundlage und würde der Partnerin seine Überlegungen, sein Ringen, sein Suchen des rechten Wegs, den Prozess bis zur aktuellen Entscheidung viel besser erklären können.

Jetzt möchte ich ihn noch näher an seine Wahlmöglichkeiten heranführen. »Herr Schwenk, um die Sache noch klarer zu machen, schlage ich Ihnen Folgendes vor: Wir arbeiten mit der Knopfkiste – okay?« Er grinst und antwortet ziemlich locker: »Ich merke, dass Sie mir gut tun, dass sich etwas klärt bei mir. Also mach ich die Knopfkiste.« Ich stehe auf und hole eine große, flache Metallkiste aus dem Schrank.

Meine Knopfkiste ist angefüllt mit Hunderten von Knöpfen in allen Größen, Formen und Farben. Vom einfachen Wäscheknopf bis zu ganz exotischen Glitzerobjekten ist alles vertreten.

Knopfkiste

»Schauen wir uns die Variante 2, ›selbstständig machen‹, genauer an. Suchen Sie sich als Erstes bitte einen Knopf für Sie selbst«, fordere ich ihn auf. Er wählt einen sehr korrekt aussehenden grau-schwarzen Herrenmantelknopf, Durchmesser ca. 3 cm. Ich bitte ihn, diesen in die Mitte des weißen Kartons auf den Tisch zu legen. »Jetzt schauen Sie doch erst einmal, welche Personen zu diesem Arbeitsfeld gehören, und suchen Sie sich bitte für jede/n den passenden Knopf aus.«

Er wühlt in der Kiste und befördert drei weitere grauschwarze Herrenmantelknöpfe zutage. Lediglich in der Größe variieren sie. Nachdem die erste Soziometrie liegt, bitte ich ihn, die Namen der »Kollegen« dazuzuschreiben und befrage ihn zu jedem der drei Knöpfe: »Was sagt er über sich und diese (zukünftige) Zusammenarbeit? In welchen Zentral-Satz bringen Sie die ›Message‹ dieses Kollegen?« Es tauchen Sätze auf wie: »Ich arbeite nur mit den Besten.« Ein anderer Kollege sagt: »Es gibt keinen besseren Verkäufer als mich.« Dem dritten ordnet Herr Schwenk die Aussage: »Ich habe die Industriekompetenz, die Euch fehlt«, zu. Nun fordere ich ihn auf, auch sich selbst, also seinem Knopf, einen Zentral-Satz zu geben. Ziemlich rasch sagt er: »Ich bin nicht schlechter als ihr.«

Mit diesem Satz wird deutlich, dass es für Herrn Schwenk in der aufgezeigten Konstellation um Macht und Rivalität geht – genau das also, was er im jetzigen Unternehmen hat und was er nicht mehr haben will. Und was ihn unglücklich macht!

»Schauen Sie sich diese Konstellation an, Herr Schwenk, das wäre Ihr zukünftiges berufliches Feld. Wie geht es Ihnen damit? Was löst das in Ihnen aus? Finden Sie es erstrebenswert? Was fühlen Sie dabei? Lassen Sie mal Ihre Gedanken unsortiert purzeln.«

»Hm, ziemlich viel grau in grau und trist, ziemlich freudlos und – ein Arroganzo-Verein.« Ich bin überrascht, wie exakt er spürt, dass das nicht mehr die Art zu arbeiten ist, die er für seine Zukunft will.

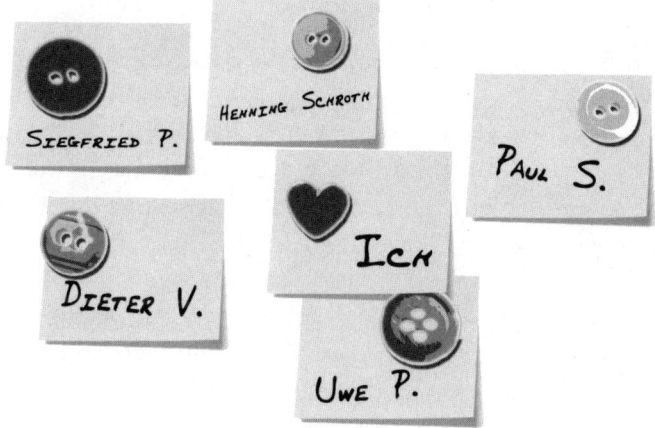

Knopfsoziometrie

»Ah ja«, murmle ich. »Und das heißt?«

»So will ich nicht arbeiten, das will ich nicht.« Er sagt dies mit großer Vehemenz und so viel Nachdruck, dass deutlich wird, die Entscheidung ist gefällt.

Trotzdem scheint mir aus Coaching-Sicht eine weitere Intervention wichtig.

Als Coach helfe ich meinem Klienten, einen Weg für sich zu finden, eine Entscheidung zu treffen und/oder sich von etwas verabschieden zu können. Ich nehme ihm nichts ab, öffne aber seinen Blick auf weitere Optionen. Ich schaue Herrn Schwenk leicht herausfordernd an und sage: »Sie sagen, grau in grau, Sie sagen ›triste Angelegenheit‹. Spricht etwas dagegen, dass Sie die fehlende Farbe ins Spiel bringen, dass Sie in diesem Unternehmen Freude und Lust leben, dass Sie emotional-intelligent mit diesen Burschen und mit Kunden umgehen?« Er zögert, schaut nach oben, starrt an die Decke.

»Das kostet zu viel Energie, so viel Energie kann ich nicht aufbringen. Ich spüre jetzt, ich weiß jetzt, dass ich das nicht will und nicht machen werde. Nein ..., nein, das nicht, so nicht!«

»Okay, legen wir die Option 2, ›selbstständig machen‹, also beiseite.«

Wir gehen nacheinander die weiteren Optionen durch. Ich stelle ihm dazu hilfreiche Fragen, überprüfe immer wieder seine Wahrnehmungen und Aussagen mit der Realität der jeweils vor uns liegenden Knopfsoziometrie.

Wir kommen zur Variante 5, »Umzug nach München«. Wieder legt er für sich den grau-schwarzen Mantelknopf, greift aber für die fünf Kollegen, die zu dieser Konstellation gehören, zu unterschiedlich großen und von beige über hellblau bis zu rot schillernden Knöpfen. Nach einigen Sekunden des Draufschauens sagt er plötzlich: »Nein, halt mal, das bin ich so nicht. Da passe ich so nicht hin.« Er nimmt den grau-schwarzen Herr-Schwenk-Mantelknopf und tauscht ihn – nach langem Wühlen in der Kiste – gegen einen helleren, dreidimensionalen, seltenen Knopf aus.

»Na, das ist ja eine Wandlung. Was ist denn jetzt los?« Herr Schwenk hat plötzlich Farbe im Gesicht, seine Augen leuchten und er strahlt wie ein kleiner Junge. »Ich glaube, ich will diese Variante. Ich merke, wie gut es mir mit diesen Kollegen geht, und spüre auch, dass ich dort willkommen bin.«

Wieder schreibt er sehr bedächtig und umfangreich die Namen der Kollegen zu jedem Knopf auf das Papier. Wieder lasse ich ihn »Zentral-Botschaften« für jeden Kollegen und ihn selbst finden, und so wird deutlich, dass das, was jetzt als Arrangement vor uns auf dem großen Tisch liegt, wohl das »Seine« ist.

Mir fehlt aber noch etwas. Herr Schwenk ist mir in seiner Betrachtungsweise der Dinge weiterhin zu kopflastig. Ich entschließe mich zu einer Psychodrama-Intervention.

Wir haben noch ca. eineinhalb Stunden Zeit zur Verfügung. »Schauen Sie sich diese favorisierte Variante noch etwas genauer an. Legen Sie doch bitte Ihre Knopfsoziometrie vom

Tisch hier auf den Fußboden.« Er tut dies, legt Kärtchen mit den Namen der Kollegen dazu und sieht mich fragend an. Als die fünf (Knopf-)Kollegen ihren Platz am Boden haben, bitte ich Herrn Schwenk, einen Rollentausch mit Henning Schroht, dem Chef des Münchner Büros, vorzunehmen. Ich arbeite gerne mit Elementen des Psychodramas und des Rollentauschs, weil dabei »Handeln« (griech. drama = Handlung) und Erleben (griech. psycho = Seele) im Vordergrund stehen.

Das zu bearbeitende Thema wird nicht nur auf der verbalen Ebene, sondern auch durch szenische Darstellung erschlossen. Es geht u. a. um Intensivierung der Selbstwahrnehmung/Fremdwahrnehmung, Förderung der Empathie und kompetentes Konfliktmanagement.

»Herr Schwenk, stellen Sie sich bitte neben den Knopf des Kollegen Henning Schroht. Stellen Sie sich bitte vor, Sie sind der Kollege Henning Schroht. Gehen Sie bitte in diese Rolle. Sie sind jetzt Henning!« »Das habe ich noch nie gemacht, jetzt bin ich aber mal gespannt.« »Lassen Sie hören, wie Henning über Sie denkt und was er zu der Idee sagt, dass Sie zu diesem Spitzenteam stoßen. Können Sie es bitte in Ich-Form tun, so als wären Sie jetzt Henning?« »Mach ich.« »Und bitte stellen Sie sich mir doch kurz als Henning vor, ich kenne Sie ja noch gar nicht.«

Ich lege meine Hand auf Herr Schwenks Schulter und führe ihn behutsam, aber zielgerichtet zu dem Knopf auf dem Boden, der dort für seinen Kollegen Henning liegt. »Beginnen Sie Ihre Vorstellung bitte mit: Ich bin Henning.« Herr Schwenk schließt einen kurzen Moment die Augen, atmet einmal tief ein und wieder aus und beginnt: »Ich heiße Henning Schroht. Ich bin 52 Jahre alt, habe Wirtschaftswissenschaften studiert und arbeite seit sechs Jahren in diesem Unternehmen. Ich bin hier Seniorberater und Partner. Ich sorge hier für gutes Klima, für fairen Umgang miteinander. Ich denke, ich bin so etwas wie die gute Seele und ich habe auch ein gewichtiges Wörtchen mitzureden, wenn es darum geht, wer zu uns stößt.«

Ich stehe sehr dicht hinter Herrn Schwenk und frage: »Henning, wie geht es Ihnen denn mit Herrn Schwenk? Was halten Sie von ihm?« Er antwortet: »Ja, der Eckard, den kenne ich schon ziemlich lange, von Hamburg her noch. Er war immer ein ganz fixer, ein schlauer Kerl. Ich weiß, dass er eine super Arbeit macht. Ich kenne auch seine Frau. Wir waren drei-, viermal zusammen essen. Ich glaube, Eckard ist sehr ehrgeizig. Er muss wissen, dass hier nicht mit unfairen Methoden vorgegangen wird. Er ist natürlich auch Konkurrenz für mich. Das finde ich aber ok. Wir können uns messen. Wir sind beide sehr gut. Von mir aus kann er kommen. Ich freue mich auf ihn. Das bringt frischen Wind hier rein. Ich glaube, er ist anständig.«

Ich bitte Herrn Schwenk, aus der Rolle »Henning« herauszutreten und führe ihn zum nächsten Knopf. Wieder folgt eine kurze Befragung der Person in direkter Rede, wieder gibt die Person/der Kollege persönliche Eindrücke, Ideen, Gedanken zu Herrn Schwenk preis. Wir gehen die weiteren Kollegen — jeweils hinter dem entsprechenden Knopf stehend — miteinander durch, und am Ende hat Herr Schwenk ein Gesamt-Stimmungsbild für die Fragestellung:

Will ich nach München gehen und dort mit diesem Team neu beginnen? »Ich sehe jetzt sehr klar, welche Vorteile, welche Nachteile und welche Veränderungen auf mich zukommen, auch was und wer mich dort erwartet. Und ich überlege mir, auf was ich verzichten, was ich aufgeben muss. Umgekehrt bekomme ich auch viel hinzu.«

»Was bedeutet diese Erkenntnis für Ihre Partnerschaft?«, frage ich ihn. (Herr Schwenk hatte zu Beginn gesagt, er und seine Frau wollten nicht von Tübingen weg. Ich hatte das keineswegs vergessen, aber bewusst hintangestellt.)

Während des jeweiligen Rollentauschs schrieb ich die wichtigsten Kollegenaussagen in ein, zwei Sätzen auf einen

DIN-A4-Karton. Jetzt lege ich jedem der fünf Knöpfe diese Aussage hinzu. Zu Herrn Schwenk sage ich: »Schauen Sie sich das Ganze an. Lassen Sie es auf sich wirken.« Dann nehme ich wieder die Kamera und halte das Gesamtkunstwerk im Bild fest.

Herr Schwenk ist erschöpft. »Das geht ordentlich an die Substanz. Ich bin fertig, als ob ich zwei Tage durchgearbeitet hätte.« »Das kann ich gut verstehen«, bestätige ich ihm. »Sie haben ja auch ordentlich was geleistet bis hierher! Jetzt schauen Sie bitte noch einmal auf Ihre Münchner Konstellation. Welche Gefühle haben Sie?« Herr Schwenk wendet sich mir zu, strahlt mich an und sagt: »Frau Mahler, das brauchen Sie mich gar nicht mehr groß zu fragen. Das ist für mich klar, absolut klar. Ich bin so froh, dass ich das hier gemacht habe. Ich sehe richtig Land. Ich bin mir sicher, das ist es. Ja, klar, das ist es.«

»Was ist mit Ihrer Frau, die nicht umziehen will?«, hole ich Herrn Schwenk etwas unsanft auf den Boden der Tatsachen zurück. Noch immer strahlend meint er: »Das kriege ich hin. Das weiß ich, das geht okay. Jetzt kann ich es ihr erklären.« »Schön, Herr Schwenk, dann drucke ich Ihnen unsere verschiedenen Arbeits-Etappen und Schritte aus. Wir hängen jetzt noch 30 Minuten ›Überstunden‹ an, dann können Sie Ihre Entscheidungsfindung geheftet und zum Aufblättern mitnehmen.«

Herr Schwenk möchte unbedingt noch ein Deckblatt haben und nennt sein Werk »Etappen einer Entscheidung«. »Das werde ich heute Abend bei einem Glas Wein meiner Frau zeigen und ihr erklären. Ich weiß genau, dass sie mich versteht und unterstützt.« Ich grinse ihn verschwörerisch an und sage: »Wenn nicht, kommen Sie einfach wieder. Mit ihr. Jetzt wissen Sie ja, wie's geht!«

Ich verabschiede ihn herzlich und mit dem guten Gefühl, dass er »seinen« Weg machen wird. Er geht mit federnden Schritten am Fahrstuhl vorbei und nimmt schwungvoll die

Treppe. »Ich melde mich, wenn ich in München bin, darf ich?«, hallt seine Stimme im Treppenhaus.

»In Ordnung«, rufe ich zurück, und genau so meine ich es auch.

> »Wer sich nicht bewegt,
> bewegt nichts.«

Geld

Coach: Dr. Petra Bock

Philipp Rautenberg ist der Enkel eines berühmten Wissenschaftlers. Er ist zornig. Es ist, als ob er mich mit seinen stechend blauen Augen durchbohren würde.

»Ich verstehe nicht, warum es bei mir nie reicht. Ich arbeite wie ein Tier und am Ende bleibt nichts übrig«, zischt er.

Rautenberg ist Mitte dreißig, hat ein Büro für Produktdesign mit fünf Angestellten, eine komplizierte Frau, wie er mir erzählt, und zwei kleine Kinder. Er hat sich in Rage geredet. In eine Art heiligen Zorn. Er hat es satt, hochbegabt und extrem fleißig mit seinem Unternehmen so gut wie nichts zu verdienen.

»Dabei habe ich Arbeit ohne Ende!«, ruft er, »viele Aufträge! Ich habe eine 70-Stunden-Woche! Fragen Sie mal meine Frau, wie oft die mich sieht!«

Er jammert.

Jetzt will ihn auch noch sein Geschäftspartner verlassen. »Der hat die Akquise gemacht, der hat die Preise ausgehandelt! Jetzt bin ich am Ende!«

Er ringt die Hände.

»Jetzt kann es nur noch besser werden«, sage ich trocken. Er schweigt zum ersten Mal und sieht mich mit weit aufgerissenen Augen an. Er hat wirklich Angst. Ich frage mich, welche Gespenster ihn nachts verfolgen. Er hat Angst. Angst vor dem finanziellen Ruin. Heute ist er bei mir, um ganz neu anzufangen.

Geld ist meine Spezialität. Nicht nur, weil ich selbst ursprünglich aus der Finanzwelt stamme, sondern weil sich an diesem Thema wie bei keinem anderen bündelt, was in unserem Leben zum Knoten geworden ist. Geld ist ein Stellvertreter-Thema. Nur in ganz seltenen Fällen hat es mit bloßer Unkenntnis über Finanzfragen zu tun. Deshalb kommen viele Menschen selbst mit guten Bankberatungen und jeder Menge Fachwissen nicht weiter. Geld ist emotional. Es ist verbunden mit unseren tiefsten Glaubenssätzen über uns und unser Verhältnis zur Welt. Ich freue mich, dass Herr Rautenberg bei mir ist. Ich bin sicher, ich kann ihm helfen.

»Ich verstehe Ihren Zorn«, sage ich, »da hat sich in den Jahren eine Menge aufgestaut. Wir sehen uns das ganz genau an. Es gibt Lösungen.«

Es kommt wieder Leben in seine Augen. So etwas wie eine vage Hoffnung schimmert durch; Hoffnung gepaart mit dem Willen, sich endlich nicht mehr geschlagen geben zu wollen.

»Ich möchte wissen, was das Hauptgefühl ist, das sich hinter Ihrem Zorn versteckt«, frage ich ihn.

Philipp Rautenberg überlegt. Er zuckt die Schulter. »Weiß nicht«, sagt er.

»Das lasse ich Ihnen nicht durchgehen«, antworte ich, »Ihre Antwort kommt mir zu schnell. Ich bitte Sie, sich ernsthaft mit Ihren Gefühlen auseinanderzusetzen. Gerade, wenn es um das Thema Geld geht.«

Ich weiß, dass ich Rautenberg hart angehe. Ich habe das Gefühl, dass das im Moment die richtige Vorgehensweise ist. Rautenberg will endlich ernst genommen werden. Vielleicht nicht nur beim Thema Geld. Ernstnehmen heißt aber auch, Grenzen zu setzen und hartnäckig zu bleiben, wenn der andere ausweichen will. Ich möchte Philipp Rautenberg ein echter Sparring-Partner sein. Jemand, an dem er sich reiben kann, der ihn fordert und ihm damit spiegelt, wie ernst zu nehmen er tatsächlich ist.

»Ist es Wut auf Menschen, die Sie ausnutzen? Ist es Trauer um verpatzte Chancen? Ist es Resignation, die Sie so zornig macht?«, frage ich ihn.

»Irgendwie ist es von allem etwas«, sagt er leise. Er hat Tränen in den Augen und hat seine kämpfenden Hände in den Schoß gelegt.

»Ich denke, es ist Ohnmacht, eine Art Hilflosigkeit, Abhängigkeit«, ergänzt er und blickt zu Boden.

»Ich habe mich schon so oft mit dem Problem beschäftigt und es scheint mich nun mein ganzes Leben zu verfolgen, ohne gelöst zu werden. Nun geht mein Geschäftspartner und ich habe das Gefühl, gezwungen zu sein, dem Übel direkt auf den Grund zu gehen.«

»Das sind Sie in der Tat«, sage ich, »das ist Ihre Chance. Manchmal scheinen sich die Dinge gegen uns zu verschwören. Aber eigentlich wollen sie uns nur zeigen, dass wir jetzt selbst dran sind. Dass wir jetzt weit genug sind, unsere schwierigsten Lebensthemen zu lösen.«

Ich frage ihn, ob er eine Tasse Tee oder Kaffee möchte. Ich lasse ihn für einen Augenblick allein. Er hat seinen »Moment of truth«, wie Theaterleute sagen, den wahren Moment, von dem aus ein neuer Anfang gelingen kann. Manchmal muss man diesen Moment ganz für sich haben.

Als ich zurückkomme, hat er tatsächlich seine Hemdsärmel hochgekrempelt. Er wirkt jetzt aufgeräumt. Vor ihm liegt sein aufgeschlagenes Notizbuch, der edle Füller wartet darauf, in die Hand genommen zu werden. Rautenberg will arbeiten.

Ich spreche ihn auf den Füller an, ein wunderbares Stück in Schwarz und Gold.

»Ein Erbstück meines Großvaters.«

»Des berühmten Großvaters?«, frage ich.

»Ja, er geht immer an den ältesten Sohn der Familie«, sagt Rautenberg stolz.

»Sehr gut, dann lassen Sie uns über das Thema Geld und Familientradition sprechen. Erzählen Sie mir, was Sie zu Hause über Geld gelernt haben.«

»Meinen Sie, was man mir gesagt hat oder was mir vorgelebt wurde?«

»Beides ist wichtig.«

Rautenberg erzählt die Geschichte einer typischen deutschen Familie aus der bildungsbürgerlichen Leistungselite. Man hält die Tradition hoch, ehrt den Ur-Urgroßvater, der im 19. Jahrhundert den Aufstieg ins Bildungsbürgertum geschafft hat und dessen Enkel wiederum die Weihen der Familie mit einer ganzen Reihe renommierter Preise gekrönt hat.

»Geld war bei uns nie ein Thema«, sagt er, »es war mir nie klar, wie viel wir haben oder wo es genau herkommt.«

»Wurde nicht darüber geredet oder war es ein Tabu?«, frage ich.

»Wenn Sie so fragen: Ich erinnere mich an eine Situation, da habe ich meinen Großvater bei einem Familientreffen gefragt, wie viel Geld er für seine Preise bekommen hätte. Ich war vielleicht zwölf Jahre alt und war einfach sehr stolz auf ihn und neugierig und konnte nicht genug von diesen Preisverleihungsgeschichten hören. Aber ich merkte sofort, dass ich etwas ganz Dummes gefragt hatte. Das Gespräch an der Tafel war verstummt. Mein Großvater sah nur meinen Vater an. Beleidigt und als ob er ihn auffordern wolle, mich zurechtzuweisen.«

»Hat er das getan?«

»Ja, er meinte: Mein Junge, es kommt niemals auf Geld an, sondern auf die Ehre. Auf die Leistung und auf die Ehre.«

»Was denken Sie, warum er das gesagt hat?«

»Ich habe später den Verdacht gehabt, dass es meinen Großvater sehr geärgert hat, dass seine wissenschaftliche Arbeit von anderen finanziell ausgeschlachtet wurde und er bei seinem Professorengehalt blieb. Jedenfalls wurde schlecht über die Kollegen und Unternehmen gesprochen, die seine Entdeckung tatsächlich vermarkteten. Mein Großvater hatte die Ehre, das mit Sicherheit. Aber das Geld haben andere gemacht.«

»Wie ist das bei Ihnen?«, frage ich Rautenberg, »ist es ganz anders oder ähnlich?«

Er denkt nach und spielt mit dem Füller in seiner Hand. Dann löst er die Kappe und schreibt in großen Buchstaben hinein, sodass ich es gleich mitlesen kann: »Es ist bei mir genauso!!!«

Er schaut mich an – konzentriert, wach, klar – und schiebt mir die Notiz hin.

»Ja, das ist es«, sagt er. Er ist begeistert.

»Es ist das gleiche Muster! Ich schufte wie ein Irrer, habe die Ehre und bekomme fast nichts dafür. Ich habe in meiner Zunft einen hervorragenden Ruf, aber das Geld machen die anderen.«

»Bisher haben Sie sich nicht einmal mit dem Thema Geld abgegeben, sondern die Akquise und Preisverhandlung Ihrem Kollegen überlassen«, ergänze ich.

»Ja genau! Ich dachte, da irgendwie drüberzustehen. Dachte wirklich, ich würde mich nicht mit so profanen Dingen wie Geld abgeben wollen. Ich bin ja der kreative Kopf, das Genie. Sollen mal andere sich um die Penunzen kümmern!«

»Was aber nie so recht zu Ihrer Zufriedenheit geführt hat. Denn wenn Sie das Thema Geld Ihrem Partner überlassen haben, waren Sie tatsächlich ein Stück weit abhängig und hilflos. Und genau das haben Sie vorher als Gefühl zum Thema Geld geäußert«, kommentiere ich. »Das erste Hindernis ist also nicht da draußen in der Welt, sondern in Ihrer mentalen Welt, in Ihrer Innenwelt«, sage ich, stehe auf und stelle mich ans Flipchart. Ich zeichne drei Pfeile untereinander mit Spitzen in jede Richtung.

»Wenn ich mir die Gegensatzpaare auf Ihrer geistigen Landkarte ansehe, ist es sehr logisch, dass Sie ein Geldproblem haben. Denn Sie leben nach dem Glaubenssatz: Entweder Ehre, Kreativität und Ansehen oder Geld.«

Rautenberg nickt und notiert mit.

»Ich spare mir jetzt längere Erklärungen, warum diese Gleichungen in den Generationen Ihrer Vorfahren durchaus sinnvoll gewesen sein mögen. Fest steht: So zu denken, hindert Sie heute daran, Ihr volles finanzielles Potenzial auszuschöpfen.«

»Ich bin aber nicht der Einzige in meinem Freundes- und Bekanntenkreis, der so denkt«, wirft Rautenberg ein.

»Das ist mir sehr bewusst. Auf der einen Seite, weil das Denken, dass Geld der Gegensatz von echter Substanz oder ehrlich erarbeitetem Ansehen ist, gerade im Bildungsbürgertum eine lange Tradition hat. Aber auch deshalb, weil wir alle dazu neigen, uns mit Menschen zu umgeben, die unser Weltbild unterstützen. Entscheidend ist«, fahre ich fort, »dass wir selbst definieren, was wir wirklich denken wollen.«

Ich weise mit einem Stift auf die Fläche zwischen den Pfeilspitzen auf dem Flipchart.

»Irgendwo dazwischen liegt Ihre ganz persönliche Wahrheit. Die sollten Sie ganz bewusst für sich definieren. Es wäre hilfreich, die Gegensatzpaare an irgendeinem Punkt zu integrieren. Sie dürfen sich beides wünschen: Geld und Ansehen, Geld und Kreativität, Geld und Ehre.«

»Das klingt interessant«, antwortet er.

»Ich schlage vor, dass wir zunächst herausarbeiten, was Geld für Sie bedeutet, wenn Sie es nur für sich selbst gesehen betrachten.« Ich gebe ihm einige Minuten für sich.

Er notiert folgende Punkte, die ich auf das Flipchart übertrage.

GELD BEDEUTET FÜR MICH

- GERECHTER LOHN
- UNABHÄNGIGKEIT
- MÖGLICHKEITEN
- FREIHEIT
- SICHERHEIT

»In diesen Werten steckt eine Menge Kraft«, sage ich. Rautenberg stimmt zu. »In der Tat. Geld ist eine ziemlich gute Sache. Ich weiß ja jetzt auch, warum es bisher so unangenehm für mich war. Ich glaube, in dieser Familienszene steckt eine Menge Wahrheit. Mir ist nur noch nicht ganz klar, wie ich das Ganze innerlich und äußerlich umsetzen kann.«

»Ich finde, der erste Schritt ist schon getan. Sie wissen, dass sich ein Großteil der Problematik in Ihrem Kopf abspielt und dass das, was Sie bisher über Geld dachten, einen Grund hatte. Jetzt nehmen Sie gerade Ihr Denken unter die Lupe und erlauben sich eine neue Perspektive.«

»Könnten wir das noch konkreter fassen?«, fragt Rautenberg.

»Vielleicht könnte Ihnen eine neue Sichtweise auf Geld helfen, die Gegensatzpaare zu integrieren. Nehmen wir einmal an, dass Geld eine Folge und Begleiterscheinung von Ehre, Kreativität und Ansehen ist. Dann hätte der Pfeil nur eine Spitze. Von der Ehre hin zum Geld. Manchmal ist Geld auch eine Voraussetzung dafür, weil Sie bestimmte Projekte nur realisieren können, wenn Sie das nötige Geld dazu haben. Dann würde der Pfeil in die andere Richtung zeigen. Vom Geld hin zur Ehre, dem Ansehen und der Kreativität. Sie haben es selbst gerade erarbeitet. Geld gibt Ihnen Sicherheit, Möglichkeiten und viele andere Ressourcen, die Sie brauchen, um Ihre beruflichen Visionen zu verwirklichen. Geld und Leistung sind keine Gegensätze. Sie bedingen sich eher gegenseitig.«

»Da wehrt sich der Künstler in mir!«, ruft er halb im Scherz, halb im Ernst.

»Ich weiß, was Sie meinen, auch deshalb, weil ich oft mit Künstlern zu diesem Thema arbeite. Probieren Sie es einmal mit folgendem Gedanken: Was wäre, wenn Geld nichts anderes wäre als ein Zeichen dafür, wie Sie mit sich und der Welt in Resonanz stehen?«

»Das klingt ziemlich metaphysisch für mich«, antwortet Rautenberg skeptisch.

»Ich meine das nicht metaphysisch. Metaphysisch würde ja heißen, dass es sich in gewisser Weise unserer Vernunft entzieht und einfach geglaubt werden müsste. Dabei ist es meiner Ansicht nach genau das Gegenteil davon. Sie bieten der Welt da draußen mit Ihrer Arbeit einen Mehrwert und bekommen als

Rückmeldung dafür Geld. Das meine ich mit Resonanz: Sie geben etwas und nehmen etwas dafür. Je seltener Ihre Gabe ist und je bewusster das der Welt dort draußen ist, dass Ihre Arbeit etwas Besonderes ist, desto mehr wird sie Ihnen dafür geben. Wenn Sie also mehr Geld verdienen möchten, müssen Sie etwas tun, was für die Menschen besonders wertvoll ist oder, wenn Sie das bereits tun, das auch so rüberbringen.«

Der Mensch gibt der Welt eine Leistung,
die Welt gibt Geld zurück.

Wer Probleme mit dem Geldeinnehmen hat, hat ein Resonanzproblem. Entweder die Arbeit, die er gibt, ist nicht wertvoll genug oder er schafft es nicht, sich selbst und die Welt von diesem Wert zu überzeugen. Dann muss entweder die Leistung oder der Preis verändert oder eine andere Kundschaft gesucht werden.

Philipp Rautenberg hört aufmerksam zu. Ich sehe aber die Fragezeichen in seinem Blick.

»Lassen Sie uns das ganz praktisch durchgehen.« Er nickt.

Auf dem Flipchart zeichne ich auf, welchen Honorarsatz er, heruntergebrochen auf einen Tag, im Moment für seine Arbeit verlangt. Wir berechnen, welche Kosten davon für Büro, Angestellte, Steuern etc. abzuziehen sind. Und kommen auf einen recht bescheidenen Satz. Ich erspare ihm Belehrungen darüber, dass er weniger verdient als ein normaler Angestellter im Design-Bereich. Das weiß er selbst. Deshalb ist er hier.

Ich weise ihn auf das Bild mit dem Austausch zwischen ihm und der Welt hin.

»Da ist etwas auffällig, da stimmt etwas nicht bei den Pfeilen in Ihrem Leben«, sage ich, »das, was Sie geben, ist mehr als das, was Sie zurückbekommen. Da ist eine Schieflage, die nicht stimmig ist.«

Ich frage ihn, ob er die Preise der großen Wettbewerber kennt. Er kennt sie. Sie liegen mindestens dreimal höher als seine eigenen.

»Aber wir sind doch ein kleines Büro. Ein kleines, feines Büro«, sagt er.

»Klein, ja. Und fein auch. Aber Ihre Preise sind die eines Nullachtfünfzehn-Anbieters«, fordere ich ihn heraus, »wie soll man ahnen, dass Sie richtig gute Arbeit machen bei diesem Preis? Wenn man einmal kalkuliert, dass Sie davon mehrere Menschen beschäftigen und auch noch selbst leben müssen, kommt man als Geschäftsfrau oder Geschäftsmann nur auf ein Ergebnis: Entweder Ihre Arbeit ist lumpig oder Sie werden geschäftlich nicht lange überleben. Beides keine guten Aussichten, um Ihnen große Aufträge anzuvertrauen. Man weiß ja nie, wann Sie weg sind.«

»Aber ich habe doch Kunden«, verteidigt er sich. Bewusst gehe ich weiter in die Provokation.

»Stimmt. Ihre Leistung ist gut. Also kann es nur am Preis und an der Kundschaft liegen. Sie haben Schnäppchenjäger als Kunden. Das sind genau die Kunden, die eigentlich nicht zu Ihnen passen. Schnäppchenjäger passen zu großen Standardanbietern, aber nicht zu kleinen, feinen Büros mit exzellenter Qualität.«

Rautenberg ist jetzt nachdenklich geworden.

»Ich sehe das. Solche Kunden machen mich kaputt«, sagt er. »Von denen bekomme ich weder Ehre noch Ansehen. Ich verschleudere meine Kreativität und werde nicht geachtet für meine Arbeit. Der Austausch stimmt tatsächlich nicht.« Dann setzt er fast entschuldigend nach: »Aber ich habe die Preise gar nicht verhandelt! Das war doch mein Geschäftspartner!«

»Umso schlimmer, denn Sie haben die Verantwortung für Ihr Geschäft aus der Hand gegeben. Sie lassen damit zu, dass über Ihre Arbeitszeit und Ihre Kreativität verfügt wird und das nicht einmal zu einem angemessenen Preis. Sie haben dafür gesorgt, sich weiterhin hilflos, ohnmächtig und abhängig zu fühlen.« Ich mache eine kurze Pause, dann halte ich ihm meine Hand hin.

»Ich beglückwünsche Sie sehr dazu, dass Sie diesen Partner loshaben und endlich die Gelegenheit haben, die Kunden zu akquirieren, die zu Ihnen passen und den Preis zu verlangen, der Ihrer Arbeit würdig ist.«

Rautenberg nimmt meine Hand nicht. Er sieht mich nur an. Dann sagt er:

»Sie haben recht. So habe ich das noch nicht gesehen. Das war keine Unterstützung. Das hat mich nur so überleben lassen. Aber ich habe beinahe die Achtung vor mir verloren. Sie haben keine Ahnung, wie mich diese Schnäppchenjäger, wie Sie sie zurecht genannt haben, gequält haben. Immer gab es etwas zu meckern, immer sollte ich noch etwas liefern zum gleichen Pauschalsatz. Ich wusste manchmal nicht mehr, wie ich das meinen Angestellten verkaufen soll. Und ich dachte: Ich darf nicht wählerisch sein und habe die Überstunden selbst übernommen.«

»Ich verstehe Sie gut«, sage ich, »so geht es vielen Selbstständigen. Aber schlechte Kunden sind nicht nur schlecht für das Konto, sondern auch schlecht für das Selbstbewusstsein und für den Spaß an der Arbeit. Sie sind nicht nur aktuell schlecht für Sie, sondern gefährden auch, was noch schlimmer ist, Ihre Substanz. Ich empfehle Ihnen sehr, schlechte Kunden entweder zu guten Kunden zu machen oder zu streichen.«

»Und wie mache ich das?«, fragt Rautenberg.

»Indem Sie dem Unternehmer in sich mehr Respekt schenken. Indem Sie sich überlegen, für wen Sie wirklich gerne arbeiten würden. Und indem Sie herausfinden, was Ihre Arbeit für Sie und andere wert ist.«

Diese Arbeit müssen wir allerdings vertagen. Die Doppelstunde ist um. Philipp Rautenberg macht nach diesem Coaching noch mehrere Termine. Wir erarbeiten gemeinsam eine Traumkundenliste, eine Akquise-Strategie, die zu ihm passt, und kümmern uns auch um die Ausgaben- und Investitionsseite sowohl in seinem Unternehmen als auch auf der privaten Ebene. Nach sechs Monaten ist er im guten, grünen Bereich. Seine Einnahmen haben sich deutlich erhöht, er hat neue, passende Kunden und hat damit begonnen, einen Teil seines Nettoeinkommens zu sparen.

»Ich habe angefangen, mich und mein Leben wirklich ernst zu nehmen«, sagt er, »wenn ich an die Jahre zuvor denke, habe ich heute den Eindruck, mich vor der Verantwortung für mein Leben gedrückt zu haben. Meine Lust an der kreativen Arbeit und mein Unternehmertum schließen sich jetzt nicht mehr aus. Sie ergänzen sich.«

Rautenberg hat nicht nur seine Finanzen in den Griff bekommen, sondern auch eine Paartherapie mit seiner Frau begonnen. »Wir sind noch lange nicht am Ende. Wir haben noch eine Menge miteinander vor«, sagt er. Das ist noch etwas besonders Schönes am Coaching: Wenn man ein Themenfeld erfolgreich voranbringt, folgen die anderen beinahe von selbst.

Undercover

Coach: Theresia Volk

Stets findet Überraschung statt,
da, wo man's nicht erwartet hat.
Wilhelm Busch

Kein Thema

»Ich weiß gar nicht, was ich mit Ihnen besprechen soll.« Philipp Gassner sieht mich mit seinen wachen Augen hinter der randlosen Brille an. Freundlich, sensibel und ein wenig intellektuell wirkt er auf mich. Munter drauflosredend erzählt er mir von sich.

Herr Gassner hat Geschichte, Politologie und Philosophie studiert. »Eine journalistische Ausbildung hatte ich auch mal begonnen«, erzählt er weiter. »Aber ich habe sie nicht beendet.« Er ist in seiner Firma – einem kleinen, aber feinen und aufstrebenden Unternehmen aus dem Bereich Wärme- und Kältetechnik – verantwortlich für Kommunikationskonzepte und Kampagnen verschiedenster Art. Es macht ihm viel Spaß, er ist erfolgreich in seinem Metier und wird von seinem Vorgesetzten sehr gefördert. Sein Chef ist von Haus aus Ingenieur und sehr angetan von der theoretisch-analytischen und kommunikativen Kompetenz, die Herr Gassner einbringt. »Manchmal komme ich mir schon ein wenig als Exot vor bei den vielen Technikern.« Ich habe aber den Eindruck, dass ihm diese kleine Sonderstellung behagt, ja, dass er sie sogar ein bisschen kultiviert. Er sagt selbst, das gebe ihm auch Narrenfreiheit, die er bei seinen Kampagnen durchaus brauchen könne.

Philipp Gassner ist sprachlich sehr gewandt und tut sich gleichwohl schwer, eine Fragestellung zu formulieren, die er hier besprechen will. Wortreich und interessant erzählt er mir von der einen oder anderen Schwierigkeit in seiner Tätigkeit; aber für jedes Problem, das in seinem Alltag auftaucht, hat er immer auch schon eine Erklärung parat, sprich: Er weiß, wie er damit umgehen wird.

Ich frage mich während der ersten Coachingstunde, was er von mir an Beratung braucht und will. »Weshalb sind Sie zu mir ins Coaching gekommen?«, will ich schließlich von ihm wissen. »In meiner Firma gibt es das Angebot, ein Coaching zu buchen«, antwortet er. »Es gehört zum Entwicklungsprogramm für uns sogenannte Nachwuchstalente«, fügt er leicht selbstironisch hinzu. Ich merke ihm an, dass er stolz ist, zu dieser Gruppe zu zählen. Er erklärt weiter, dass sich die Mitarbeiter selbst einen Coach auswählen dürfen. »Die Firma zahlt drei Sitzungen, und sie will darüber keine weitere Rechenschaft haben.« Sind die Mitarbeiter danach an weiteren Sitzungen interessiert, müssen sie diese eigens verhandeln.

Viele Firmen haben ein solches Angebot zum Innehalten und zur persönlichen Positionsbestimmung vor einem nächsten Karriereschritt. So kommt es vor, dass jemand diese Coachingstunden bucht, auch wenn kein unmittelbarer Leidens- oder Veränderungsdruck vorhanden ist. Gerade erfolgreiche Mitarbeiter tun sich dann in der ersten Stunde manchmal schwer. Sie wollen mit dem Coaching etwas erreichen, wissen aber eigentlich nicht genau, was und wie.

So geht es auch mit Herrn Gassner in der ersten Sitzung eine Weile. Er hat schon das eine oder andere, was ihm zu schaffen macht, aber wie gesagt, er erläutert auch gleich selbst, wie er es anstellen wird, um da weiterzukommen. Er ist es gewohnt, Lösungen zu finden und sich nicht zu sehr mit Fragen aufzuhalten. Schon gar nicht, sich selbst in Frage zu stellen. Egal, wo ich ansetze oder nachfrage, heraus kommt immer, dass er alles gut im Griff hat.

Die erste Sitzung ist also voller Themen, aber dennoch ein Herantasten. Und er bemerkt selbst, dass er nicht genau weiß, was er wollen soll.

Für mich ist das Gespräch mit ihm dennoch sehr angenehm. Ich gebe zu, ich habe eine Schwäche für Intellektuelle. Ich lasse mich ganz gern von ihnen in intelligente Gespräche über Gott und die Unternehmensverrücktheiten dieser Welt verwickeln.

Philipp Gassner ist, wie gesagt, interessiert, wortgewandt, auch wirklich guten Willens, aber es fällt ihm schwer, in der Coachingsitzung etwas Konkretes anzugehen. In solchen Fällen halte ich nach Spuren Ausschau, um ihnen dann, wenn sie sich zeigen, nachzugehen. Bis dahin heißt es, aufmerksam sein, mich in seine Welt hineinversetzen, offenbleiben für alle Richtungen.

»Es ist auch völlig in Ordnung, wenn Sie nichts finden oder brauchen«, sage ich irgendwann. Auf keinen Fall will ich ihm etwas einreden oder ein Thema gewaltsam hervorzerren; auch wenn ich mir durchaus vorstellen kann, dass unter der intellektuellen Gewandtheit möglicherweise der eine oder andere blinde Fleck versteckt ist. Aber Vermutungen helfen da nicht weiter. Der Impuls muss vom Klienten ausgehen.

Ein Thema
In die zweite Sitzung kommt er dann aber mit einer echten Fragestellung. Ganz stolz verkündet er zu Beginn: »Frau Volk, heute weiß ich, wozu ich die Coachingstunde nutzen will.« Ich bin gespannt und muss ein wenig schmunzeln, weil er ganz offensichtlich froh ist, ein zu bearbeitendes Problem gefunden zu haben, nachdem er das letzte Treffen ja eher damit gefüllt hat, souverän zu erzählen, was und wie er schon alles selbst löst.

»Ich bin nämlich in einem Dilemma!«, beginnt er, gleich, nachdem er sich in den Sessel geschwungen hat. »Ich weiß nicht, ob ich meinen Chef um ein vorzeitiges Gespräch bitten soll, was meine Beförderung zum ›Senior‹ angeht oder ob ich noch drei Monate bis zum regulär anstehenden Mitarbeitergespräch warten soll.« Er erklärt mir, dass es bei dieser sogenannten Beförderung nicht um eine neue Stelle oder eine Gehaltserhöhung geht, sondern um eine Art Status, der ihm mit dem Titel »Senior« verliehen würde. Hat man diesen Titel, bedeutet das, dass man zu bestimmten Netzwerktreffen eingeladen wird und ein paar kleine symbolische Privilegien mehr hat.

Dieser Status würde ihm jedoch ohnehin in nicht allzu ferner Zukunft verliehen. Nachdem er nun schon in besagtem Entwicklungsprogramm ist, ist es nur eine Frage der Zeit, erläutert er auf meine Nachfrage.

»Warum können Sie sich denn nicht entscheiden? Wo ist der Unterschied, ob Sie jetzt oder später mit ihm reden?«, frage ich. »Ich weiß es nicht«, sagt er.

Obwohl er es mir nicht erklären kann, schlägt er sich mit der Frage herum und findet keine für sich befriedigende Antwort. Beide Möglichkeiten haben Vor- und Nachteile.

Ich habe den Eindruck, als biete er mir ein Mini-Problemchen an, weil er sonst nichts findet (oder zeigen will?). Dennoch nehme ich den Zipfel an, den er mir bietet. Ich werde sehen, wohin diese Spur führt.

Ich schlage ihm ein bewährtes Vorgehen vor, das ich schon oft in Dilemma-Situationen eingesetzt habe. In der Regel nutze ich diese Methode eher bei »schwergewichtigeren« Problemlagen. Kurz denke ich: Ich schieße mit Kanonen auf Spatzen. Dennoch: Ich habe das Gefühl, dass gerade diese Methode – in der man vom Reden weg zum Gehen kommt, und in der die Logik Purzelbäume schlägt – genau passend sein könnte für Philipp Gassner, der so gut reden und analysieren kann.

Die Methode heißt Tetralemma* und ist sehr wirksam für die Arbeit mit Dilemmata. Die Ursprünge sind sehr alt, sie stam-

---

* Tetra, griech.= vier; Lemma, griech. = Annahme, Voraussetzung in der Mathematik.

men aus buddhistischen Philosophietraditionen. Insbesondere im Rahmen von systemischen Aufstellungsarbeiten wurde dieser Ansatz aufgegriffen und weiterentwickelt[**]. Es geht im Kern darum, eine geistige Sackgassensituation, in der man sich bei einem Dilemma immer befindet, zu verlassen. Dazu nutzt man die vier Ecken des Tetralemmas. Die Zweier-Polarität des »entweder – oder« wird aufgebrochen durch eine dritte und vierte Position[***].

Ich lasse die vier Orte meist frei im Raum wählen. Das Gehen im Raum lässt immer auch Gedanken beweglicher werden. Die äußere Perspektive verändert sich, und damit wächst auch die Chance, die inneren Perspektiven zu wechseln. Ein innerer Prozess wird angestoßen, der – wenn es gelingt – dazu führt, dass die eingefahrenen Denkweisen überwunden werden, und der Klient auf einer höheren Ebene zu neuen Einsichten kommt.

Ausgangssituation ist immer: Jemand steckt in einem Dilemma und kann sich nicht zwischen zwei Alternativen entscheiden, so wie Philipp Gassner. Er ist einverstanden mit meinem Vorschlag und lässt sich auf die ihm unbekannte Methode ein.

»Okay, fangen wir an.« Wir stellen uns mitten in den Raum, und ich gebe ihm ein Din-A4-Blatt mit dickem Stift in die Hand. »Bitte schreiben Sie ›DAS EINE‹ darauf.« Es steht für seine eine Alternative. Schnell schreibt er die Worte aufs Papier und blickt mich wieder erwartungsvoll an. »Und nun platzieren Sie das Blatt irgendwo hier im Raum, wo immer Sie möchten.« Ich bitte ihn weiter, sich dann mit beiden

---

[**] Vgl. z.B. M. Varga von Kibéd und Insa Sparrer: *Ganz im Gegenteil – Tetralemmaarbeit und andere Grundformen Systemischer Strukturaufstellung für Querdenker und solche, die es werden wollen.*

[***] Man kann auch noch mit einer fünften arbeiten, die alle vorigen Positionen noch einmal auflöst und transzendiert.

Füßen auf das Papier zu stellen und auszuprobieren und sich vorzustellen, wie es sich anfühlt, diese eine Alternative zu wählen.

Sehr oft kommen noch einmal dieselben Gedanken, die jemand auch schon im Sitzen erzählt hat. So auch in diesem Fall bei Philipp Gassner. Er wiederholt noch einmal: »Ich will endlich eine Entscheidung. Wer weiß, vielleicht bin ich einfach durchs Raster gefallen und vergessen worden. Eigentlich müsste die Ernennung schon längst da sein. Andererseits könnte sich mein Chef genötigt fühlen, so, als wenn ich ihm nicht vertraue, dass er mich fördert.«

»Wie fühlen Sie sich denn bei dieser Vorstellung?«, frage ich ihn. »Ja«, beginnt er, »ganz okay. Ein bisschen mulmig vielleicht. Aber okay.« Erstmals vernehme ich ein eher unangenehmes Gefühl und einen Hauch von Unsicherheit bei Herrn Gassner.

Als der erste Strom der Assoziationen versiegt, bitte ich ihn, vom Blatt wegzutreten und reiche ihm ein neues A4-Blatt, auf das er »DAS ANDERE« schreiben soll. Wieder sucht er im Raum einen Platz aus – diametral zum »Einen« in der anderen Ecke – und stellt sich darauf. Er redet gleich los, was für seine andere Alternative spricht: »Na ja, wie ich schon gesagt habe, auf die drei Monate kommt es jetzt auch nicht mehr an. Ich kann mich ja mal in Geduld üben. Und mich stattdessen auf eine gute Arbeitsleistung konzentrieren. Es wäre organischer, wenn ich dann erst auf das Thema ›Senior‹ zu sprechen käme.«

»Und, wie fühlen Sie sich mit dieser Lösung?«, frage ich wieder auf seiner emotionalen Seite nach. Mürrisch entgegnet er: »Ja, wie soll ich mich schon fühlen? Ungeduldig bin ich halt. Ich will gerne Gewissheit. Und ich find's ohnehin absurd, dass ich mir wegen so einer Kleinigkeit solche Gedanken mache. Wieso frag ich ihn nicht einfach jetzt schon?«, womit er wieder auf der ersten Position gelandet ist. So weit, so bekannt – dieselben wiederkehrenden Gedankenschleifen;

dieses Mal aber schon angereichert durch deutliche Gefühls-
signale. Herr Gassner ist jetzt erstmals genervt und nicht mehr
so souverän.

Warum eigentlich?

Zeit für die dritte Ecke des Tetralemma. Ich reiche ihm
wieder Blatt und Stift. »So, jetzt schreiben Sie auf das Blatt
›BEIDES‹.«

»Wie, das geht doch gar nicht«, entgegnet er.

Das ist immer ein schöner Überraschungsmoment bei
dieser Arbeit:»Beides geht doch nicht.« So lautet der Widerspruch der Klienten.

Ja klar, in der bisherigen Logik natürlich nicht, sonst be-
fänden sich die Menschen ja nicht in einem Dilemma, aber
es geht ja gerade darum, sich aus dem bisherigen Starr-Sinn
zu befreien. Und das geht wirklich am besten, wenn ich
etwas »Unlogisches« mache. Indem der Klient ganz real
»BEIDES« aufs Papier schreibt und für dieses wiederum
einen Platz im Raum sucht und sich darauf stellt, beginnt
eine innere Bewegung, ein Prozess, der die bisherige Eindi-
mensionalität aufbricht. Etwas Neues kommt ins Spiel, vielleicht etwas Phantastisches, auf jeden Fall nicht einfach zum
x-ten Mal die alten Gedankenschleifen.

Ich ermuntere ihn, einen Platz für das dritte Blatt zu
suchen und Philipp Gassner legt es an die gegenüberliegende
Wandseite. Jetzt hat er auch einen guten Blick auf die beiden
bisherigen Alternativen. Ich höre es förmlich rattern in
seinem Kopf, was denn »beides« sein könnte und helfe ihm
ein wenig.»Wünschen Sie sich einfach einmal etwas; es darf
auch komplett unlogisch sein.« Er legt seine Stirn in Falten,
blickt nach oben an die Decke und sucht nach einer Idee.
Plötzlich grinst er spitzbübisch; er hat einen Einfall:»Ich
spreche morgen mit ihm, sehe, wie er reagiert, und kann
anschließend die Reset-Taste drücken und das Gespräch
ungeschehen machen – das ist doch sehr schön unlogisch,
nicht?«

»Ja genau.« Er lacht, entspannt sich ein wenig und macht jetzt munter weiter mit kreativen, phantastischen Vorschlägen: »Ich könnte ihm im nächtlichen Traum erscheinen, und am nächsten Tag frage ich ihn, wie er geschlafen hat.« »Oder ich spule die Zeit auf drei Monate vor und morgen ist schon das Regelgespräch.«

Jetzt ist er wieder der tänzelnde Jongleur und erfrischend guter Laune. Er freut sich fast kindlich an seinen Ideen. Auch hier ist ihm wieder ein klarerer Zugang zu seiner Gefühlswelt möglich als bisher in unseren Gesprächen. Er spielt das Spiel weiter mit und findet tatsächlich auch noch einige ernst zu nehmende Möglichkeiten auf der Position BEIDES (z. B., sich mit einem anderen, einem fachlichen Thema beim Chef zum Gespräch anzumelden und dann am Rande davon das Senior-Thema anzusprechen).

Er will gar nicht mehr weg von diesem Blatt und bräche ich hier ab, wäre er mit dem bisher erreichten Ergebnis gar nicht unzufrieden. Er hat seine Lockerheit wieder und bemerkt, dass er – egal wie er sich entscheiden würde – jeweils eine sehr gute Ausgangsposition hat.

Das Thema hinter dem Thema
Nun reiche ich ihm das letzte Blatt und bitte ihn, »KEINES« darauf zu schreiben. Wieder überraschtes Stirnrunzeln, aber schon während er mit dem Marker die Buchstaben auf das Papier kratzt, verdüstert sich seine Mimik. Lange sagt er gar nichts. Ich auch nicht. Philipp Gassner kennt ja nun das Procedere. Dann geht er mit dem Blatt durch den Raum und schaut sich noch einmal die anderen drei Wörter an, die noch auf dem Boden verteilt liegen.

Plötzlich, innerhalb eines Augenblicks, knüllt er sein Blatt mit beiden Händen heftig zusammen und wirft es mit aller Wucht in den Papierkorb, der dort in der Zimmerecke steht. Und weil er vor Wut nicht getroffen hat, bückt er sich, greift noch einmal nach dem Knäuel und pfeffert es

– diesmal absolut zielgenau – in die Tonne. Ich staune nicht schlecht.

Derweil faucht er wütend: »Ach, der kann mich doch einfach mal ...«

Ich glaube, er erschrickt einen Moment lang selbst über diesen Ausbruch, und ich denke nur: Hoppla. Was war das denn? Jetzt bin ich mal gespannt.

Ich muss auch nicht mehr eigens nach seiner Gefühlslage fragen. Sie ist offenkundig. Ich warte und er erzählt. Von seiner Wut über seinen Chef; dass der ihn vermutlich überhaupt nicht ernst nehme; ihn als kleinen Jungen behandelt usw. Nun wundere ich mich schon wieder. Alles, was ich bisher über seinen Chef gehört habe, ist, dass er sehr zufrieden mit Herrn Gassners Arbeit ist, dass er ihn fördere, ihn in das Nachwuchstalentprogramm vorgeschlagen hat etc.

Woher kommen diese Annahmen?

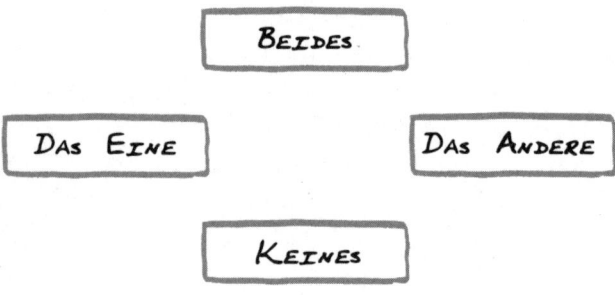

Es dauert eine Weile, bis Herr Gassner endlich zum Stein des Anstoßes vordringt. Denn liegt so ein Widerspruch erst einmal offen vor Augen, dann führt kein Weg mehr vorbei an der Klärung der Gemengelage. Philipp Gassners Wut rührt von einer »Kleinigkeit« her. Aber mit dieser »Kleinigkeit« hat sein Chef ihn einmal sehr gekränkt. Mit dem ganz einfachen

Satz, der noch nicht einmal in seine Richtung gesprochen worden war: »Diese unfähigen Schreiberlinge wissen überhaupt nicht, was es heißt, ein Unternehmen in die Gewinnzone zu führen!«

Ziel der Attacke des Chefs war ein Zeitungsartikel, der sich kritisch über die Marketingstrategie seines Unternehmens geäußert hatte. Business as usual. Kein Grund, sich zu grämen. Seinem Chef war ganz sicher gar nicht bewusst gewesen, dass sich sein Mitarbeiter Gassner in diesem Moment mit der schreibenden Zunft identifizierte, und die Kritik wie einen Nadelstich ins eigene Herz empfunden hatte. Aber Philipp Gassner hatte sich im Griff gehabt. Er verdrängte die Episode damals – schließlich hatte sein Chef nicht ihn gemeint. Etwas ist aber doch hängen geblieben. Und heute taucht es auf bzw. liegt inzwischen zerknüllt in der Papiertonne. Und es hat rein gar nichts mit dem Chef zu tun, sondern – das herauszufinden, ist nun nicht mehr schwierig – mit Philipp Gassners Vater. Dessen Standardsatz während seines ganzen Studiums war: »Warum lernst du nichts Gescheites – du landest noch als Schreiberling(!), davon kann man nicht leben.«

Philipp Gassners Vater ist Maschinenbauingenieur und konnte mit dem Philosophiestudium seines Sohnes keinen Broterwerb in Verbindung bringen. Herr Gassner war finanziell abhängig gewesen von seinem Vater. Das schmerzte ihn und hatte ihn oft hilflos zurückgelassen. Zu einer offenen Rebellion war es nicht gekommen, der Vater hatte ihn schließlich gewähren lassen, wenn er auch keine Gelegenheit ausgelassen hatte, seinen Sohn immer wieder zu sticheln.

Herr Gassner hat sein Examen in Rekordzeit gemacht und seine Verdienstmöglichkeiten und Karriereaussichten in seiner jetzigen Firma sind ausgesprochen gut (das wundert sogar den Vater – aber er sieht es natürlich gerne, und die beiden haben heute ein sehr gutes Verhältnis zueinander). Nicht zuletzt dank seines Chefs ist er in einer hervorragenden Ausgangsposition.

Aber: Er ist, wie anfangs schon erwähnt, mit seiner neuen Firma wieder in einer Ingenieurs-»Familie« gelandet und als Geisteswissenschaftler ein klein wenig anders. Er kokettiert in der Regel damit und nur selten wird der sensible Punkt seiner Studienzeit angerührt. Aber jetzt ist es wieder ein »Vater« – diesmal in Gestalt des Chefs –, von dem er in dieser »Senior«-Empfehlung abhängig ist. Die damalige Abhängigkeit von seinem Vater war eine wesentlich größere gewesen als jetzt, aber wenn eine alte Wunde berührt wird, dann kann sie wieder aufbrechen, auch wenn die aktuelle Situation gar nicht vergleichbar ist. Und genau das ist bei Philipp Gassner passiert.

Er wirkt jetzt etwas erschöpft und angeschlagen, als er mir diese Geschichte in kurzen, knappen Sätzen zu Ende erzählt. Ihm war bis zum heutigen Tage nicht bewusst gewesen, dass diese nun schon zehn Jahre zurückliegende Erfahrung, nicht ganz ernst genommen zu werden, bis heute noch an ihm nagt, trotz seiner unbestreitbaren Erfolge. Und dass sein Chef genau die Worte seines Vaters benutzt hatte, war ihm damals gar nicht aufgefallen. »SCHREIBER-LING!« Das ist der Code, bei dem die roten Lampen angehen und Alarm ausgelöst wird. Und sein Chef benutzte genau dieses Wort.

Philipp Gassner schüttelt den Kopf, als er das Papierknäuel vorsichtig und noch etwas zittrig aus dem Papierkorb holt. »Also so was«, wundert er sich noch immer über seinen überraschenden Wutausbruch. »Ich bin eigentlich keiner, der mit Gegenständen um sich wirft.« Gleichzeitig wirkt er aber auch erleichtert. Sein ursprüngliches Dilemma hat sich komplett aufgelöst. Stattdessen versteht er besser, warum er sich mit dieser äußerlich ganz harmlosen Entweder-oder-Frage so lange herumgeschlagen hat. Intuitiv hat er gefühlt, dass ein Gespräch mit seinem Chef vielleicht gefährlich sein könnte, egal, wie herum er es anstellte.

Gefährlich ist alles, dessen man sich nicht bewusst ist, und das – bei einem bestimmten Anlass – aus einem herausbrechen kann. Seine Wut ist Herrn Gassner nicht bewusst gewesen. Erst als er das Knäuel Papier in meine Papiertonne warf, kam sie zum Ausdruck und in sein Bewusstsein.

Besser hier in meinem Coachingzimmer fliegen die Fetzen als in einem Gespräch mit seinem Chef.

Wissend um diese sensible Stelle, kann er dem Chef jetzt unbefangener gegenübertreten, egal, in welcher Form und zu welcher Zeit. Die Kränkung, die er noch in sich trägt, hat mit seinem Vater, aber nichts mit seinem Chef zu tun. Die fatale innere Kopplung ist gelöst, eine unbewusste Verwechslung nicht mehr wahrscheinlich.

»Ich werde Ihnen das nächste Mal erzählen, wie ich es gemacht habe«, sagt Herr Gassner zum Abschied, wieder mit seiner alten Leichtigkeit. »Ich tendiere momentan stark dazu, ihm doch im Traum zu erscheinen. Ich will es einfach mal ausprobieren«, sagt er lächelnd, als er aus der Tür geht. »Vielen Dank und bis zum nächsten Mal. Wer weiß, was mir noch alles einfällt«, fügt er noch mit Blick auf meinen Papierkorb hinzu.

»Aber ich habe doch gar nicht studiert ...«

Coach: Andrea Lienhart

Es gibt vieles, was uns interessiert.
Aber was wir mit dem Herzen tun,
wird ganz gelingen.

Kennengelernt habe ich Karin Blum in einem meiner Bewerbungstrainings, einem Kompaktwochenende mit den unterschiedlichsten Teilnehmer/innen. Frau Blum war zu dieser Zeit seit Längerem arbeitslos, was sehr an ihrem Selbstbewusstsein nagte. Die gelernte Marketingassistentin und Einzelhandelskauffrau wollte nicht mehr in einen ihrer früheren Berufe zurück, hatte aber auch keine Idee, was sie sonst machen könnte. Außerdem fühlte sie sich mit 33 Jahren fast schon zu alt, um noch einmal ganz von vorne anzufangen. Dazu kam, dass sich Frau Blum durch ihre Hintertür »aber ich habe doch gar nicht studiert« wunderbar selbst ausschloss und sämtlichen Offerten einen Riegel vorschob. Vielleicht wäre mir diese blasse, mit leiser Stimme sprechende Teilnehmerin gar nicht weiter aufgefallen, hätte sie sich in den Mittagspausen nicht in eine lebendige Frau verwandelt, die voller Neugierde und Offenheit rege an den Tischgesprächen teilnahm. Im Kurs, und besonders wenn die eigenen Fähigkeiten und Ziele thematisiert wurden, hörte man von ihr immer nur ein überdimensionales »ABER«.

Wie alles begann
Nicht lange nach dem Kurs meldet sich Frau Blum bei mir zu einem Einzelcoaching an, um sich ihren Zweifeln endlich zu stellen und ihre Zukunft aktiv zu gestalten. Dass sie etwas in ihrem Leben verändern muss, sei ihr in der Zeit nach dem

Training klar geworden, sie habe auch ihre Bewerbungsunterlagen nochmals überarbeitet und würde sich gerne mit
mir treffen, erfahre ich am Telefon. »Außerdem ist die Agen-
tur für Arbeit bereit, mir eine Weiterbildung zu finanzieren,
das hört sich doch schon mal gut an, oder? Auch wenn ich
das erst glaube, wenn es soweit ist. Versprechungen machen
die ja gerne ...«

Zukunft ja, aber wohin soll es denn gehen?
»Wissen Sie Frau Lienhart, es sind gar nicht die Bewerbungsunterlagen, die mir Kopfzerbrechen bereiten, sondern diese
Weiterbildung. Ich habe das Gefühl, ich müsste mich bald
entscheiden, sonst wird mir die Maßnahme wieder gestrichen.
Und ich möchte mich ja auch weiterbilden, aber worin eigentlich?«, beginnt Frau Blum.
    Wir überlegen gemeinsam:
    Wie könnte sich Frau Blum weiterqualifizieren? Als Mar-
ketingassistentin, als Einzelhandelskauffrau? Oder gibt es
vielleicht Möglichkeiten, beide Berufe miteinander zu ver-
knüpfen?
    Wo zeigt Frau Blum am meisten Interesse, wo liegen ihre
Stärken, was sind ihre Wünsche? Wo sieht sie sich? Was macht
ihr Spaß, wofür kann sie sich begeistern?
    Und die andere Seite: Welcher Arbeitgeber könnte von
ihren Qualifikationen profitieren? In welchem Unternehmen
sieht sie sich? Welche Position hätte sie gerne?
    Auch wenn wir viele Fragen zusammentragen, verläuft die
Analyse doch eher schleppend und zäh. Frau Blum wird von
Minute zu Minute blasser und mutloser; lustloses Schulterzucken und ihre Zweifel an den eigenen Stärken und Wünschen machen sich bemerkbar. Immer wieder stolpert sie
über ihre Orientierungslosigkeit und ihr riesiges, aufgebausch-
tes ABER. Dabei sind ihre Bewerbungsunterlagen top, die
Finanzierung einer Weiterbildung gesichert, optimale Start-
voraussetzungen – also nichts wie los.

Nur die Richtung muss Frau Blum finden, ihren eigenen Weg, ihr eigenes Tempo. Wohin soll es gehen?

Der Weg hinaus, der nach innen führt

»Haben Sie Lust, sich mit mir auf eine Visionsreise zu begeben?«, frage ich sie.

Mit dieser Vorgehensweise, die ich im Coachingprozess gerne anwende und mit der ich immer wieder überaus positive Erfahrungen mache, gebe ich Frau Blum die Möglichkeit, ihre augenblickliche Situation, ihre Realität einmal ganz zu verlassen und ihrer Zukunft ein neues Gesicht zu geben.

Wie würde ihre Lebenssituation idealerweise aussehen? Visionen sind eine gute Hilfe, um Ideen zu finden, Entscheidungen zu treffen und sich auf den Weg zu begeben.

Frau Blum willigt ein. Etwas misstrauisch und skeptisch, »schließlich bin ich hier, um mein Leben zu ordnen und nicht, um die Realität zu verlassen.« Und macht so, beinahe unbemerkt, ihren ersten wichtigen Schritt in Richtung Berufs- und Karriereplanung. Wege entstehen dadurch, dass wir sie gehen. Ihr, wenn auch zögerliches, ja« zur Visionsreise ist ein wichtiger Schritt auf der Suche nach sich selbst – einem Prozess mit offenem Ende.

Dem Leben Farbe geben: Die Vision

»Mal angenommen, Ihr Leben würde so richtig gut verlaufen, wie sähe es dann heute in fünfzehn Jahren aus? Malen Sie ein Bild dazu«, fordere ich Frau Blum auf. Erstaunt schaut mich Frau Blum an und nimmt, zunächst zögernd, dann doch die Herausforderung an. Das ABER mal wieder überwunden, denke ich im Stillen und freue mich. Karin Blum wählt ein großes Blatt und beginnt etwas unsicher, dann jedoch zunehmend schwungvoller und freudiger mit bunten Zeichnungen. Dabei ist sie sehr konzentriert und vertieft, Stirnrunzeln und Lächeln im Wechsel, manchmal lacht sie auch laut auf.

Es macht richtig Spaß, ihr beim Malen zuzusehen, ihre Energie, ihre Potentiale greifbar nahe, der Wandel von Unsicherheit in Begeisterung. Nach einiger Zeit entsteht ein buntes, aussagekräftiges Bild. Ein Haus ist zu erkennen, Personen, die dort leben und wohl zu ihrem persönlichen Umfeld gehören. Ein gedeckter Tisch im Freien, eine große, gelbe, lachende Sonne, wie von Kinderhand gemalt. In der oberen Ecke des Bildes Blumen, Bäume und Berge. Weiter unten eine Gruppe von Menschen und eine Person, die vor diesen Menschen steht. Frau Blum vielleicht?

Das Ziel vor Augen – wenn Bilder reden
Aus ihrem ersten Strich ist eine schwungvolle bunte Landkarte entstanden. Frau Blum zeigt stolz auf ihr Werk und erklärt mir die einzelnen Bereiche. Lachend zeigt sie auf einen sandfarbenen Fleck auf ihrem Bild. »Frankreich, wenn auch kaum zu erkennen.« Sie kommt ins Schwärmen, erzählt von Frankreich, ihrer Liebe zu diesem Land, den Menschen, der Sprache. Ihre Augen funkeln, ihre Stimme wird lauter und fester. Da ist sie wieder zu erkennen, die Stärke, die Selbstsicherheit, ihre Lebenslust – die andere Frau Blum.

»Wissen Sie, ich hatte mal einen Freund aus Frankreich und wir sind oft zusammen in sein Heimatland gereist. Das ist ganz anders, als nur Urlaub zu machen. Den Freund habe ich zwar nicht mehr, aber Frankreich liebe ich immer noch«, lacht Frau Blum.

»Sprechen Sie denn französisch, Frau Blum?«

»Ach, ja. Ganz gut.«

Das kann bei Frau Blum alles bedeuten, vermutlich sogar, dass sie sehr gute Französischkenntnisse hat. Die aber, da »nur« nebenbei erworben, in ihren Augen nur halb so viel wert sind.

»Diese Gruppe Menschen«, lenke ich die Aufmerksamkeit

wieder auf das Bild, »sieht wie eine Reisegruppe mit Fremdenführerin aus.«

Frau Blum schaut die Gruppe genauer an. »Könnte durchaus sein, aber das soll tatsächlich ich sein. Da unterrichte ich nämlich gerade Französisch und das sind meine Schüler.«

»Und warum machen Sie das nicht beruflich?«, frage ich Frau Blum und kann fast dabei zusehen, wie sie wieder in sich zusammenfällt.

»Bei der Berufsfindung damals bin ich gar nicht auf die Idee gekommen, vielleicht hat es mir auch an Selbstvertrauen und Unterstützung gefehlt. Heute ist es zu spät dafür, um noch damit anzufangen, vor allem, ich habe ja auch nicht studiert. Ach«, winkt Frau Blum ab, »vor einer großen Gruppe reden, das kann ich eh nicht. Das geht ja auch alles nicht so einfach.«

Denke in Möglichkeiten

»Aber« und »geht nicht« sind unsere größten Hindernisse, bei denen auch die meisten Menschen im Coachingprozess ins Stocken geraten. Das Denken in Möglichkeiten, das »Träumen«, die Visionsentwicklung sind gerade deshalb so wichtig, um sämtliche Wünsche, Träume, Ideale und Vorstellungen zuzulassen, zunächst unabhängig davon, wie realistisch uns diese erscheinen. Als Coach ist es meine Aufgabe, die Menschen darin zu unterstützen und zu bestärken, sich zu erlauben, genau diese Bilder – das Denken in Wünschen – erst einmal zuzulassen, wirken zu lassen und zu beschreiben. Es muss nichts konkretisiert oder sofort umgesetzt werden. Darum geht es erst zu einem späteren Zeitpunkt des Prozesses, dann, wenn die persönlichen Ziele zu formulieren sind. Am Anfang steht die aktuelle Lebenssituation, die zunächst analysiert und ausgewertet werden muss. Wo stehe ich, was habe ich, was bringe ich mit, was brauche ich ...

Die Ist-Analyse

Im nächsten Schritt analysieren wir die aktuelle Situation von Frau Blum. Wo steht sie? Was will sie? Was kann sie sehr gut? Was macht ihr Spaß? Was ist ihr wichtig? Was nicht? Wo liegen ihre Stärken?

Dabei stellt sich ziemlich schnell heraus, dass ihr Französisch weit über ein »hier und da ein bisschen« hinausgeht. Wo war sie erfolgreich? Wofür wurde sie immer wieder gelobt?

Durch genaueres Nachfragen erfahre ich, dass Frau Blum Zusammenhänge gut erklären kann. Dass ihr selbst das Lernen immer dann leicht gefallen ist, sobald sie sich für das Thema interessiert hat. »Das sind doch schon gute Fähigkeiten im Hinblick auf eine Unterrichtstätigkeit«, stelle ich fest und schaue Frau Blum aufmunternd an. »Jaaa, aber der Punkt ist ja, ich habe Sprachen nicht studiert«, entgegnet Frau Blum und schiebt den Riegel wieder vor.

Im weiteren Verlauf der Analyse konzentrieren wir uns insbesondere und ganz bewusst auf ihre Stärken, da sie ihre berufliche Entwicklung darauf aufbauen soll. Warum nicht nutzen, was schon vorhanden ist. Dass dabei auch Schwächen zum Vorschein kommen, ist ganz normal und wichtig dazu. Frau Blum gibt zu bedenken, dass es ihr schwer fällt, vor Gruppen zu sprechen, dass sie keine Erfahrung im Unterrichten von mehreren Personen gleichzeitig und auch keinerlei Kontakte zu Sprachschulen oder anderen Sprachtrainer/innen hat. Ihr Französisch muss unbedingt vertieft werden, sie ist keine Muttersprachlerin, was natürlich ein Vorteil wäre, wenn sie Sprachtrainerin werden will.

Sind dies denn tatsächlich Schwächen? Sind es nicht einfach Lücken, die aufgeholt werden können und/oder durch Training ausgleichbar sind? Niemand behauptet, dass es einfach ist, Hindernisse aus dem Weg zu räumen, aber die eigenen »Defizite« zu kennen, sollten wir eher als Stärke betrachten.

Die Ziele

Im nächsten Schritt geht es um die direkte Zielformulierung, die im Unterschied zu den Visionen realistisch, messbar, klar und konkret sein muss. Was Frau Blum im Malen und Wünschen leicht von den Lippen oder besser aus dem Stift kam, fällt ihr nun umso schwerer. Erst ein paar Coachingstunden später kann sie von sich sagen:»Ich möchte Sprachtrainerin werden«. Ganz leise und schüchtern, mit halb gesenktem Blick und einem Schulterzucken formuliert sie ihr Ziel. Eine, die langsamen Walzer tanzt, aber eigentlich eine Tango-Tänzerin ist.

Endlich ein Ziel vor Augen zu haben ist einerseits sehr motivierend für Frau Blum und setzt ungeahnte Energien in ihr frei. Dieses Ziel aber unbedingt erreichen zu müssen, empfindet sie gleichzeitig als sehr beängstigend und lähmend und setzt sie unter Druck:»Was, wenn es nicht klappt? Was, wenn ich versage? Wenn ich es einfach nicht kann?«

Die Möglichkeiten, jederzeit die Notbremse ziehen zu können und ihr Ziel,»Sprachtrainerin zu sein« zunächst in weiteren Übungen zu visualisieren, sind für Frau Blum sehr hilfreich und befreien sie von dem Druck, es unbedingt schaffen zu müssen und geben ihr das Gefühl,»es schaffen zu können.«

Wege zum Ziel

In einem weiteren Coaching sammeln wir in einem Brainstorming Ideen, die dazu beitragen oder nötig sind, um ihr Ziel zu erreichen:

Beispielsweise Internetrecherche zu Sprachschulen, Aus- und Weiterbildungsmöglichkeiten für Sprachtrainer, entsprechende Netzwerke, Auslandsaufenthalte, Voraussetzungen usw. In kürzester Zeit entsteht ein riesiger Ideenpool mit ganz konkreten Aufgaben für Frau Blum. Um ihrer Angst, sich zu »verzetteln«, entgegenzutreten, sortieren wir die Ideen gemeinsam, setzen Prioritäten und entwickeln einen

Maßnahmeplan mit sehr konkreten Schritten und Zeitangaben.

Vom Laufenlernen und Davonrennen

Einen sogenannten Zeit- und Aufgabenplan zu haben oder eine Notbremse ziehen zu können, ist sehr hilfreich. Es bewahrt einen jedoch nicht vor den eigenen Selbstzweifeln, die uns in regelmäßigen Abständen wie kleine Teufelchen immer wieder heimsuchen und kleine Bösartigkeiten ins Ohr flüstern. Diese unwillkommenen Genossen sind es auch bei Frau Blum, die sie regelmäßig aufsuchen und ihr ein paar »Nettigkeiten«, ein »Wenn«, ein »ABER« auftischen. Was, wenn sie keine Aufträge bekommt, wenn sie niemals lernen wird, vor einer Gruppe zu sprechen, wenn niemand sie will, wenn niemand ihr Französisch versteht?

Erschwerend kommt bei Frau Blum hinzu, dass sie sich mit Gelegenheitsjobs über Wasser halten muss, die oft schlecht bezahlt sind und zeitweise ihre gesamte Energie kosten. Aber Veränderung geht auch in kleinen Schritten.

Sie bricht in Begeisterungsstürme aus, wenn etwas vorangeht. Motiviert von Fortbildungsmöglichkeiten, die sie im Internet entdeckt, erste Kontakte zu »wirklichen« Sprachtrainer/innen und vor allem die Bestätigung, dass ein Studium zwar durchaus nützlich ist, allerdings keine Grundvoraussetzung darstellt, lassen Frau Blum durchaus auch mal schweben und schenken ihr Kraft und Zuversicht.

Dazwischen unsere Coachingtermine, zu denen sie in den unterschiedlichsten Gefühlsstadien erscheint. Wir einigen uns darauf, dass Laufenlernen nicht von heute auf morgen passiert, Pausen erlaubt sind und Davonrennen nicht wirklich funktioniert. Ich erinnere Frau Blum immer wieder daran, dass sie die Zielrichtung jederzeit ändern, erweitern oder ergänzen kann. Ziele sind nicht dazu da, die Sichtweise einzuengen, sondern einen zukünftigen Zustand zu beschreiben, damit sich die Kräfte fokussieren können.

»Kurz und gut«, erkläre ich ihr, »damit Sie Ihre Kräfte dort einsetzen, wo sie am wichtigsten sind und möglichst wenig Energie verschwenden. Ganz banal kann das auch heißen, einfach ein bisschen von Ihrem ›Aber‹ wegzurücken und ganz konkret von den Menschen, die Ihnen entweder zu wenig zutrauen oder Ihnen Ihren Mut und Erfolg neiden. Suchen Sie sich die Menschen, die Sie in Ihrem Prozess positiv unterstützen.«

Land in Sicht – der Rhythmus des Tangos

Frischen Wind bekommen ihre Pläne durch verschiedene Seminare an der Volkshochschule wie beispielsweise Lernen lernen, Umgang mit Gruppen, kreative Methoden der Erwachsenenbildung, Präsentationen etc. Ihre ersten vorsichtigen Kontakte zu Sprachtrainer/innen vertiefen sich und sie kann ein kleines Netzwerk aufbauen, das ihr bereitwillig und unterstützend mit Informationen zur Seite steht. Gemeinsam aktualisieren und optimieren wir ihre Bewerbungsmappe und kreieren einen kleinen Flyer, der Frau Blum ein persönliches Profil gibt und das gewisse Etwas in ihrer Bewerbungsmappe ausmacht; mit diesem maßgeschneiderten Trainerprofil, entstanden nach vielen Coachingstunden, zahlreichen Gesprächen und Motivationsschüben. Mit Anknüpfungspunkten in Frankreich und Rückversicherung nach Deutschland packt Frau Blum die Koffer und macht sich mutig und entschlossen auf ihren Weg nach Paris.

Rettungsanker und Lebenszeichen

Frau Blum findet überraschend schnell eine Anstellung als Koordinatorin in einer Sprachschule in Paris. Dadurch kann sie anderen Sprachtrainer/innen über die Schultern schauen, einen Überblick über die Spielregeln in Sprachschulen gewinnen und wiederum wertvolle Kontakte knüpfen. Ihre Sprachkenntnisse verbessert sie automatisch durch alltägliches

Sprechen und Hören und speziell in einem Sprachkurs für Business-Französisch.

Für den Rettungsanker zwischendurch, wenn ihr Mut oder ihre Kraft mal nachlässt, entwickeln wir vor ihrer Abreise gemeinsam ganz konkrete Strategien und Handlungsschritte. Hilfreich ist beispielsweise ein Brief, den sie noch in Deutschland an sich selbst schreibt, in dem sie sich Mut zuspricht und ihre Fortschritte beschreibt und den ich ihr nach einigen Wochen nach Paris schicke. Außerdem haben wir einen regelmäßigen Kontakt per Mail. Frau Blum berichtet von ihren Eindrücken und Erlebnissen mit großer Begeisterung und Lebendigkeit und nach einer gewissen Zeit schreibt sie mir von ihren ersten Erfahrungen mit eigenen Sprachschülern in Paris, zunächst in der Arbeit mit einzelnen Personen, dann mit kleineren Gruppen.

Gehen Sie zurück auf Los ...
Wer kennt sie nicht, diese frustrierende Anweisung aus früheren Monopoly-Tagen:»Gehen Sie zurück auf Los und ziehen Sie nicht 2.000 Dollar ein«. Leider werden wir auch im Leben ab und an zurückgeworfen.

Zurück aus Frankreich sitzt mir eine niedergeschlagene, demotivierte Karin Blum gegenüber, die mich eher an eine der ersten Coachingstunden, als an die sprachgewandte, überschwängliche, fröhliche Mailschreiberin erinnert. Mit mehreren Referenzen und Zertifikaten in der Tasche, einem großen Fundus an guten Erfahrungen und Rückmeldungen habe ich, ehrlich gesagt, eher eine bunte Blumenwiese erwartet und nicht ein abgebranntes Feld. Schließlich hat Frau Blum ein reiches Jahr hinter sich mit so vielen positiven Erfahrungen und müsste eher stolz auf ihr Können sein, anstatt daran zu zweifeln. Doch zurück in Deutschland holen ihre alten Muster sie wieder ein:»Wie soll ich denn in Deutschland Sprachschüler finden, wer will sich von mir schon unterrichten lassen, auch wenn ich fließend französisch spreche, habe ich noch lange nicht studiert. Ich bin keine Muttersprachlerin und habe kaum Chancen auf dem deutschen Arbeitsmarkt. Für die Sprachschulen bin ich schon zu alt; ein Jahr im Ausland, was zählt das schon ...«

Wir beginnen wieder mit der Vision:»Ich arbeite als Französischtrainerin in Deutschland« – also, nichts wie los!

Frau Blum lernt entlang ihres eigenen roten Fadens mit zunehmender Selbstsicherheit und mit immer weniger Unterstützung von mir laufen. Alte Muster lassen sich nicht eben mal so abstreifen, aber mit der Zeit ist es immer einfacher, sie zu durchbrechen, und man muss nicht immer zwangsläufig»zurück auf Los«, es darf auch weitergehen.

Nachdem Frau Blum als Sprachtrainerin Fuß gefasst und genügend Kontakte, Aufträge und Sprachschüler/innen hat, stellt sie fest, dass ihr Arbeitsaufwand in keiner Relation zu ihrer Bezahlung steht und fasst ein neues Ziel ins Auge: Sprachtraining in Firmen und Unternehmen, da dort die Verdienstmöglichkeiten erheblich besser sind. Weiter geht's.

Ihren letzten Auftrag in einem äußerst erfolgreichen Unternehmen erhält Frau Blum aufgrund ihrer Weiterbildung »Kreative Methoden der Erwachsenenbildung«. Es handelt sich um einen Sprachschüler, der große Schwierigkeiten im Erlernen der französischen Sprache hat, und das Unternehmen hatte gezielt nach einer Sprachtrainerin mit alternativen Lernmethoden im Angebot gesucht.

Heute, nach einigen Jahren, gilt sie als eine sehr erfahrene und routinierte Sprachtrainerin und verfügt über genügend Methodenkompetenz, vielseitige Kontakte und Referenzen.

Angekommen

»Haben Sie eigentlich noch mehr Kunden, die so anhänglich sind wie ich, oder bin ich die einzige treue Seele?«, begrüßt mich Frau Blum heute, schwingt sich in ihren Sessel und schaut mich erwartungsvoll an.»Sie wollen mich nach zehn

Jahren doch nicht plötzlich verlassen«, lache ich zurück und schaue mir diese selbstbewusste, gut gelaunte Frau an, die mir da gegenübersitzt.

Karin Blum »gönnt« sich eine bis zwei Coachingsitzungen im Jahr zum Innehalten, Austauschen und Reflektieren, wie sie sagt. Und langsamen Walzer tanzt sie schon lange nicht mehr.

Von den Besten lernen

Coach: Dr. Petra Bock

Manchmal ist es, als ob sich die ganze Welt gegen einen verschworen hat. Man strengt sich an, tut sein Bestes und dann tauchen Hindernisse auf, die schier unüberwindbar scheinen.

Beate Herrmann ist eine ehrgeizige Frau Ende dreißig, als sie in mein Berliner Büro kommt. Ich habe erst wenige Monate zuvor mein Buch *Die Kunst, seine Berufung zu finden* veröffentlicht und sie hat mich in einer Talkshow im Fernsehen gesehen. Frau Herrmann bucht einen ganzen Tag Coaching bei mir und ist nun am Vorabend aus Süddeutschland angereist, um das obligatorische Vorgespräch mit mir zu führen.

Als sie in meinem Büro ankommt, ist sie vollkommen aufgelöst. »Sie sind meine letzte Hoffnung«, meint sie dramatisch. »Ich bin mit meinem Latein am Ende.« Und tatsächlich: Auf den ersten Blick scheint ihr Anliegen sehr knifflig.

Beate Herrmann hatte als junge Frau eine falsche Entscheidung getroffen, die ihr jetzt, nach vielen Jahren, ihren gesamten Beruf zu »verhageln« droht. Ihren Eltern zuliebe, einem alt eingesessenen schwäbischen Unternehmerpaar, hatte sie Betriebswirtschaft studiert. Und das, obwohl ihr eigentlicher Wunsch seit Jugendjahren war, später einmal Ärztin zu werden. Während sie in der Bibliothek Wirtschaftsbücher wälzte, träumte sie sich in die weiße Welt der Medizin, malte sich aus, wie es wäre, etwas aus ihrer Sicht wirklich Sinnvolles zu tun: Menschen zu helfen, die sie brauchten, statt Zahlenkolonnen zu analysieren und am Ende sein ganzes Leben auf den »schnöden Profit«, wie sie es nennt, auszurichten. Wenn sie an den Wochenenden zu Hause das Thema vorsichtig anschnitt, hörte sie nur Floskeln wie »Ärzteschwemme«, »Nachtdienste« und andere Vorurteile über den Arztberuf, die sie wieder auf den »richtigen« Pfad bringen sollten.

Das Studium zog sich hin, Beate, die eine gute Schülerin gewesen war, fand sich im hinteren Mittelfeld wieder, litt unter jedem Praktikum und dachte mit Angst daran, wie ihr Leben wohl verlaufen würde, wenn das Studium vorbei wäre und sie tagtäglich in ein Büro gehen müsste. Sie war oft krank, ertappte sich in den Arztpraxen bei Tagträumen darüber, wie es wohl wäre, auf der anderen Seite des Besprechungstisches zu sitzen. Doch ihr Weg schien vorgezeichnet und unabwendbar.

Nach mehreren Jahren – Beate Herrmann schaffte das Studium nicht in der Regelstudienzeit – fasste sie sich ein Herz und eröffnete ihren Eltern, dass sie das Wirtschaftsstudium zwar beenden, aber nicht in diesem Beruf arbeiten würde. Heimlich hatte sie sich um einen Medizinstudienplatz beworben und erfahren, dass sie zwar eine Wartezeit hinnehmen müsse, aber dennoch einen Neuanfang in ihrem Traumberuf wagen könne.

Als Beate Herrmann mir ihre Geschichte in meinem Büro erzählt, ist sie 38 Jahre alt und frisch promovierte Ärztin. »Na, dann ist doch alles wunderbar«, meine ich, nachdem ich ihre Geschichte gehört habe, »dann haben Sie es doch aus eigener Kraft geschafft, Ihren persönlichen Traum zu verwirklichen!« Ich lobe ihren Mut und ihre Ausdauer, bescheinige ihr hervorragende Erfolgstugenden, doch Beate Herrmann schweigt und sieht mich mit leeren Augen an. Sie senkt den Kopf und meint: »Das ist ja das Schlimme, meine Probleme fangen jetzt erst richtig an! Ich bin zwar endlich Ärztin, habe aber trotzdem verzweifelte Angst, meine wahre Berufung doch nicht leben zu können. Während meines Medizinstudiums habe ich gemerkt, dass es gar nicht das typische Arztsein ist, das meine Berufung ist, sondern die wissenschaftliche Arbeit, die Erforschung von Krankheiten, die als unheilbar gelten.«

»Aber was hindert Sie daran, sich dieser Aufgabe zu widmen?«, frage ich.

»Ich bin mit meinen 38 Jahren schlicht und einfach zu alt für eine Forschungskarriere. Die Stipendien haben eine Altersgrenze, die weit unter meinem Alter liegt. Meine Konkurrenten sind zehn Jahre jünger als ich. Ich habe keine Chance.«

Ich frage sie nach der Meinung ihres Doktorvaters. »Er zuckt die Achseln und kann mir auch nicht weiterhelfen. Am liebsten würde er mich in seinem Labor behalten, aber er weiß, dass er mir so keine berufliche Zukunft bieten kann. Er rät mir, mich in irgendeinem kleinen Krankenhaus zu bewerben und zu hoffen, dass man mich neben der Arbeit an kleinere Laborprojekte lässt und keine Vorbehalte gegen eine so alte Anfängerin wie mich hat.«

Beate Herrmann hatte sich tatsächlich bereits bei mehreren Krankenhäusern beworben und Absagen bekommen. Angeblich waren die Stellen schon besetzt. Eines der Gespräche, das sie geführt hatte, hatte in erniedrigendem Gelächter geendet. Sie war gefragt worden, wie sie denn auf die Idee komme, in ihrem Alter forschen zu wollen, wo sie doch eher an eine Familiengründung denken solle.

»Sehen Sie jetzt, warum ich Ihre Hilfe brauche? Ich habe meine Berufung gefunden und nun habe ich Angst, sie doch nie leben zu können.« Und nach einer Pause: »So muss es sich wohl anfühlen, lebendig begraben zu sein.« Auch das klingt wieder sehr dramatisch.

Ich habe ihr aufmerksam zugehört und spüre, wie sich ihre Verzweiflung auf mich übertragen will. Ich experimentiere bis heute oft mit dieser Technik. Ich versetze mich ganz und gar in den Zustand meines Coachees, übernehme ihre oder seine Körperhaltung und passe meinen Atem an. Ja, da ist pure Verzweiflung. Da ist das Gefühl, nach all den Anstrengungen kurz vor dem Ziel doch noch zu versagen. Das Gefühl einer Zentnerlast, die den ganzen Körper nach unten drückt. Ein innerer Tunnelblick, kein Land mehr, nur noch Sackgassen und Stoppschilder.

Ich atme tief durch und richte mich wieder auf. Dann sage ich zu ihr: »In der Tat, es ist ein sehr schwerwiegendes Problem, das Sie mitgebracht haben.«

Jetzt atmet auch Beate Herrmann tief durch. Sie nickt. Und ich fahre fort, diesmal frischer und mit einem Lächeln: »Nun, ich bin gespannt, wie Sie es lösen werden!«

Beate Herrmann befreit sich sofort aus ihrer Starre. Sie sieht mich entgeistert an: »Wieso ich? Sie sind doch der Coach!«

»Ja«, sage ich, »aber ich kann nur so gut sein, wie Sie es sind! Vergleichen Sie es mit einer Sporttrainerin, die eine Schwimmerin auf die Olympiade vorbereitet. Sie wird ihrem Schützling die besten Hinweise aus ihrer Erfahrung geben, die sie kennt. Sie wird vor allem das Potenzial der Sportlerin sehen und fördern und erkennen, was sie braucht, um ihre Leistungen zu verbessern. Aber schwimmen muss die Sportlerin selbst. Das kann der Coach nicht für sie tun.«

Am Ende des Vorgesprächs bitte ich Beate Herrmann, mir ihre Unterlagen und Zeugnisse zu überlassen. Bis zum nächsten Morgen muss ich mir etwas einfallen lassen. Denn auch wenn klar ist, dass Beate selbst »schwimmen« muss, ist es doch meine Aufgabe, sie auf die richtige Strecke zu schicken und ihr gute Hinweise zu geben, wie sie ihr Ziel erreichen kann.

Ich setze mich in meinen Coaching-Sessel und lasse das Gespräch noch einmal vor meinem inneren Auge Revue passieren. Da saß gerade eine 38-jährige Frau vor mir, die sich über Jahre zu ihrem Traumberuf durchgekämpft hat. Ganz allein hatte sie sich auf den Weg gemacht und, das sagen ihre Noten, ein glänzendes Examen hingelegt. Nun, kurz vor dem Ziel, scheinen sich die Umstände gegen sie verschworen zu haben. Und das in einer Art, die kaum lösbar scheint. An den 38 Lebensjahren lässt sich nicht rütteln und die Deutsche Forschungsgemeinschaft, die die Stipendien vergibt, wird ihre Satzungen nicht für Beate Herrmann ändern. Ich kann ihre Ratlosigkeit verstehen und hatte mich während des Vorgesprächs auch in ihren Gefühlszustand hineinversetzt. Und da fängt das Problem und mit ihm die Lösung für mich an.

Ich erkenne: In so einem Zustand lassen sich keine Schlachten gewinnen. Ich kann mir vorstellen, mit welcher Haltung sie in das Bewerbungsgespräch gekommen war: mit hochgezogenen Schultern und eingezogenem Kopf. Es ist, als ob Beate Herrmann selbst nicht daran glaubt, eine echte Chance verdient zu haben. Hier müssen wir ansetzen. Bei ihrem Glauben an sich selbst. Und dem Mut, zu sich selbst zu stehen. Alles andere wird sich davon ableiten lassen.

Ich studiere ihre Zeugnisse und die Anschreiben, die sie verfasst hat. Die Noten sind hervorragend. Sie hatte schnell und erfolgreich studiert. Die Empfehlungen ihrer Dozenten sind ausgezeichnet. Beate Herrmann gilt als extrem engagierte Frau mit einer großen Leidenschaft für ihren Beruf. Durchgehend wird ihr eine besondere Eignung für die wissenschaftliche Arbeit bestätigt. Beates fachliche Qualifikation ist demnach unbestritten. Ihr Alter der einzige »Pferdefuß«.

Ich stutze. Ganz offensichtlich bin ich selbst in die Falle getreten, in die Beate und ihre möglichen Arbeitgeber geraten waren. Ist es denn wirklich ein »Pferdefuß«? Wie komme ich dazu, diese Annahme unhinterfragt zu akzeptieren? Für wen ist es eigentlich ein Pferdefuß? Für Prinzipienreiter, die sich an vorgegebene Altersgrenzen halten? Für Menschen, die nur ganz gerade Lebensläufe akzeptieren wollen? Für Zauderer, die meinen, es stimmt was nicht, wenn ein Lebenslauf nicht stromlinienförmig ist? Ich sehe, wie wichtig es ist, die Identifikation mit einem Problem aufzugeben. Und dass diese Änderung des Blickwinkels beim Coach beginnen muss, um sich auf den Coachee übertragen zu können.

Am nächsten Tag konfrontiere ich Beate Herrmann mit meinen Erkenntnissen vom Vortag. Sie stimmt meiner Vermutung zu, dass sie selbst den Glauben daran verloren hat, eine Chance haben zu dürfen. Und sie erkennt, dass sie mit dieser Einstellung von vorneherein verloren hat. »Zuerst muss ich mich selbst akzeptieren, damit mich andere akzeptieren können.«

Gemeinsam gehen wir die Stationen ihres beruflichen Werdegangs durch. Beate Herrmann sieht, welche enormen Fähigkeiten sie hat und welche Kraft sie nach vorne gebracht hat, ein starker Wille und eine unvergleichliche Ausdauer. Wir beginnen, alle Eigenschaften, die sie bisher als Nachteil interpretiert hat, als Vorteil zu sehen. Sie ist nicht auf dem falschen Dampfer, sondern hat neben ihrem Medizinstudium und der Promotion sogar ein Wirtschaftsdiplom in der Tasche. Sie ist im Gegensatz zu ihren Konkurrenten eine erfahrene Frau, die Widerstände in ihrem Leben mit Bravour bewältigt hat. Je länger wir arbeiten, desto mehr Energie hat sie. Beate Herrmann bekommt ein komplett anderes Auftreten. Die Ausstrahlung einer Frau, die viel geschafft hat und nun zu neuen Zielen aufbricht. Wer soll sie daran hindern?

Nun bleibt eine Herausforderung übrig: Wie kann Beate Herrmann andere davon überzeugen? Ich beschließe, dass wir ihre gesamte bisherige Strategie, die ja nicht zum Erfolg geführt hat, gegen den Strich bürsten müssen. Denn wenn man eine Sache immer gleich angeht, bekommt man auch immer die gleichen Ergebnisse. Es ist also sehr zu empfehlen, bei vertrackten Problemen etwas ganz Neues, völlig anderes auszuprobieren, um andere Ergebnisse zu bekommen.

Beate Herrmann hat bisher die nur weniger bekannten Professoren angeschrieben. Für unsere Arbeit kommt uns eine meiner wichtigsten Erfahrungen mit sehr erfolgreichen Menschen zugute: Je außergewöhnlicher ein Mensch ist, desto eher akzeptiert er oder sie auch bei anderen Außergewöhnliches. Die Strategie muss also komplett anders aussehen als das, was Beates Doktorvater geraten hat. Sie muss die berühmtesten und besten Professoren für sich gewinnen und sich nicht mehr bei kleinen, unbekannten Krankenhäusern bewerben. Und sie muss klar sagen, was sie will: eine Forschungskarriere und nichts anderes.

Ich bitte Beate Herrmann, die großen Namen aus ihrem Fachgebiet zu nennen. Begeisterung und Hochachtung klingen bei jedem Lehrstuhl, dessen Namen sie nennt. Aber zugleich mischt sich Unsicherheit in ihre Stimme: »Habe ich denn eine Chance bei denen?« Ich frage sie, worauf es ihrer Meinung nach bei der medizinischen Forschung ankäme. Sie antwortet: »Auf Intelligenz, Fleiß, Beharrlichkeit und gute Noten natürlich.« Ich werfe einen Blick auf ihre Zeugnisse und muss nichts mehr dazu sagen. Sie lacht und meint: »Ich weiß, das bringe ich alles mit.«

Nun müssen wir noch eine gute Strategie finden, mit dem Thema »Alter« umzugehen. Bisher hatte sie zwar ihr Geburtsdatum angegeben, aber gehofft, dass man darüber hinwegsehen würde. Ich bin der Überzeugung, dass wir es ganz anders angehen müssen. Mit der offensichtlichen »Eigenartigkeit« ihres Alters muss sie offensiv umgehen. Also nicht ihr Geburtsdatum irgendwo im Lebenslauf verschwinden lassen, sondern gleich im Anschreiben darauf hinweisen. Und so verändern wir ihre Bewerbungsunterlagen. Der erste Satz des Anschreibens lautet:»Meine Berufung ist die medizinische Forschung. Ich habe einige Zeit gebraucht, um das wirklich ernst zu nehmen, aber nun, mit 38 Jahren, weiß ich, was meine herausragenden Stärken und wirklichen Interessen sind. Ich habe einen hohen Preis bezahlt, um meiner Berufung zu folgen, jetzt mache ich keine Kompromisse mehr.«

Beate Herrmann formuliert diese Sätze selbst in freier Rede, aber sie erschreckt, als ich sie genau so aufschreibe. »Kann man das denn machen?«, fragt sie besorgt, »ich will doch was von denen und nicht die etwas von mir.«

Ich sehe sie an und lächle. Zuerst scheint sie verdutzt, dann fängt sie wieder an zu lachen. »Da war es wieder, das Schamgefühl! Es ist natürlich Unsinn. Die wollen ja auch etwas von mir und ich nicht nur von ihnen. Und so eine engagierte Forscherin müssen sie erst einmal bekommen!«

Mir ist in vielen Coachings beim Thema »Bewerbung« aufgefallen, dass Menschen sehr hart mit sich ins Gericht gehen. Sie sprechen, wenn es um ihre beruflichen Wünsche geht, streng, manchmal geradezu hasserfüllt von sich. Es ist, als ob sie eine Stimme mit sich führten, die sie immer wieder fragt:»Was bildest du dir eigentlich ein?«»Was glaubst du, wer du bist?« Als ob sie sich dafür schämen müssten, eigene Ansprüche und Wünsche an einen Beruf oder einen Arbeitsplatz zu haben. Und so treten sie auch im Bewerbungsgespräch auf: wie arme Sünder oder Blender, die, wenn sie ehrlich sind, gar keinen Job verdient haben – und schon gar keinen guten.

Als Coach frage ich im Gegensatz zu meinen Kolleginnen aus dem therapeutischen Bereich nicht so sehr nach den Ursachen eines Problems. Wahrscheinlich stammen diese negativen Selbstgespräche von Menschen, die sie früh gehört haben und die ihnen »eingebläut« haben, nichts für sich fordern zu dürfen. Als Coach konfrontiere ich sie eher mit den Folgen dieses Denkens. Denn nichts für sich zu fordern bedeutet, auch nichts zu bekommen. Und so pflanzt sich unser negatives Denken über uns und unsere Wünsche ganz natürlich fort.

Wie machen es andere? Zufriedene, erfolgreiche Menschen geben sich zuerst einmal selbst Kredit. Sie halten zumindest ihre Wünsche und Ziele für legitim, auch wenn sie genug Selbstkritik besitzen, ihre Strategien immer wieder neu zu hinterfragen: Erreiche ich das, was ich möchte? Möchte ich das, was ich erreiche? Jeder Mensch ist es wert, gut mit sich umzugehen und Wünsche haben zu dürfen. Das ist eine Lektion, die viele Menschen erst als Erwachsene lernen. Dafür gibt es kaum eine Lektion, die mehr Glück und ein völlig neues Lebensgefühl bringt: Ja, wir dürfen Ansprüche an unser Leben stellen. Wir dürfen Wünsche haben. Und wir dürfen uns dafür einsetzen, dass sie sich erfüllen. Wie der Dalai Lama einmal sagte: Glück ist unser angeborenes Lebensrecht.

Nach unserem ersten Treffen hat Beate nun ganz neue Bewerbungsunterlagen, sie weiß um ihre Einzigartigkeit und ihre Stärken und bewirbt sich nur noch bei den besten Adressen.

Um ihre Erfolgschancen zu erhöhen, meldet sie sich bei einem Fachkongress an, auf dem sie die Koryphäen ihres Gebietes persönlich treffen kann. Sie schickt ihre Unterlagen zwei Wochen vor dem Kongress an die jeweiligen Professoren und kündigt den Besuch des Kongresses an.

Die Resonanz ist umwerfend. Zwei Professoren rufen sie umgehend an und wollen die »tollkühne Kollegin« so schnell wie möglich kennenlernen. Mit einem Professor verabredet sie sich für ein Gespräch auf dem Kongress, ein anderer lädt sie zu einem offiziellen Vorstellungstermin ein.

Beate Herrmann und ich telefonieren etwa zweimal die Woche und besprechen alle taktischen und strategischen Schritte. Ich ermutige sie, auch die ganz großen Namen persönlich anzusprechen und an ihre Unterlagen zu erinnern.

Menschen wollen geschätzt und gelobt werden. Auch erfolgreiche Menschen. Ich gebe ihr den Rat, die jeweiligen Referenten nach ihrem Vortrag anzusprechen und ihnen zu ihrem tollen Auftritt zu gratulieren. Einige sind irritiert, aber jeder weiß nun, wer sie ist. Sie ist die Frau mit den Ecken und Kanten, die sich ein großes Ziel vorgenommen hat und keinen Zweifel daran lässt, dieses Ziel auch erreichen zu wollen.

Nach dem Kongress schickt sie jedem Professor ein kurzes Erinnerungsschreiben, und daraufhin erhält sie noch einmal Einladungen zu hochkarätigen Lehrstühlen an den renommiertesten Instituten ihres Fachgebiets.

In der Vorbereitung dieser Gespräche ermutige ich Beate Herrmann, unter allen Umständen sich selbst treu zu bleiben. Also ganz bei ihrem Fach, der medizinischen Forschung, zu bleiben. Ich habe Beate Herrmanns charmanten Humor kennengelernt und sie macht gute Erfahrungen damit, gleich »die Katze aus dem Sack« zu lassen und die Damen und Herren im Gespräch selbst auf ihr Alter anzusprechen. Meist löst sich die Stimmung sofort und die Professoren meinen: »Wir wissen, wie alt Sie sind – wir wollten Sie unbedingt kennenlernen. So viel Mut und Entschlossenheit beeindrucken uns.«

Wie kommt es zu einem solchen Zuspruch, nachdem Beate Herrmann bei völlig unbekannten Arbeitgebern Demütigungen hat hinnehmen müssen? Menschen, die ihre eigenen Ziele erreicht haben, haben kein Interesse daran, andere zu entmutigen. Sie erkennen Leidenschaft und Begeisterung an und haben ein natürliches Interesse daran, andere Menschen auf ihrem ehrlich gemeinten Weg zu unterstützen. Beate hatte in vielen Jahren bewiesen, was in ihr steckt. Sie hatte sich für gute Noten und ein schnelles Studium engagiert. Beharrlichkeit ist eines ihrer Markenzeichen.

Beate Herrmann bleibt auch als Coachee beharrlich und hält sich an das, was wir im Coaching erarbeiten. Der Lohn dieser Mühen bleibt nicht aus und klingt fast märchenhaft: Beate Herrmann bekommt eine gut dotierte Forschungsstelle am bekanntesten Institut ihres Fachgebiets und koordiniert dort aufsehenerregende Projekte. Sie arbeitet ausschließlich in der Forschung und hat gute Aussichten, nach ihrer Habilitation als Professorin weiterforschen zu können.

Konflikte klug lösen

Die Kämpferin

Coach: Theresia Volk

Die Natur kennt keine Vernichtung, nur Umwandlung.
Wernher von Braun

Das fängt ja gut an
Der erste Kontakt mit Doris Meinhold verläuft einigermaßen harsch.
Wir sind um 20 Uhr verabredet. Um 20.15 Uhr ruft sie an, dass es leider später wird. Kurz nach halb neun Uhr kommt sie energisch zur Tür herein – mir scheint, mit einer speziellen Mischung aus schlechtem Gewissen und ebensolcher Laune. Sie ist eine große Frau Mitte 30, Informatikerin, Projektleiterin in einem Technologieunternehmen und mit ihren knapp 1,80 m Größe und der Löwenmähne durchaus eine beeindruckende Erscheinung.

Mit einem tiefen Seufzer lässt sie sich geräuschvoll auf dem Sessel nieder und beschwert sich darüber, dass dieser Tag ihr wieder den letzten Nerv geraubt hat; dass selbst der Kampf mit Windmühlen zehnmal effektiver sei als der mit ihrem oberen Management und dass die Parkplatzsituation hier vor dem Haus ja auch nicht die Beste sei. Aha, denke ich: auf Krawall gebürstet.

Sie kramt mein Coachprofil, das ich ihr zugesandt habe, aus ihren Unterlagen und fängt schnurstracks an, mich über meine Ausbildungen zu befragen bzw. darüber, was die eine oder andere berufliche Station für meine Beratungstätigkeit bedeutet. Dazwischen stöhnt sie immer wieder und fährt sich mit der Hand über die Stirn. Die Erschöpfung des Tages ist ihr anzumerken. Ich mache das Frage- und Antwortspiel eine Weile mit, dann entscheide ich mich aber für eine Zäsur:

»Frau Meinhold, erlauben Sie mir, dass ich Sie hier unterbreche«, sage ich deutlich. Ich warte keine Antwort ab, denn ich muss ihrem Drive wirklich etwas entgegensetzen, um sie zu erreichen. »Sie sitzen hier, vollkommen erschöpft und reißen sich gleichwohl zusammen, um mit mir eine Art Testgespräch zu führen. Sie haben mich um ein Gespräch gebeten. Vermutlich, weil Sie etwas wollen. Möchten Sie nicht einfach sagen, um was es geht?«

Sie wirft mir einen strengen Blick zu, der zugleich auch Irritation verrät.

Ich mache weiter: »Sie stehen total unter Dampf und jetzt müssen Sie sich auch noch anstrengen und schnellstmöglich herausfinden, ob ich die Richtige bin fürs Coaching.«

Und etwas sanfter: »Glauben Sie mir, es wird nicht einfacher, irgendwann zu sagen: Können Sie mir helfen?« Ich mache eine Pause. »Aber«, in Anlehnung an ihre berufliche Tätigkeit und im Tonfall genauso tough wie sie, mache ich weiter: »Sie können natürlich auch die begonnene Testreihe erst präzise zu Ende führen, und dann anhand der Auswertungsergebnisse die nächste Versuchsanordnung konfigurieren. Wir haben noch circa 50 Minuten Zeit dazu.«

Jetzt zeigt sich ein müdes Lächeln auf ihrem Gesicht. Und sie atmet laut hörbar aus. Wir schweigen.

Und dann fließen ihr schon die Tränen über die Wangen.

»Ich bin ja auch blöd«, schnäuzt sie zerknirscht in ein zerknülltes Taschentuch, das sie aus ihrer Tasche klaubt.

»Na, na, das müsste ich erst ›testen‹, vorher kann ich dem nicht zustimmen«, widerspreche ich jetzt schmunzelnd. Aber das Eis ist gebrochen.

»Ich schlage fürs Erste einfach vor, Sie strengen sich heute Abend nicht mehr an, sondern lassen mich arbeiten, einverstanden?«

Sie schnieft zustimmend und lehnt sich, erstmals seit sie sich gesetzt hatte, in ihrem Sessel zurück, irgendwie erleichtert.

Ich beginne, am Flipchart ein Modell[*] aufzumalen und beschrifte die Matrix in aller Ruhe, ohne etwas zu sagen.

Die sich ausbreitende Stille im Raum – nur vom Kratzen des Stiftes auf dem Papier unterbrochen – bringt Beruhigung. Sie betrachtet, was da allmählich entsteht.

	hoch	
	Entspannte Energie	**Angespannte Energie**
Positive Energie	*Produktivitätszone* *Kreativität, Tatkraft*	*Korrosionszone* *Hamsterrad-Aktivismus*
	Entspannte Müdigkeit	**Angespannte Müdigkeit**
gering	*Relaxzone* *Muße, Gelassenheit*	*Resignationszone* *Burnoutsymptome*
	gering	**Negative Anspannung** **stark**

---

[*] In Anlehnung an Verena Steiner: *Energiekompetenz,* 2005.

»In welchem Quadranten halten Sie sich zurzeit hauptsächlich auf?«, frage ich sie schließlich.

Sofort kommen wieder die Tränen. Natürlich sind es die beiden rechten. Buchstäblich kommt sie noch mit dem Aktivismus aus dem Hamsterrad zur Tür herein – so hat sie ja schon den ganzen Tag verbracht – und hat hier mit ihrem Fragemarathon weitergemacht. Das Adrenalin peitscht sie ins Weitermachen, Weitermachen, Weitermachen. Nur nicht stoppen, sonst kommen die Tränen und der Absturz in die Resignationszone, als wenn ein Stecker gezogen würde. Das sind die Zustände, in denen ein Mensch nichts mehr aktiv tut, und oft auch nicht einmal mehr schlafen kann, das Rad dreht sich weiter, jetzt im Kopf.

Kampf und Krampf

Sie schildert mir ihre Situation der beruflichen Überforderung. Ihr Projekt läuft jetzt noch etwas über ein Jahr und der Arbeitsaufwand und der Druck von außen nehmen in dieser Endphase von Monat zu Monat zu; sie verbringt 10 bis 12 Stunden am Tag in der Firma. Nachts kann sie nicht mehr schlafen. Mit den Kollegen und dem Chef liefert sie sich Gefechte.

Schnell wird klar, worum es geht. Sie muss wieder zu Kraft und Energie kommen. Sie ist wirklich nervlich am Ende. Gleichzeitig – das ist ihr zweites Thema – zermürben sie ihre wiederkehrenden Kampfsituationen mit ihrem Chef. »Das ging mir auch mit meinem früheren Chef schon so«, erinnert sie sich, und fährt fort: »Sicher hängt das mit meiner Kindheit zusammen. Ich musste schon immer gegen meinen Vater kämpfen. Er war z. B. gegen mein Informatikstudium gewesen, aber ich hab mich durchgesetzt.« Stolz (oder Trotz?) schwingt in ihrer Stimme mit. Sie schildert andere Szenen, die sie viel Kraft gekostet haben. »Eine Freundin hat mir mal erklärt, ich wäre ein ›rebellisches Kind‹; das ist ein ganz spezielles Muster, dass man sich immer wieder mit den Chefs anlegt. Ganz verstehe ich nicht, wie sie das meint, aber es stimmt: Ich rebelliere gerne, wenn ich irgendwo Ungerechtigkeit wittere. Und das ist verdammt oft. Kann man so eine Marotte loswerden?« Sie will ein weiteres Beispiel erzählen und kommt bei diesem Thema beinahe wieder in die Hektik, mit der sie angekommen ist.

»Ja, diese Muster gibt es tatsächlich«, unterbreche ich sie an dieser Stelle. »Die Transaktionsanalyse[*], die diese Handlungen treffend beschrieben hat, unterscheidet drei unterschiedliche Ich-Zustände: das *Eltern-Ich* − in den zwei Ausprägungen kritisch oder fürsorglich; das *Erwachsenen-Ich* und die drei *Kind-Ich-Zustände*: angepasst, rebellisch oder frei. Die meisten Menschen haben einen ›Lieblingsmodus‹, in dem sie sich bevorzugt befinden, und ihre Gegenüber reagieren entsprechend darauf. Sie haben sich ja schon eingehend damit auseinandergesetzt«, fahre ich fort, »dann brauchen wir hier vermutlich gar nicht mehr viel in diese Richtung zu tun. Sie haben sich bereits entschieden, hier etwas zu verändern.«

Ihrem Gesichtsausdruck entnehme ich, dass sie skeptisch ist angesichts der Kompetenz, die ich ihr da implizit zuschreibe. Aber ich will sie auf charmante Art irritieren und ihren Redefluss stoppen. Oft stabilisiert eine scheinbar klare Diagnose die beklagte Situation eher, als dass sie sie verändert. Der Chef würde uns noch früh genug wieder beschäftigen. Heute soll er noch nicht Platz nehmen dürfen.

Ohnehin ist die erste Stunde schon gleich zu Ende. Sie ist wie im Flug vergangen. Ich greife noch einmal das Wort »Kampf« auf, das sie oft benutzt hat. »Eine kleine Übung zum Schluss: Was ist das Gegenteil von Kampf?«, frage ich.

---

[*] Vgl. u. a. Eric Bernes Buch *Spiele der Erwachsenen. Psychologie menschlicher Beziehungen*, 1970.

»Niederlage natürlich«, gibt sie spontan zur Antwort.

»Nein«, antworte ich. »Weiter.«

Sie überlegt: »Aufgeben?«

Ich schüttle den Kopf und schaue weiter fragend.

»Hinterlist?«

Ich helfe ein wenig: »Denken Sie mal an etwas, das wirklich ganz und gar nichts mit Kampf zu tun hat. Nicht im Entferntesten.«

»Feigheit!«, ruft sie jetzt überzeugt.

»Ich sehe schon, Sie bleiben auf dem Trip«, erwidere ich. »Probieren Sie es mal mit: FÜRSORGE.« Ich male die Großbuchstaben ans Chart und setze mich wieder.

Sie schaut entgeistert.

»Oder: GESCHENK«, fahre ich fort.

»Also, da wäre ich jetzt nicht drauf gekommen.«

»Eben«, sage ich, und erhebe mich aus dem Sitz, »bis zum nächsten Mal also.« Ich reiche ihr die Hand, um mich zu verabschieden. Sie blickt mich an, bewegt sich aber nicht.

»Oder müssen wir noch weitermachen? Hab ich den Test doch nicht bestanden?«, frage ich lächelnd.

»Ach was, natürlich ...« Jetzt steht sie auch auf, steckt ihre Taschentücher und mein Coachprofil wieder in ihre Taschen und reicht mir auch ihre Hand. Sie lächelt dabei sogar ein wenig.

Die Stichworte zum Ende unseres ersten Gespräches haben bei Doris Meinhold noch nachgeklungen. Sie haben einen Raum in ihr geöffnet, der seit Monaten verschlossen war. In den nächsten Stunden machen wir genau da weiter und arbeiten deutlich ihren Grundmodus heraus: das Kämpfen, das u.a. zu ihrer Erschöpfung führt.

Kämpfer brauchen Gegner und Hindernisse. »Ja, ich seh auch überall zuerst den Haken, das berühmte Haar in der Suppe. Wenn mir ein Projektmitarbeiter ein Vorkonzept bringt, sehe ich sofort, was nicht ganz korrekt ist. Und ich weiß auch genau, wie man es verbessern muss. Und das werfe ich ihm dann, wie aus der Pistole geschossen, an den Kopf.« »Das, was gut daran war, beachten Sie schätzungsweise nicht weiter«, füge ich hinzu. Sie seufzt zustimmend.

Wir entwickeln im weiteren Verlauf des Coachings ganz konkrete Entlastungsmaßnahmen für die aktuelle Überforderungssituation innerhalb und außerhalb des Arbeitsfeldes. Dazu gehören z. B. frühzeitiges und konsequentes Delegieren von Teilprojekten (ja, auch an »nur« durchschnittlich begabte Mitarbeiter!), genauso wie rechtzeitig dem eigenen Perfektionismus Paroli bieten (80 Prozent sind genug!) oder Fürsorgemaßnahmen für die eigene Seele (»Ich liebe Pflanzen«, also: Gartenarbeit in den Terminkalender!).

Zarte Triebe

Je mehr diese Veränderungen zu greifen beginnen, desto stärker kommt aber das so lange verschlossene Bedürfnis nach Versorgung und Ausruhen zum Vorschein. Nicht selten übrigens bleiben viele nur deshalb so lange innerhalb des Hamsterrades der Korrosionszone, weil sie instinktiv spüren, dass ein Ausstieg sie in Kontakt mit ihrer 100-jährigen Müdigkeit bringen würde und mit noch ganz anderen Wünschen und Sehnsüchten, die zu erfüllen sie sich nicht erlauben oder zutrauen.

Auch bei Doris Meinhold beginnt dieser Prozess. Und er fühlt sich nicht immer toll an. Sie lässt sich mit Geduld und Disziplin darauf ein, was eine ganz eigene Leistung darstellt: Trotz des operativen Tagesgeschäfts diese Verbindung zu ihrem Inneren immer wieder herzustellen, was auch immer sich dabei noch zeigen würde. Die regelmäßigen Coaching-Treffen helfen natürlich dabei, sich selbst auf der Spur zu bleiben, wenn der Alltag sie mal wieder verschlungen hat.

Ein paar Wochen später schafft sie sich übrigens ein Kätzchen an (»Ist mir zugelaufen, es wollte wohl zu mir«) und noch etwas später sprechen wir auch über ihre Sehnsucht nach einem Partner.

»Schwierige Sache für eine gestandene Projektleiterin, die ihre Probleme selbst lösen kann und ja auch löst«, gebe ich zu bedenken.

»Gut, dass uns niemand zuhört.« Wir lachen.

»Was kann ich denn machen gegen das dauernde Kämpfen?«, fragt sie einmal ganz unvermittelt. »Ich will ja schließlich keinen Ritter für einen Turnierkampf, sondern einen Partner zum Liebhaben«, schießt es aus ihr heraus, dabei schlägt sie auf das Kissen, das neben ihr im Sessel liegt – nur um es anschließend kräftig an ihren Bauch zu drücken. Sie verzieht kurz ihr Gesicht (verlegen oder selbstironisch?), blickt mich aber nichtsdestotrotz auffordernd an.

»Sie haben doch angefangen, Ihren Garten wieder anzulegen«, antworte ich nach einer kleinen Weile. Sofort leuchten ihre Augen. Es ist eines jener verschütteten Bedürfnisse, denen sie sich »mangels Zeit« lange nicht mehr gewidmet hat und von dem sie nun in den letzten Wochen mit Staunen bemerkt, welche Kraft sie daraus zieht, nachdem sie sich bewusst für diese »Zeitinvestition« entschieden hat.

»Wie machen Sie es also im Garten?«

»Na ja, da pflanze ich und gieße und schaue, was wächst.«

»Wo bleibt der Kampf? Wenn beispielsweise ein Stängel schief wächst?«, frage ich. Sie lacht (das häuft sich inzwischen sogar und es steht ihr gut), denn die Vorstellung der Attacke im Blumenbeet ist nun doch zu drollig.

»Gießen Sie die Pflanzen oder die Felsen?«, frage ich sie weiter.

»Ich hätte ja wohl kaum so eine Pracht, wenn ich die Steine gießen würde«, erwidert sie, gespannt, worauf ich jetzt hinaus will.

»Und Sie nehmen vermutlich auch keinen Dampfstrahler dazu?« Sie verzieht das Gesicht.

»Dann kennen Sie ja das ganze Geheimnis mit dem ›Liebhaben‹«, fahre ich fort. »Sie wenden Ihre Aufmerksamkeit – wie

Ihre Gießkanne – dem zu, was wachsen soll, nicht dem, was stört. Und Ihre Aufmerksamkeit ist behutsam, wie ein feiner, leichter Regen, insbesondere bei den zarten Pflänzchen. Und Sie sind gespannt, was wächst. Genau so geht es.« Als »Hausaufgabe« verabreden wir, dass sie täglich beim Nachhausefahren im Geiste »Blumen gießt« – d.h., sie nimmt sich vor, sich die schönen und erfolgreichen Momente, die kleinen und großen Geschenke dieses Tages zu vergegenwärtigen. Denn womit wir uns beschäftigen, das wächst. Das ist inzwischen sogar durch die moderne Hirnforschung sehr gut bewiesen und belegt. Die bunten Fotos aus dem Gehirn besagen genau dies: Wo kein Sensorium – also kein Wahrnehmungsapparat – ausgebildet und trainiert wird, dort wird auch nichts erkannt. Etwas banaler ausgedrückt: Wer nach Steinen schaut, wird Steine entdecken bzw. verrostete Ritterrüstungen.

Bevor sie geht, »befehle« ich ihr noch, jeden Tag mindestens 20 Blüten zu finden. Sie blickt skeptisch und ich beende den Satz: »Und falls Ihnen das nicht auf Anhieb gelingt, dann attackieren Sie sich bitteschön selbst deswegen. Nicht dass Sie noch das Kämpfen verlernen.«

In einer der nächsten Sitzungen bringt sie Fotografien von ihrem Garten mit. Es ist ein richtiges kleines Anwesen mit wunderbaren Gewächsen: manches noch wild und undurchdringlich, dann wieder wunderschöne Detailaufnahmen von prächtigen Formen und Farben. Mittendrin ein verspieltes Kätzchen. Ich persönlich kenne mich beim Gartenbau nicht im Geringsten aus, aber auch als Laiin bin ich beeindruckt von der Vielfalt und Fülle. Und noch mehr bin ich erstaunt über ihre Begeisterung, mit der sie erzählt und mir ihre Schätze zeigt. Das ist so gar nicht die kritische Prüferin, als die ich sie kennengelernt habe.

Gleichzeitig bemerke ich eine zunehmende Unruhe in mir: Wir können doch nicht die ganze Stunde nur Gartenbilder ansehen? Ich muss innerlich lächeln: Bin ich es jetzt, die nach den Problemen Ausschau hält? Doch, wir können, erlaube ich uns.

Vieles ist in den letzten Monaten auf einen guten Weg gekommen: Frau Meinholds Akutüberforderung hat sich inzwischen gelegt. Und auch das Verhältnis zu ihrem Chef hat sich in diesem Zuge deutlich entspannt. Sie kann durchaus einige positive Züge an ihm erkennen. »Ich glaube, er schätzt die Qualität, die ich abliefere«, ist z.b. eine der »Blüten« gewesen, die sie bei genauem Hinsehen bei ihm entdeckt hatte, »und er respektiert mich. Auch wenn er mir gefälligst mehr Projekt-Ressourcen bereitstellen müsste«, kann sie sich doch nicht verkneifen, hinzuzufügen. Aber sie lächelt.

Der Acker der Realität
In einer der letzten Stunden kommen wir dann aber noch einmal zu einem Knackpunkt. Sie erwähnt, eher im Nebensatz, dass sie von der Nachbarabteilung angesprochen wurde, ob sie dort nicht eine vakante Leitungsstelle übernehmen wollte. Das ist natürlich eine große Blüte. Und sie freut sich sehr über diese Wertschätzung. »Ich gratuliere!« »Aber ich hab natürlich abgelehnt«, fügt sie sofort hinzu, und zwar in etwa so, wie man sagt »Nein danke, ich nehme keinen Zucker«. Irgendetwas an dieser Beiläufigkeit lässt mich aufhorchen. »Wieso natürlich?«, frage ich.

»Ganz einfach, weil ich nicht führen kann«, antwortet sie mit einem Schulterzucken. Sie tut das mit einer Selbstverständlichkeit, als ginge es um ihre Sehstärke – logisch, dass man bei Kurzsichtigkeit eben eine Brille braucht.

»Aber Sie führen doch auch Ihre Projektmitarbeiter?«, erwidere ich.

»Das ist etwas ganz anderes als eine reguläre Führungsfunktion. Dieses Talent ist mir leider definitiv nicht gegeben. Wenn ich nur daran denke, was für komische Mitarbeiter es zum Teil gibt. Und für die wäre ich dann komplett verantwortlich? Nein danke, ich muss das wirklich nicht haben. Ein

Projekt hat wenigstens immer ein Ende«, setzt sie resolut einen Punkt unter ihre Ausführungen.

Ich lasse nicht locker und frage zu ihrem Unwillen weiter und weiter. Ich kann es mir inzwischen leisten; ein stabiles Vertrauensverhältnis ist zwischen uns gewachsen. Und so entdecke ich in der Tat einen stark ausgeprägten Glaubenssatz bei ihr, den sie seit etwa zehn Jahren nicht mehr revidiert hat:»Ich kann nicht führen.« Aus ihr klingt die trotzige Überzeugung einer 14-Jährigen, die ihre Sommersprossen dafür verantwortlich macht, dass sie noch keinen Freund hat (und schlussendlich behauptet, dass sie auch gar keinen will).

Aber Frau Meinhold ist keine 14 mehr. Deswegen konfrontiere ich sie direkt:»Das heißt also: Sie ärgern lieber weiter Ihre Chefs, statt selbst einmal die Verantwortung als Chefin zu übernehmen?« WUMM! Das sitzt.

Zornig funkelt sie mich an, als wollte sie gleich auf mich losgehen.

Vorsichtshalber fragt sie dennoch erst:»Wie meinen Sie das?«

»Erinnern Sie sich an unser erstes Treffen, als Sie mir erzählten, dass Sie oft mit Ihren Chefs aneinandergeraten? Sie haben sich damals als das ›rebellische Kind‹ bezeichnet. Und Kinder suchen Idealfiguren. Es könnte ja sein, dass Sie ganz froh sind, vermeintlich ›nicht führen zu können‹ — dann brauchen Sie nicht am eigenen Leib zu spüren, wie es ist, Fehler zu machen oder Mitarbeiter ungerecht zu behandeln und die ganzen anderen Dinge, über die Sie sich bei Ihren Chefs oft aufregen.«

Unbewusst hat sie sich tatsächlich eine Schwarz-Weiß-Welt aufgebaut, in der sie die weiße Weste bewahren will. Das zeigt sich auch schon bei der Analyse ihrer Überforderungssituationen, in die sie immer wieder gerät, weil sie es perfekt machen will. Und auch ihr Kämpfertum fußt auf diesem Prinzip: Dort gibt es nur »für mich« oder »gegen mich«.

»Als Vorgesetzte sind Sie aber beides: ›gut‹ und ›böse‹ und noch viel mehr.« Ich gehe zum Flipchart und beginne, ein Modell aufzumalen.

»Schauen Sie sich einmal dieses Schaubild* an. Es sind die vier Rollen, die Sie als Chefin hätten:

1. ›Schutz und Schirm‹ für Ihre Mitarbeiter zu sein; ihnen Unterstützung und Hilfe zu geben.«

Ich zeichne das 2. Quadrat: »Sie wären

2. die ›Speerspitze‹ nach oben, die die Ideen, Interessen und Initiativen der Mitarbeiter nach oben vertritt.«

Doris Meinhold nickt. »Ja, so sollte es sein.«. Mit diesen beiden Funktionen kann sie sich gut anfreunden. Das ist ihr Idealbild.

»Aber gleichzeitig«, fahre ich fort, »sind Sie auch

3. ›Hermes, der Götterbote‹: die Überbringerin vieler schlechter Nachrichten, und zwar von oben nach unten. Sie können nicht alle in gute Nachrichten verwandeln, auch

---

* Wolfgang Loos hat diese Führungsstile einmal so beschrieben.

wenn Sie es gerne täten, weil Sie vielleicht selbst nicht komplett den Sinn dahinter sehen.«
Und – noch schlimmer: Ein Chef ist immer auch

4. ›der Hammer des Thor‹: Durchsetzer bestimmter Vorhaben, teilweise gegen den Willen von Mitarbeitern.«

Doris Meinhold verzieht deutlich die Nase. Die beiden unteren Bilder widerstreben ihr. Es fällt ihr schwer anzuerkennen, dass dieses Verhalten – das sie natürlich kennt – kein Fehler oder Betriebsunfall mehr sein soll, sondern notwendig und ständig zum Dilemma einer echten Führungsverantwortung gehört.

Doris Meinhold holt tief Luft und schaut nachdenklich auf das Bild.

In der Realität der Arbeitswelt gibt es selten die eindeutige Trennung zwischen Prachtgärten und Steinwüsten, zwischen Helden und Halunken (in den Liebesdingen meistens auch nicht). Das zu akzeptieren ist Teil des Erwachsenwerdens. Nur Kinder und Pubertierende dürfen legitimerweise dagegen rebellieren.

»Das heißt ja: Ich könnte vermutlich schon führen, aber ich will es nicht.« »Könnte sein«, stimme ich zu, »und es ist Ihr gutes Recht, nicht zu wollen. Aber Sie sollten wissen, warum; und dass es IHRE Entscheidung ist und nicht einfach naturgegeben.«

Doris Meinhold verlässt nachdenklich unsere Sitzung. Sie sieht erstmals, dass es einen Zusammenhang geben könnte zwischen ihrem inneren Idealbild, dem sie selbst nicht gerecht werden kann, und ihrer Härte gegenüber sich selbst und der Klagewut gegenüber ihren Chefs. Denn diese haben laut ihrer Definition ja noch fehlerfreier zu sein als die Mitarbeiter.

In unsere Abschlusssitzung drei Wochen später kommt sie wieder zuversichtlich und optimistisch. »Ich werde weiter üben, mir Fehler zu verzeihen! Das wäre ja gelacht!«, ruft sie, und ich freue mich über diese kraftvolle Aussage zum Abschluss unseres Prozesses. Ihre Energie ist wieder frei und ungebrochen. Aber sie richtet sie nicht mehr gegen sich selbst.

Sie traut sich inzwischen zu, ihre oft überhöhten Anforderungen auf das rechte Maß zu stutzen. Gelegentliche Rückfälle in das Kampfesgetümmel und die Rechthaberei würden sie zwar wieder zu Selbstvorwürfen verführen – jener unglücklichen Mischung aus Ärger und schlechtem Gewissen, mit dem sie vor etwas über einem halben Jahr auch meine Praxis betreten hat. Aber sie würde sich schneller wieder einkriegen. Und deswegen nicht den Kampf gegen sich eröffnen.

Im Acker der Realität ist Stolpern an der Tagesordnung und kein Delikt, für das man sich selbst oder andere ständig schuldig sprechen muss.

Das tägliche Blumengießen – im übertragenen und realen Sinn – würde ihr dabei helfen. Sie hat es sich zur festen Gewohnheit gemacht.

Und wer weiß, in einem halben Jahr, wenn ihr Projekt abgeschlossen sein wird, könnte die Zeit ja vielleicht reif sein, die erste Führungsverantwortung wahrzunehmen. Bis dahin gilt: pflanzen und gießen und schauen, was wächst. In jeder Hinsicht.

Ein Fall von Selbstcoaching

Coach: Andrea Lienhart

Ich möchte über eine junge Kollegin sprechen, über Beate Schneider und »ihren« Hausmeister Josef Schlüter, der Anlass für viele hilfreiche Lernerfahrungen ist.

Beate Schneider und ich haben eine Mentoringbeziehung. Sie ist dabei, sich zu einem erfolgreichen Coach zu entwickeln und nimmt dafür meine Hilfe in Anspruch, um von meinen Erfahrungen zu profitieren. Wir sehen uns ab und zu oder telefonieren und reflektieren gemeinsam ihre Arbeit als Coach.

Herr Schlüter tritt in Frau Schneiders Leben, als sie nach Meersburg in die Mönkebergstraße zieht – genau in das Haus, in dem Josef Schlüter Hausmeister ist. Nachdem Frau Schneider erst einmal seine Bekanntschaft gemacht hat, wird sie im Coaching nicht müde, über ihn zu sprechen.

Schon ein paar Tage nach ihrem Umzug ruft mich Beate Schneider an. Ich merke gleich, dass sich etwas Ungewöhnliches ereignet haben musste, denn ihre Stimme bebt vor Empörung.

»Sie können sich nicht vorstellen, was hier passiert ist, Frau Lienhart!«, ruft sie aus. »Der Umzug selbst hat wunderbar geklappt. Ich habe mir auch ein schönes kleines Büro eingerichtet. Aber der Hausmeister ist ein Irrer! Wie Sie wissen, bin ich ins erste Stockwerk gezogen. Als wir die Kisten hoch schleppten, hat er plötzlich wütend aus seiner Hausmeisterwohnung im Erdgeschoss herausgeschaut und uns ermahnt, möglichst leise zu sein. Das ist doch absurd, bei einem Einzug lässt sich Lärm schließlich nicht vermeiden. Okay, die Männer vom Umzugsunternehmen haben Lieder während der Arbeit gesungen, das wäre vielleicht vermeidbar gewesen.«

»Was für Lieder denn?«, frage ich.

»Keine Ahnung. Harmlose Lieder, kubanische, glaub ich«, antwortet Frau Schneider. »Zwei von den Männern waren Kubaner. Aber nach dem Anschiss durch Herrn Schlüter haben die nicht mehr gesungen, wie Sie sich vorstellen können. Was sagen Sie als professioneller Coach dazu?!« Ja, was soll ich dazu sagen? Die arme Frau Schneider!

Was weder Beate Schneider noch ich wissen: Dieser erste Zusammenstoß mit Herrn Schlüter ist nur der Anfang einer Kette ähnlich unliebsamer Vorkommnisse. Zwar haben auch die anderen Mieter ihre liebe Not mit dem Hausmeister, wie mir Beate Schneider in nächster Zeit immer wieder berichtet. Doch auf Frau Schneider, die direkt über ihm wohnt, scheint er es besonders abgesehen zu haben. Der Mann ist das wandelnde Kontrollunternehmen. Kein Anlass ist ihm zu geringfügig. Lässt Frau Schneider nur für eine halbe Stunde einen Getränkekasten im Hausflur stehen, schon bekommt sie einen entsprechenden Hinweiszettel. Hört sie Radio, kann sie sicher sein, dass er sich über die Lautstärke beklagt (unglücklicherweise handelt es sich um ein sehr hellhöriges Haus). Wenn sie Kehrwoche hat, ist er imstande, den kleinsten Winkel auf seine Reinlichkeit hin zu kontrollieren.

Es ist kein Auskommen mit ihm. Wenn er wenigstens nicht so furchtbar neugierig wäre! Aber er lehnt den lieben langen Tag am Fenster und beobachtet, wer kommt und wer geht. Auch den Müll kontrolliert er übergründlich, angeblich nur, um zu sehen, ob dieser richtig sortiert worden ist.

Ich kenne Beate Schneider schon recht lange, aber ich habe sie selten so verzweifelt erlebt. Sie leidet unter diesem Mann wie unter einer Krankheit. Was soll sie tun? Sie hatte lange nach einer passenden Wohnung gesucht und natürlich keine Lust, schon wieder umzuziehen. Die Hausverwaltung scheint machtlos gegenüber Herrn Schlüter zu sein oder desinteressiert an einer Konfrontation mit ihm. Und er verhält sich auch nie so, dass man rechtlich gegen ihn vorgehen könnte. Er lässt es nur an jeglicher Achtung vor anderen fehlen und überschreitet immer wieder die Grenzen, die es zwischen den Menschen gibt.

»Ach, Frau Lienhart«, sagt Beate Schneider zu mir, »warum benimmt er sich die ganze Zeit bloß so unmöglich? Können Sie mir das sagen?«

Ich antworte: »Angenommen, jemand würde Ihnen im Coaching von Herrn Schlüter erzählen. Wie könnten Sie möglicherweise auf eine Spur zu den Motiven dieses Mannes stoßen?«

Frau Schneider denkt lange nach. »Ich könnte fragen: Was gibt ihm das? Worin besteht sein Nutzen?«

»Genau, und welche Antwort würden Sie sich selbst auf die Frage geben? Worin besteht der Nutzen für Herrn Schlüter?«

Frau Schneider überlegt. »Schwer zu sagen. Vielleicht geht es ihm in erster Linie um Aufmerksamkeit. Möglicherweise ist er auch unausgelastet, braucht mehr Aufgaben. Aber was soll's, ich spare ja auf meine Eigentumswohnung hin. Dann bin ich ihn los!«

»Das dauert noch ein paar Jahre«, gebe ich zu bedenken. »Wollen Sie die Situation so lange aushalten?«

Und dann kommt der Tag, an dem Frau Schneider beschließt zu kämpfen. Anlass ist ein Vorkommnis, das sich im Garten ereignet.

Dieser Garten steht allen Mietern zur Verfügung. Niemand hat ein exklusives Anrecht auf ihn, auch der Hausmeister nicht. Beate Schneider hat sich vor Kurzem ein Seil gekauft und ihre Hängematte damit befestigt. Jetzt aber muss sie feststellen, dass Herr Schlüter das Seil genommen und daraus eine Schaukel für seine Enkelkinder gebaut hat. Frau Schneider schäumt vor Wut, als sie mir davon am Telefon erzählt.

»Er hat es einfach aufgeknotet und anders wieder zusammengeknotet!«, ruft sie aus. »Als ob es ihm gehören würde! Aber es ist mein Seil! Ich habe es für die Hängematte gekauft, nicht für seine Schaukel.«

»Frau Schneider, Sie sind absolut im Recht«, sage ich.
»Ihnen bleibt die Konfrontation leider nicht erspart. Sie
müssen ihm seine Grenzen zeigen.«
   »Vom Gefühl her könnte ich den Mann umbringen«, sagt
sie. »Aber schließlich bin ich Coach. Da wird mir wohl etwas
Besseres einfallen!« Sie macht eine Pause und fährt fort:
»Haben Sie nicht eine gute Idee dazu?«
   »Wir empfehlen in schwierigen Situationen gerne das
Modell der ›gewaltfreien Kommunikation‹ von Marshall B.
Rosenberg«, erkläre ich ihr. »Das kennen Sie doch, oder?«
   »Na klar«, bestätigt Beate Schneider.
   »Mal angenommen, Sie würden es jetzt bei sich selbst
konkret anwenden?«

Das Modell der gewaltfreien Kommunikation

1. Was ich beobachte

➤ Einverständnis erreichen

2. Was das bei mir auslöst

➤ meine Gefühle, mein Zustand

3. Warum es das auslöst

➤ meine Werte, meine Überzeugungen

4. Was ich mir wünsche

➤ Entwicklungsschritte, Veränderung

Wir telefonieren noch ungefähr eine halbe Stunde und besprechen bis ins Einzelne, was Frau Schneider vorbringen sollte.
   Marshall Rosenberg empfiehlt vier Schritte in einer konfrontativen Situation. Zunächst soll der Sachverhalt neutral
beschrieben werden. Beate Schneider würde also ganz sachlich sagen: »Herr Schlüter, ich habe unten im Garten eine

Seilvorrichtung für meine Hängematte angebracht und Sie haben diese Vorrichtung wieder aufgetrennt und daraus eine Schaukel gebaut.«

Das muss das Gegenüber erst einmal bestätigen und sagen: »Ja, das stimmt.« Vielleicht sagt das Gegenüber auch: »Ja, stimmt. Ich hab's aus dem und dem Grund gemacht.«

Zweiter Schritt laut Rosenberg: »Sprich über dein Gefühl!« Beate Schneider würde also sagen: »Herr Schlüter, das hat mich *geärgert*!«

Dritter Schritt: »Gib den Grund an, warum das betreffende Gefühl in dir ausgelöst wurde – sprich über deine Absichten, deine Ziele oder über deine Überzeugungen und Werte.« Frau Schneider würde sagen: »Ich habe das Seil gekauft und ich habe es genau abgemessen, damit ich meine Hängematte in der richtigen Höhe anbringen kann. Das Seil ist mein *Eigentum*.«

Als vierten Schritt empfiehlt Rosenberg, ganz deutlich zu formulieren, was man erwartet oder was man sich wünscht. Frau Schneider würde dem Hausmeister also direkt in die Augen schauen und mit fester Stimme sagen, was sie ihm zu sagen hat, ohne sich dabei zu wiederholen. Frau Schneider würde ihm mitteilen, was sie sich in Zukunft von ihm erwünscht (z. B.: »Ich *wünsche*, dass Sie in Zukunft Dinge, die Sie von mir benutzen wollen, *vorher mit mir besprechen*!«)

»Sie können nach Rosenbergs Methode vorgehen, Schritt für Schritt«, sage ich zu Frau Schneider. »Aber mir scheint, Sie haben noch ein bisschen Angst vor dem Mann. Sie sollten sich also nicht nur genau überlegen, was Sie sagen, sondern auch, wie sie es ihm sagen. Sie können das ja vor vorher üben, bevor Sie hinuntergehen.«

Nach unserem Telefonat bin ich sehr gespannt, wie Beate Schneider die Situation meistern wird. Ich habe ihre Aufregung gespürt und vermute, dass sie jetzt vor dem Badezimmerspiegel steht und alle vier Schritte übt. Und vermutlich geht sie dann hinunter ...

Ein paar Tage später, als Frau Schneider wieder einen Coachingtermin hat, kommt sie sprudelnd vor Freude in mein Büro. »Es hat geklappt, Frau Lienhart, es hat geklappt!«, ruft sie. »Der war ja klein mit Hut! Das hat er nicht erwartet. Er hat mir tatsächlich zugehört. Hat nur gemurmelt, seine Enkelkinder seien gekommen und für die wollte er eine Schaukel bauen. Und da habe ich gesagt, mit ganz fester Stimme: ›Ja und ich möchte, dass Sie das nicht mehr tun beziehungsweise dass Sie mich vorher fragen!‹ Und dann hat er, schon ganz kleinlaut, nur noch entgegnet: ›Ja ...‹. Und dann bin ich gegangen! Oben in der Wohnung hab ich erst mal ein kleines Freudentänzchen aufgeführt und laut gerufen: ›Tschakka!‹«

»Klasse, Frau Schneider!« Ich freue mich mit ihr.

»Ja, ich bin selbst überrascht über meine Wirkung. Und ich bin froh, dass ich das so hingekriegt habe! Das mit dem Modell klappt wirklich! Ich hab gemerkt, wie wichtig es ist, den Blickkontakt auszuhalten. Und die Dinge, die ich sonst in Seminaren erzähle, einfach mal selbst auszuprobieren!«

»Klasse!« sage ich noch einmal. »Da sind Sie ja ein gutes Stück weiter gekommen.«

»Na, und jetzt soll er mir nur kommen!«, ruft Beate Schneider. »Jetzt weiß ich, wie ich ihn packen kann! Aber aufgeregt war ich vorher, das war ein echter Kraftakt, sag ich Ihnen!«

Wenn Beate Schneider geglaubt hatte, durch ihren Kraftakt Herrn Schlüter gebändigt zu haben, dann war das leider ein Trugschluss. Schon wenige Tage später – Frau Schneider wird jäh aus dem Mittagsschlaf gerissen – klingelt es Sturm an ihrer Tür. Da steht Herr Schlüter. Und erkundigt sich höhnisch, ob sie es eigentlich nötig habe, mit ihren »Bergstiefeln« stundenlang »auf und ab zu springen«. »Bergstiefel?« Frau Schneider steht völlig benommen im Flur. Sie trägt ihre Hausschuhe und hat sich ganz normal in ihrer Wohnung bewegt. »Mit mir nicht!«, tobt er, »mit mir nicht!« Und geht.

Es ist nicht schwer, Verbündete gegen Josef Schlüter zu finden. Er gilt allen im Haus als Sonderling. Aber ob Frau Schneider sich mit den anderen Mietern einig weiß oder nicht, an Schlüters Verhalten ändert das leider gar nichts. Und kämpfen ist so anstrengend! Zwar wird Beate Schneider immer selbstsicherer. Wenn sie – alle zwei oder drei Wochen ist das der Fall – vor seine Türe tritt und ihn zur Rede stellt, dann bedarf es dazu nicht mehr der ausgiebigen Vorbereitung vor dem Badezimmerspiegel wie beim ersten Mal. Doch erringt sie dabei allenfalls kurzlebige Siege. Herr Schlüter bleibt Herr Schlüter. Wenn sie ihm im Treppenhaus begegnet, spürt sie, wie Beklemmung von ihr Besitz ergreift. Eine Weile grüßt sie ihn nur noch kurz und knapp, dann überhaupt nicht mehr. Und als sie eines Tages ein schimmeliges Stück Brot, das sie irrtümlich und in Eile in den Plastikmüll gegeben hat, in ihrem *Briefkasten* (!) wiederfindet, empört sie dieser Übergriff so sehr, dass sie die Schimmelschnitte kurzerhand in Schlüters Briefkasten steckt. Am nächsten Tag liegt sie natürlich wieder in ihrem, am übernächsten Tag dann wieder bei Schlüter im Kasten. Und so geht das rund ein Dutzend Mal hin und her, bis die Schnitte von sich aus ein Einsehen zeigt und gütig in tausend grüne Krümel zerfällt.

Nicht lange danach ruft Frau Schneider bei mir an und es ist sofort spürbar, dass sie ein wichtiges Anliegen hat.

»Frau Lienhart«, seufzt sie, »ich muss etwas Wichtiges mit Ihnen besprechen.«

»Was gibt es denn?«, frage ich.

»Es ist so ein Unterschied«, sagt sie, »meine positiven, und mittlerweile doch nun auch langjährigen Erfahrungen in meiner Arbeit, und mein Alltag. Ich habe das Gefühl, an Schlüter gescheitert zu sein. Mein Selbstcoaching ist gescheitert, wissen Sie das?«

»Wieso?«, frage ich. »Sie sind doch viel selbstsicherer als früher, wie Sie selbst immer wieder berichten.«

»Ja schon, aber *er* ändert sich nicht. Es käme darauf an, dass er sich ändert. Aber er bleibt unerbittlich derselbe. Ich habe doch schon verschiedene Strategien ausprobiert, immerhin wohne ich nun seit einigen Jahren in diesem Haus. Was hat es geholfen? Nichts. Es ist nur wahnsinnig anstrengend. Es hilft nichts, dass ich recht habe. Es hilft nichts, dass ich mir Verbündete suche. Es hilft nichts, dass ich selbstsicherer auftrete, dass ich gescheit und geschickt argumentiere. Das sind alles Strategien, um mit Konflikten umzugehen. Um eine Konfrontation zu bewältigen. Und alle haben nichts genutzt. Ich komme mir wie eine Lügnerin vor, wenn ich in Seminaren den Leuten gegenüber erläutere, wie man mit Konfrontationen umgeht und bei mir zu Hause an meinem eigenen Nachbarn scheitere.«

»Wir erzählen den Leuten doch nicht nur von Konflikten und Konfrontationen«, bemerke ich.

»Ja, klar«, sagt Beate Schneider, »wir thematisieren auch, wie wichtig es ist, andere Menschen wertzuschätzen und anzuerkennen. Bei den meisten Menschen klappt das ja auch. Aber nicht bei Herrn Schlüter!«

»Versuchen Sie es doch mal«, sage ich leise.

»Herrn Schlüter?!«, fährt Beate Schneider wütend auf. »Ich soll Schlüter wertschätzen? Nach allem, was er mir angetan hat?! Nach dieser ganzen Leidensgeschichte? Ich weiß doch noch nicht mal, wie dieser Mann tickt!«

»Es geht, glaube ich, nicht darum, alles zu verstehen«, sage ich. »Auch nicht darum, alles richtig zu finden. Sondern darum, einen Menschen mit all seinen Stärken, Schwächen und Eigenheiten wirklich anzunehmen.«

»Ja, geht's noch?!«, ruft Frau Schneider. »Jetzt soll ich ihn womöglich auch noch freundlich grüßen?!«

»Wäre ein Anfang«, sage ich.

Wir streiten uns während des Telefonats tatsächlich, wenigstens eine Weile. Dann aber ist Beate Schneider überzeugt. Vielleicht bloß aus lauter Verzweiflung, weil die anderen Strategien keinen Erfolg gebracht haben. Und vielleicht auch, weil sie einfach keine Kraft mehr hat für eine weitere Konfrontation.

Sie beschließt, umzudenken und wenigstens zu versuchen, Herrn Schlüter mit Respekt und Achtung zu begegnen. Mag übrigens sein, dass sie auch unter dem Eindruck ihrer eigenen Coachingausbildung handelt, bei der immer wieder betont wird, dass »Wertschätzung« das Wichtigste überhaupt sei. »Immer, wenn die Rede davon ist«, erzählt Beate Schneider, »kann ich uneingeschränkt zustimmen. Allerdings nicht, wenn ich an Herr Schlüter denke ...!«

Beate Schneiders Experiment beginnt schon am nächsten Morgen im Treppenhaus, als sie Herrn Schlüter begegnet. Sie hat sich vorgenommen, nicht von ihm wegzuschauen (wie sonst immer), sondern ihn freundlich anzusehen. Und zwar *aufrichtig* freundlich, nicht »*scheiß*«-freundlich, um doch noch zu gewinnen! So, dass sie ihm wenigstens für den Bruchteil einer Sekunde ihre volle Aufmerksamkeit schenkt.

Zunächst bringt sie zwar nur ein verhuschtes »Morgen« hervor. Doch einige Begegnungen später ist daraus bereits ein »Guten Morgen« geworden, das sie mit kräftiger Stimme ausspricht. Und wieder etwas später kann sie ohne Scheu »Guten Morgen, Herr Schlüter!« sagen und dabei freundlich lächeln.

Das ist zunächst sehr ungewohnt für Beate Schneider. Und für Herrn Schlüter auch, vermutet sie. Er antwortet zwar nicht auf ihre Grüße, blickt nur erstaunt. Als sie aber nicht aufhört, ihm bei den zufälligen Treffen im Treppenhaus ganz offen und vorbehaltlos zu begegnen, lässt er sich gelegentlich zu einem unwirschen Brummen hinreißen, aus dem nach und nach ein vernehmbares »Hallo« wird. Allmählich wird auch er ein bisschen freundlicher. Zögernd, ganz vorsichtig. Aber es ist unverkennbar eine Art Wandlung, die mit ihm vorgeht.

Erstaunt bemerkt Beate Schneider, dass ein offener Blick

viel weniger Kraft kostet als das Weggucken und Wegducken von früher, dieses ständige Sich-Zurücknehmen. Und durchaus ist es nicht so, dass Schlüters Beschwerdeattacken von Stund an aufhören. Auch Frau Schneider selbst muss zuweilen noch die Stiegen hinuntereilen, um zu sagen:»Herr Schlüter, das und das ist vorgekommen und hat mich geärgert und ich bitte Sie ...«, und so fort. Aber auch dann bemüht sie sich im Gegensatz zu früher um einen freundlichen und respektvollen Ton.

Allerdings werden diese Vorfälle immer seltener. Schließlich stellt Beate Schneider fest, dass sich schon seit vielen Monaten nichts derartiges mehr ereignet hatte. Und es geschieht, dass sie mit Josef Schlüter unversehens zwei oder drei Sätze über das Wetter wechselt. Ein Wunder!

»Ach Frau Lienhart, ich bin so froh«, sagt Frau Schneider, als sie wieder zum Coaching kommt. »Ich habe mir Josef Schlüter ganz bewusst ausgewählt zum Üben und zum Lernen und zum Mich-Weiterentwickeln. Und das Experiment ist geglückt! Man muss nicht immer kämpfen. Man kommt mit Respekt, Achtung, Wertschätzung auch ganz schön weit. Oder *kann* weit kommen. Glauben Sie denn, dass das mit allen Menschen klappt?«

»Mit den meisten«, antworte ich. »Manche sind eine ganz besondere Herausforderung für uns. Ich bin sicher, dass jede schwierige Situation eine Chance enthält, nämlich die Möglichkeit, sich weiterzuentwickeln. Man sieht oft erst im Nachhinein, wozu eine schwierige Situation gut war. Wie oft will man etwas unbedingt und kämpft mit unglaublich viel Kraft darum. Im Nachhinein aber erscheinen die Dinge in einem ganz anderen Licht. Zum Beispiel, wenn eine Beziehung kaputtgeht. Die Erfahrung hat jeder schon gemacht.«

»Oh ja«, ruft Frau Schneider aus. »Sie erinnern sich, wie traurig und verzweifelt ich war, als meine Beziehung vor vier Jahren auseinanderbrach! Was habe ich gekämpft, wie habe ich um ihn geweint! Und dann habe ich Christoph kennengelernt. Wie Sie ja wissen, werden wir demnächst in eine gemeinsame Wohnung ziehen.«

»Sieh an! Haben Sie sich schon überlegt, wie Sie sich von Josef Schlüter verabschieden möchten?«

»Na«, sagt Beate Schneider, »ich kann schlecht zu ihm hingehen und sagen: ›Vielen Dank für alles, was ich durch Sie lernen durfte!‹«

Wir lachen.

Einige Wochen später berichtet mir Beate Schneider von ihrer letzten Begegnung mit Herrn Schlüter: Sie ist auf ihn zugegangen und hat ihm die Hand gegeben. Das erste Mal nach zehn Jahren gaben sie einander die Hand! Dabei hat sie ihm freundlich ins Gesicht geschaut und gesagt: »Ich werde ausziehen, Herr Schlüter, wie Sie wahrscheinlich schon wissen, und wollte mich von Ihnen verabschieden.« Da stach sie ein bisschen der Hafer und sie setzte hinzu: »Sie werden mich doch hoffentlich nicht *vermissen*, oder?!« Josef Schlüter blinzelte sie an und murmelte: »Oh weh, jetzt kommen diese Sportstudenten in Ihre Wohnung, die haben keine Teppichböden, sind bestimmt sehr laut …« Was er *nicht* sagte, war: »Schade, dass Sie ausziehen. Gerade jetzt, wo wir uns so gut miteinander arrangiert haben.«

Aber Beate Schneider hörte es auch ohne Worte.

Von der Assistentin zur Co-Managerin

Coach: Sabine Asgodom

»Manchmal behandelt der mich wie, wie ... wie seine Putzfrau! Was kann ich dafür, dass ich seine blöden Zahlen einsammeln muss?« Monika Fester ist richtig sauer. Sie hat Ärger mit einem Abteilungsleiter, der ihr wie die vier anderen Abteilungsleiter der Maschinenbaufirma auch alle vier Wochen die Zahlen für den Monatsbericht abliefern muss. Die 29jährige arbeitet als Assistentin beim Geschäftsführer des niedersächsischen Standorts. Und zu ihren Aufgaben gehört es eben auch, die Grundlagen des Monatsberichts zusammenzutragen. Das ist immer mühsam, die meisten verpassen die Termine, Monika Fester muss oft mehrmals nachfragen. Aber der Leiter der Produktion, Mitte 50, reagiert jedes Mal richtig jähzornig auf ihre Anfrage. Und das will sie sich nicht mehr gefallen lassen.

Ausnahmsweise findet das Coaching außerhalb von München statt. Ihr Chef hat ihr zwar mein Honorar bewilligt, damit seine Assistentin »sich mal ein bisschen besser durchsetzen kann«, aber der Flug nach München war nicht mehr drin. Also treffen wir uns in einem kleinen Hotel außerhalb von Osnabrück, in dem ich an den nächsten zwei Tagen sowieso ein Seminar halte.

Ich kenne Monika Fester von einem Sekretärinnenkongress und fand sie dort gleich sympathisch. Sie ist ziemlich groß, »1,82 Stockmaß«, wie sie selbst mit einem schiefen Grinsen sagt. Heute hat sie ein Jeanskostüm und flache Schuhe an. Gesamteindruck: eher brav. Und auch ihr Anliegen fürs Coaching klingt auf den ersten Blick harmlos. Bis sie mir klar macht, dass es ein steter Quell des Ärgers und auch ein Angriff auf ihre Position sei.

Monika Fester nimmt ihre Arbeit im Sekretariat sehr ernst

und erfüllt sie offenbar bravourös. Denn ihr Chef überträgt ihr mehr und mehr Aufgaben. Auf sie trifft ganz sicher die Bezeichnung »Co-Managerin« zu, die mir für die neue Generation von Assistentinnen eingefallen ist. Sie arbeitet immer weniger auf Weisung und übernimmt immer mehr Aufgaben des Managers in eigenständiger Verantwortung. Das Dilemma dabei: Sie bekommt die Arbeit, aber noch lange nicht den entsprechenden Status nach außen.

Bei Monika Fester kommt wie bei vielen anderen Frauen auch noch etwas anderes hinzu: Sie empfindet sich selbst nicht als wichtig oder gar machtvoll. Deshalb das Coaching.

»Ich bin doch nur ein kleines Rädchen«, beklagt sie sich gerade. Ich zeichne auf ein Blatt Papier viele große und kleine Zahnräder, die ineinandergreifen.

»Was heißt hier klein oder groß? Wenn die Kleinen nicht wären, würden die Großen leerlaufen. Das heißt, die Kleinen sind genauso wichtig wie die Großen. Man sieht es nur nach außen nicht, denn die Großen machen ziemlich viel Aufsehen. Die Hauptsache ist aber, dass Sie selbst Ihren Anteil am Firmenerfolg sehen. Schreiben Sie doch einmal auf, wofür Sie alles die Verantwortung tragen.«

Monika Fester erstellt mit ein bisschen Denkhilfe eine Liste mit fast 20 Punkten, darunter:

- Verantwortlich für Reiseplanung und -abrechnung meines Chefs
- Verantwortlich für die Reisekostenabwicklung von cirka 30 Mitarbeitern
- Verantwortlich für die Terminplanung meines Chefs
- Eigenverantwortliche Korrespondenz (Briefe/Faxe/ E-Mails)
- Eigenes Sekretariatsbudget
- Bestellvollmacht bis 4.000 Euro
- Verantwortlich für internes Controlling
- Sitzungsvorbereitung und Sitzungsorganisation
- Protokolle
- Organisationsfeuerwehr
- Kommunikations-Schnittstelle zwischen Chef und Mitarbeitern
- Gästebetreuung und Kundenansprache
- Eigenverantwortliche Organisation von Firmenveranstaltungen wie Weihnachtsfeiern und Sommerfesten, Kundenveranstaltungen
- Verantwortliche Planung und Durchführung der jährlichen Hausmesse
- Alle anderen Vorzimmertätigkeiten wie Wiedervorlage, Ablage, technische Betreuung etc.

Ich liebe diese einfach scheinende Übung. Manchmal dauert es ein bisschen, bis Menschen diese Liste füllen können. Viele denken gar nicht darüber nach, was sie jeden Tag so alles leisten. Aber danach sitzen sie oft staunend davor.

Monika Fester liest mir ihre Liste vor. Von Stolz darauf ist aber wenig zu spüren. Ich beschließe, sie ein bisschen zu provozieren. Ich habe sehr gute Erfahrungen damit gemacht, um den Widerspruchsgeist in Klienten zu fördern.

»Ist ja nicht Besonderes«, sage ich möglichst ernsthaft, als sie endet. »Braucht ja eigentlich kein Mensch. So ein winziges Rädchen.«

Sie schaut mich kurz verunsichert an, sieht mein Grinsen und muss dann lachen. »Hey, ich schmeiße die ganze Abteilung.«

»Das wollte ich hören«, gebe ich lächelnd zurück.

Meine Erfahrung: Menschen werden so behandelt, wie sie sich behandeln lassen. Wenn sie glauben, sie sind ein kleines Licht oder die »gute Seele«, dann werden sie gern zur Seite geschoben. Wenn sie nicht an ihre Großartigkeit glauben, wer sollte es dann tun? Wenn sie sich selbst nicht schätzen, bekommen sie auch keinen Respekt.

Ich bitte Monika Fester, sich jetzt einmal vor mich hinzustellen. Ich bin der Abteilungsleiter und sie soll mir sagen, dass sie die Zahlen für den Monatsbericht braucht. »Wann kann ich denn mit den Zahlen rechnen, Herr Meier?«, fragt sie mit einem viel zu dünnen Stimmchen.

»Meinen Sie, ich habe sonst nichts zu tun?«, belle ich zurück.

»Genau so ist er, genau so!« Sie regt sich richtig auf.

Was dann im richtigen Leben folgt: Bitten, betteln, erinnern, jammern, dass sie den Termin nicht einhalten kann, tatsächlich mal wieder Überstunden, um den Bericht zu vervollständigen.

Wenn ich in meinem Leben etwas verstanden habe, dann ist es, dass kein Mensch etwas ohne Grund macht. Und deshalb bitte ich Monika Fester zu überlegen, warum der Kollege so reagiert. Wir kommen auf einige Möglichkeiten: Er ist überfordert; er hat keine Lust; er hasst es, die Zahlen rauszusuchen; er mag ihren Chef nicht; er mag Frauen nicht; er hat zu viel Stress; er mag nicht unter Druck gesetzt werden; er spielt gern Machtspielchen; er steht zu Hause unterm

Pantoffel; er kann seine schlechte Laune an ihr auslassen; er ist immer so ...

»Sehen Sie, es kann tausend Gründe geben, warum er es nicht macht. Aber die Gründe interessieren hier nicht. Denn daran können Sie nichts ändern. Wir können Menschen nicht ändern, Vorgesetzte schon gar nicht. Wir können nur an unserer Reaktion etwas verändern.«

Sie nickt.

Wir überlegen uns wirksame Alternativen: Wie könnte sie in Zukunft mit dem schwierigen Abteilungsleiter umgehen? Wir lachen uns bei einigen Ideen schief. Aber wir schreiben jede auf, es wird noch nicht gewertet und nicht zensiert. Die Bewertung erfolgt später.

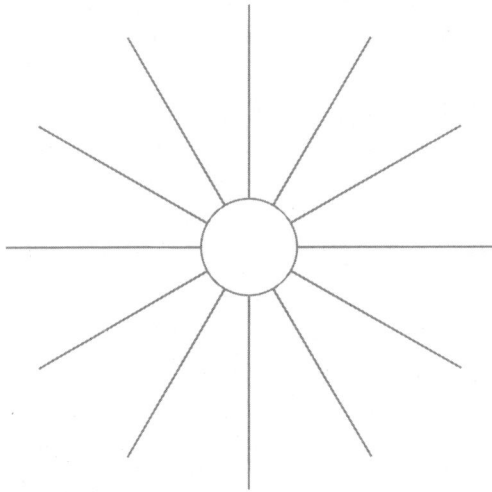

Alternative 1: Alles bleibt, wie es ist.
Alternative 2: Sie bittet ihren Chef, mit ihm zu reden.
Alternative 3: Sie droht ihm Haue an, wenn er die Zahlen nicht rausrückt.

Alternative 4: Sie appelliert an seine Ritterlichkeit, sie bekäme doch Schwierigkeiten, wenn sie die Zahlen nicht rechtzeitig abliefere, ob er nicht ...

Alternative 5: Sie spricht mit ihm, warum er denn so unkollegial sei, ob er Probleme hätte.

Alternative 6: Sie fragt ihn kokett:»Was muss ich tun, um pünktlich die Zahlen zu bekommen?«

Alternative 7: Sie schickt ihm eine lustige E-Mail mit einem Comic, um ihn zu erinnern.

Alternative 8: Sie schreibt einen Preis aus (eine Tüte Gummibären), wenn er pünktlich liefert.

Alternative 9: Sie baut sich vor ihm auf und sagt mit ernstem Gesichtsausdruck und klarer Stimme:»Ich brauche bis heute Mittag um zwölf die Zahlen, bitte sorgen Sie dafür, dass ich sie auf dem Tisch habe.«

Alternative 10: Der Bericht erscheint ohne seine Zahlen, wenn er nicht pünktlich liefert, ällerbätsch.

Als wir uns das Ergebnis ansehen, schälen sich schnell zwei Favoriten heraus: Sie hat wirklich alles versucht, sie hat keine Lust zu schäkern und zu bitten, sie ist auch nicht sein Laufmädchen, deshalb gefällt ihr Alternative 9, die Klarheit. Aber am meisten mag sie die Alternative 10, soll er doch sehen, was passiert.

Wir checken die beiden Möglichkeiten auf Realisierungschancen ab. Was sie für die erste Alternative braucht: Ein starkes Auftreten, möglichst im klassischen Business-Outfit, pfeilgrader fester Stand, fester Blickkontakt, laute Stimme. Sie spielt keine Klein-Mädchen-Spiele mehr mit ihm, sie hat eine Aufgabe zu erledigen.

Wir proben die Situation drei, vier Mal durch, bis ihre Augen blitzen und sie die richtige Mischung aus Höflichkeit und Klarheit in der Stimme hinbekommt. Sie steht groß und stolz vor mir:»Herr Meier, ich brauche bitte bis um zwölf Uhr Ihre Zahlen für den Monatsbericht.Vielen Dank.« Lächeln. Abgang. Wow.

Als Alternative besprechen wir noch die Möglichkeit, »etwas gezielt gegen die Wand zu fahren«, wie die Methode heißt. Sie bedarf allerdings vorher einer Absprache mit ihrem Vorgesetzten, denn sie hat ein hohes Konfliktpotenzial. Ist der einverstanden, und soll wirklich mal ein Exempel statuiert werden, bleiben eben einen Monat lang die Seiten für die fehlenden Zahlen des Herrn Meier frei. Mit einem kleinen Hinweis darauf: »Hier sollten die Zahlen der Produktion stehen, wenn sie denn rechtzeitig geliefert worden wären.«

Die entschärfte Variante: Herr Meier bekommt 24 Stunden vor Abgabetermin eine höfliche, aber klare Warnung: »Sollten die Zahlen bis morgen 12 Uhr nicht vorliegen, werden sie im Bericht nicht berücksichtigt.« Funktioniert allerdings wirklich nur nach Absprache mit dem Chef. Denn der trägt letztendlich die Verantwortung.

Monika Fester geht wohlgemut aus der Coachingsitzung. Und berichtet mir zwei Wochen später: »Es kam alles ganz anders. Als ich neulich Herrn Meier mal wieder mahnen musste, weil er erneut den Termin verpasst hatte, erinnerte ich mich an die Idee mit den Gummibärchen. Ich ließ den Satz in die E-Mail einfließen. Und was glauben Sie: Eine Stunde später hatte ich die Zahlen auf dem PC. Die Gummibärchen habe ich ihm am selben Nachmittag eigenhändig gebracht. Er war richtig verwirrt und das erste Mal freundlich zu mir.«

Was lernen wir daraus? Es gibt nie nur eine einzige richtige Lösung. Wobei Coaching helfen kann, aus starrem Denken zu entkommen, sich eingefahrenen Spielchen zu entziehen, neue eigene Spielregeln zu entwickeln, das Übelnehmen aufzulösen, in Alternativen zu denken. Und dann ausprobieren, was hilft. In diesem Fall hat Monika Fester ein Spielfeld gewählt, auf dem er nicht mächtiger war als sie, geprägt von Leichtigkeit, Charme und Witz. Das Leben ist zu kurz, um Energie in sinnlosen Kämpfen zu verpulvern.

Rumpelstilzchens Verwandlung

Coach: Ursu Mahler

Ehe Du erleuchtet bist,
sollst Du Holz spalten und Wasser tragen.
Und wenn Du erleuchtet bist,
sollst Du Wasser tragen und Holz spalten.

Ziemlich am Anfang meiner Psychodrama-Ausbildung traf ich auf Professor Ulrich Bubenheimer. Ich war Neuling und völlig überwältigt von der Art und Weise, wie Uli die innere Erlebniswelt seiner Teilnehmer Wirklichkeit werden ließ: Da schleppte ein »mühselig Beladener« seine zentnerschwere Last, da »gebar« eine Teilnehmerin einen neuen Lebensabschnitt und ein Sohn verabschiedete sich von seiner klammernden Mutter. Ich lernte und arbeitete mit verschiedenen Coaches, denen ich in meiner Anfangszeit immer wieder dieselbe Frage stellte: »Wie machst du das bloß?« Die häufigste Antwort war: »Natürlich habe ich solides Handwerkszeug, natürlich habe ich Methodenkompetenz und weiß, was ich weshalb tue. Aber trotzdem geschieht vieles intuitiv.«

Heute weiß ich, was sie damit meinen: Gute Coaches passen sich dem Coachee und seiner speziellen Situation an und nicht umgekehrt. Und noch etwas habe ich gelernt: Gute Coaches arbeiten hoch situativ und intuitiv und haben ein Repertoire an Techniken und Handwerkszeug zur Verfügung, auf das sie jederzeit zurückgreifen können.

Als Hans-Jörg Damian mir gegenübersitzt und redet, identifiziere ich rasch den visuellen[*] Typus. »Ich sehe einfach

---

[*] Im NLP gibt es verschiedene »Repräsentationssysteme«: Sehen, Hören, Fühlen. In aller Regel bevorzugt ein Mensch ein bestimmtes »Repräsentationssystem«, besonders ausgeprägt bei der Informationsbearbeitung und -vermittlung.

kein Land mehr. Der Bereich ist zwar unterwegs, bewegt sich, ich merke aber, dass die Leute mir nicht wirklich folgen. Irgendwie bringe ich es nicht fertig, die Perspektiven so aufzuzeigen, dass wirkliche Begeisterung entsteht. Ich sehe das ganz eindeutig so: Ich bin zwar der Vorgesetzte, aber weder bin ich mit meiner Rolle und Position glücklich, noch sind es die Mitarbeiter mit mir. Und das will und muss ich jetzt endlich ändern.«

Ich kenne Hans-Jörg Damian schon fast drei Jahre. Als ich ihn kennenlernte, führte ich für einen Teil seiner Mitarbeiter ein Training durch. Zum Ende der drei Tage kam er zu Auswertung, Feedback und Praxistransfer hinzu. Ich spürte damals rasch, dass zwischen ihm und den Teilnehmern eine große Distanz bestand. Er wurde kühl und sachlich begrüßt. Es ging wenig Herzliches, Warmes, Liebevolles von ihm aus, und entsprechend war die Atmosphäre. Ich selbst mochte ihn mit seiner etwas steifen Art und dem dezent schwäbelnden Akzent gerne. Er war mir sympathisch.

In der Schlussrunde war nicht zu überhören, dass Herr Damian, sobald auch nur andeutungsweise Kritik an ihm laut wurde, in Abwehr- und Rechtfertigungshaltung ging. Seine Stimme wurde laut und streng. Sein besonderes Merkmal war dann der fuchtelnde, erhobene Zeigefinger, den er wild auf und ab bewegte und der den Anschein erweckte, er wolle sein Gegenüber erstechen.

Das zweite Mal sahen wir uns fast ein Jahr später. Wieder war ein Teil seiner Mitarbeiter im Training. Wir arbeiteten drei Tage intensiv an der persönlichen Entwicklung und Veränderung jedes einzelnen Teilnehmers, hatten gleichzeitig viel Spaß miteinander und wieder kam am Schluss der drei Tage »der Chef« dazu. Die Mitarbeiter sprachen über Herrn Damian immer nur »vom Chef«. Bei der Bearbeitung einzelner Anliegen und Themen im Training wurde – wie schon im Jahr zuvor – deutlich, dass »der Chef« kühl, sachlich, distanziert und alles andere als ein »Chef zum Anfassen« war.

»Er ist fachlich hoch akzeptiert, hat exzellente Expertisen«, aber – so formuliert es ein Teilnehmer –»wenig Herz«.»Das ist keiner zum Anlehnen oder Ausheulen, ganz bestimmt nicht.«

Ich erlebe in Unternehmen immer wieder und immer noch, dass Mitarbeiter aufgrund ihrer fachlichen Kompetenz zu Führungskräften befördert werden. Noch zu selten wird danach gefragt, wie der Beförderte mit Menschen umgeht, welche sozialen Kompetenzen, wie viel emotionale Intelligenz er in seine Führungsarbeit einbringt. »Das wird er schon irgendwie lernen«, ist die gängige Meinung der Vorgesetzten, die dies häufig selbst nie gelernt haben und ab einer bestimmten hierarchischen Ebene auch für »unter ihrer Würde« halten, sich der Selbstkritik, Eigenreflexion und Weiterentwicklung noch zu stellen.

Wie blauäugig und unverantwortlich dies ist, lässt sich am Beispiel Hans-Jörg Damian gut skizzieren. Natürlich hat er – schließlich ist sein Arbeitgeber ein weltweit agierendes schwäbisches Familienunternehmen – diverse Trainings und eine Art Trainee-Programm durchlaufen. Trotzdem konnte er bisher, was seinen Führungsstil anbelangte, so »weiterwurschteln« wie bisher.

Im Falle Hans-Jörg Damian lautet die Führungsstrategie, als er zu mir ins Coaching kommt: hart und streng, besser noch, unerbittlich und autoritär. »So halte ich die Leute schon ›bei der Stange‹.«

Mitarbeiter trennen sich nicht von schlechten Unternehmen, sondern von schlechten Chefs. Das ist eine Lektion, die Unternehmen endlich lernen und umsetzen müssen. Geschieht dies nicht, erleben wir auf der einen Seite demotivierte, in den »inneren Vorruhestand« flüchtende Mitarbeiter, auf der anderen Seite resignierte Vorgesetzte, die den Mitarbeitern Desinteresse, Faulheit und Inkompetenz unterstellen. Keine guten Voraussetzungen für lustvolles und leidenschaftliches Arbeiten, schwere Zeiten für Engagement und Motivation.

Nachdem ich also alle Teilnehmer am Ende des Seminars persönlich verabschiedet hatte, ergab sich die Gelegenheit, Herrn Damian unter vier Augen zu sprechen. »Herr Damian, was halten Sie denn davon, wenn wir beide uns mal etwas Zeit nehmen, um über die Rückmeldungen aus den Abteilungen zu sprechen? Manchmal tut es ja gut, mit jemand Außenstehendem in Ruhe und mit etwas Abstand hinzusehen. Oft ergeben sich neue Einsichten und Blickwinkel.« Ich benutzte ganz bewusst visuelle Worte, um eine für ihn gute Atmosphäre zu schaffen. Er sah mich misstrauisch an, verengte die Augen und fragte sofort: »Warum?« »Nun, wie gesagt, es ist eine Möglichkeit, das eigene Tun und Handeln etwas näher zu beleuchten. Sie haben ja vorhin selbst gehört, dass die Gruppen- und Abteilungsleiter nicht so sehr glücklich sind mit der Art, wie Sie sie führen.«

Ich sah ihn direkt an und signalisierte damit: »Ich spiele mit offenen Karten mit dir – kein Trick, kein doppelter Boden. Du entscheidest, ob du das Angebot annehmen willst. Ich zeige dir klar auf, was ich beobachtet, gehört und wahrgenommen habe. Die letzte Instanz bist Du.«

»Ich hab im Moment überhaupt kei' Zeit«, schwäbelte er sympathisch. »Ich überleg's mir mal, ob ich das später vielleicht irgendwie mit einbauen kann. Aber im Moment seh ich da kei' Möglichkeit.« Ich nahm seine Aussage mit freundlichem Lächeln und einem »Okay, Sie melden sich bei Bedarf« entgegen und nach etwas Smalltalk über »das Ländle« verabschiedeten wir uns herzlich.

Mittlerweile sind neun Monate vergangen, in denen ich nichts von ihm gehört habe. In acht Wochen soll wieder ein Training für Mitarbeiter des »Bereichs Damian« stattfinden. Genau zu diesem Zeitpunkt ruft er bei uns im Büro an und bittet um einen Termin. »Ich komme selbstverständlich zu Ihnen nach München, Frau Mahler, auch am Samstag oder am Sonntag, ganz egal. Da richte ich mich ganz nach Ihnen. Wann geht's denn?«

»Oh lala, jetzt ist aber ›Feuer unterm Dach‹. Da brennt wohl die Bude schon lichterloh«, sind meine Gedanken dazu. Ich denke an Gorbatschows Satz, »Wer zu spät kommt …«. Ich vereinbare den angesprochenen Samstag-Termin (mit entsprechend aufgestocktem Honorar) und bin entschlossen, ihn beim Löschen des Brandes zu unterstützen und die »Bestrafung« des Zuspätkommenden gemeinsam mit ihm abzuwenden.

Nun sitzt er mir also gegenüber und schüttet sein Herz aus. »Die Bereichsleiter werden massiv aufsässig und renitent. Sie gehen regelrecht auf die Barrikaden.« Ich bitte ihn, mir einige Situationen zu schildern, bei denen es zu Widerstand und/oder Konflikten gekommen war. Wir sehen uns jede der Situationen genau an. Ich frage immer wieder präzise nach, was genau er gesagt und wie er sich verhalten habe.

Schließlich wählen wir eine Situation aus. Ich fordere ihn auf, mir in wörtlicher und direkter Rede, genauso wie dem Mitarbeiter, die Leviten zu lesen. Der nächste Schritt ist dann ein Rollentausch*: Herr Damian schlüpft in die Rolle seines Mitarbeiters. Ich übernehme die Rolle »Herr Damian« und muss ihn »zur Schnecke« machen.

Nächste Sequenz: Ich bitte ihn nochmals, als »er selbst« mich, seinen Mitarbeiter »in den Senkel zu stellen«. Nur besitze ich dieses Mal in der Rolle des Mitarbeiters die Frechheit, meinem Chef zu widersprechen, ja, ich tue sogar lautstark kund und bin überzeugt, dass ich in dieser Sache absolut recht habe.

Hans-Jörg Damian wird über meinen provozierenden Widerspruch so zornig, dass er sich wie Rumpelstilzchen gebärdet, fingerfuchtelnd, brüllend, sogar aufstampfend. »Was

---

* Rollentausch ist eine Psychodrama-Technik, bei der der Akteur sich in die Rolle einer anderen Person begibt und aus der Identifikation mit dieser Person fühlt, handelt und spricht.

glauben Sie denn, wer Sie sind?«, faucht er mich an. »Hier sage immer noch ich, was gemacht wird. Ich bin schließlich auch derjenige, der beim Vorstand den Kopf hinhält. Solange ich hier Chef bin, machen Sie genau das, was ich sage.« Unglaublich, was dieser kluge, erwachsene Mann da abliefert. Das ist wohl gemeint mit der Redewendung »die Gäule sind mit ihm durchgegangen«.

Noch einmal mache ich einen Rollentausch mit ihm und schlüpfe in die »Damian-Führungsrolle«. Ich spiegle sein Verhalten, er ist jetzt der betreffende Mitarbeiter. Ich verhalte mich exakt so, wie er es mir vorgemacht hat. Ich provoziere bewusst und mache ihn genauso nieder, wie er es tatsächlich mit dem Mitarbeiter getan hatte. Ich verwende seine Sprache (»... mache Sie so klein mit Hut.« »... Sie werden hier nicht Ihre Einzelshow abziehen ...« »Sie werden hier kein Land sehen, wenn Sie nicht ...«), fuchtle mit dem zustechenden Zeigefinger, bin aggressiv und lautstark. Ich laufe sogar – genau wie er – rot an und spüre die Erregung und Hitze in meinem Gesicht.

Diese spiegelnde Methode kann sowohl verbal als auch bildlich eingesetzt werden. Sie spiegelt dem Gegenüber ohne Wertung und Interpretation das, was gesagt, gehört oder gesehen wird. Nicht mehr und nicht weniger. Und bietet damit eine gute Möglichkeit zur Rückmeldung. Frei nach Goethe: »Der Mensch hört nur, was er versteht.«

Nach Durchspielen der Szene sind wir beide ziemlich betroffen und erschöpft. »Jetzt erst mal ein Glas Wasser. Darf ich eingießen?« Wir trinken – und sammeln uns dabei.

»Okay, Herr Damian, lassen Sie hören. Wie geht's Ihnen jetzt? Wie sehen Sie die Sache?« »Ganz ehrlich gesagt, mit so einer Führungskraft wollte ich nichts zu tun haben. Das war schlimm, wirklich schlimm. Ich stelle mir gerade vor, wie's meinen Mitarbeitern dabei geht.« Er ist sichtlich betroffen und aufgewühlt. »Ja, das war schon ordentlich cholerisch und ganz sicher nicht als vertrauensfördernde Maßnahme zu sehen. Klar ist, so geht's nicht. Schauen wir also, wie Sie es anders machen können.«

Ich arbeite in diesem Coaching ganz bewusst im Hier und Jetzt. Ich stelle hintenan, woher und weshalb Herr Damian dieses aggressive Verhalten hat, woraus es sich speist. Als »Erste Hilfe« ist Verhaltensänderung angesagt – alles andere kann danach kommen.

»Ich möchte gerne mit Ihnen über Axiome* sprechen. Danach sehen Sie vermutlich Einiges in anderem Licht. Sind Sie einverstanden?« »Gerne«, sagt er mit einem tiefen Seufzer und schaut wie ein geprügelter Hund.

Das erste *Axiom* heißt:
»Menschen beurteilen ihre Beziehungen nach dem Verhältnis (nach dem Ausgleich) von Geben und Nehmen.«

Das heißt, wir schauen immer sehr genau hin: Was gebe ich in einer Beziehung, wie viel »buttere« ich rein und was, wie viel bekomme ich zurück? Das tun wir im beruflichen Bereich (gegenüber Chef, Kollegen, Mitarbeitern) ebenso wie im privaten (Partnerschaft, Freunde, Schwiegermutter). »Wenn Sie jetzt an Ihre Mitarbeiter denken, was taucht da vor Ihrem inneren Auge auf, wenn Sie an Geben und Nehmen denken?« Er schaut auf seine Schuhe, starrt nach unten. »Tja, also dadurch, dass bei uns soviel unter Zeitdruck passiert, muss es oft mit ein, zwei Sätzen genug sein. Da bleibt wenig Zeit für ausführliche Gespräche und größeres Eingehen auf den Einzelnen«, gibt er zur Antwort. »Auf längere Sicht könnte das bedeuten, dass Ihre Mitarbeiter unzufrieden und unglücklich sind und leiden. Schauen Sie doch bitte in nächster Zeit genauer hin: Sind Ihre Mitarbeiter zufrieden, fröhlich, haben sie Spaß an ihrer Arbeit, wie ist die Stimmung in den Gruppen und Abteilungen?« Ich suche seinen Blick und schwei-

---

* Axiom bedeutet »unumstößliche Wahrheit«.

ge. Er presst die Lippen zusammen und nuschelt dann:»Na ja, so übermäßig gut ist die Stimmung nicht, das weiß ich schon. Aber schließlich sind wir ja nicht zum Vergnügen hier. Bier ist Bier und Schnaps ist Schnaps. So ist das nun mal. Ich kann mir ja auch nicht aussuchen, ob mein Vorgesetzter freundlich zu mir ist und für gute Stimmung sorgt.« »Da haben Sie Recht, Herr Damian, es wird schwierig sein, den Vorstand zu verändern. Sie können aber sich selbst verändern. Zum Beispiel im Umgang Ihren Mitarbeitern gegenüber. Was glauben Sie, was passiert, wenn Sie demnächst mit den Mitarbeitern Ihres Bereichs so umgehen, dass die das gute Gefühl haben, Geben und Nehmen stimme?« Minutenlang sitzt Herr Damian völlig unbeweglich, regungslos, starrt in die Luft. Ich lasse ihm diese Zeit, bin ganz bei ihm, sitze, wie er, aufrecht, die Beine ausgestreckt, Füße übereinandergeschlagen. Jetzt bin ich also dabei, Hans-Jörg Damian zu »pacen*«, um ihm Sicherheit und das Gefühl des Verstandenwerdens zu vermitteln. Dann sagt er diesen einen Satz:»Es würde ihnen besser gehen.« Ich schaue ihn liebevoll an und signalisiere mit meinem Lächeln:»Du bist mutig und stark an diesem Coaching-Tag, und das freut mich für dich.«

Schauen wir auf das zweite *Axiom*. Es heißt:

»Menschen, bei denen der Ausgleich von Geben und Nehmen nicht stimmt, leiden darunter.«

»Dies ist immer so, Herr Damian. Auch wenn wir oft so tun, als wäre uns das völlig egal. Der nicht vorhandene Ausgleich macht uns immer unglücklich. Viele Menschen flüchten dann. Die einen flüchten in die Beschuldigung, schieben die Verantwortung von sich weg (»die anderen sind schuld«). Die Nächsten flüchten in die Resignation (»es hat eh alles

---

* Pacing: Angleichen der Körperhaltung, Atmung, Gestik ... an das Gegenüber.

keinen Sinn«), die Dritten in die Kompensation (in Drogen, Süchte, Krankheit, Leiden), die Vierten in die Aggression.« Herr Damian dreht den Stift, den er in den Händen hält, lange hin und her. Er starrt ihn an, als ob er darin die Antwort lesen könnte. »Ich habe mehr als einen resignierten Mitarbeiter. Und mir fallen auch zwei ein, die immer schnell mit Vorwürfen dabei sind.« Er atmet wieder lautstark aus. »Ein paar sind so aggressiv, dass es für die Teams ziemlich schwer auszuhalten ist.« »Ähnlich wie Sie?«, frage ich ihn. Ein tonloses »Ja« ist die Antwort. Dann endlich blickt er von seinem Stift auf und sagt: »Ich hab's verstanden. Zumindest in der Theorie hab ich's kapiert.« »Und an der Praxis lässt sich arbeiten«, antworte ich aufmunternd.

Werfen wir noch einen Blick auf das dritte *Axiom*: »Menschen, die in Beziehungen leiden, wollen den Ausgleich wieder herstellen.« »Dies geschieht auf ganz unterschiedliche Weise. Wenn Sie jetzt noch einmal Ihre Mitarbeiter Revue passieren lassen …« Im extremsten Fall brechen wir die Beziehung ab. (Das kann bei Mitarbeitern »innere Emigration« bedeuten oder sich aus dem Team ausklinken. Bei manchen bedeutet es die reale Kündigung.) »Herr Damian, diese drei Axiome betreffen, ob Sie das wollen oder nicht, auch Sie und Ihre Mitarbeiter ganz elementar.« Er nickt mehrfach. Ich mache eine Pause und sehe ihn an. Abgekämpft und ziemlich »begossen« sitzt er da. Ich will ihn aus dieser passiven Haltung herausführen. »Ich glaube, Herr Damian, jetzt machen wir erst einmal Tapetenwechsel. Wir können das jetzt beide gut gebrauchen, stimmt's? Schließlich sind Sie den ganzen Tag hier und wir sollten auch mal etwas essen.« Er lächelt: »Das ist eine gute Idee.« »Wir haben uns ja richtig verausgabt, wir beide. Gehen wir doch ein paar Schritte, machen Mittagspause, es ist schon halb eins. Der alte Botanische Garten ist keine fünf Minuten von hier und direkt angrenzend gibt's das Park-café mit herrlichem Biergarten und Brotzeit. Ich glaube, das tut uns gut.« Er strahlt und wir gehen los. Unterwegs frage ich ihn: »Welche Alternativen könnte es denn zu Ih-rem ›Rumpelstilzchen-Verhalten‹ von vorher geben?«

Wir suchen und sammeln; erst einmal noch völlig unzen-siert und wahllos, während wir Richtung Botanischem Garten gehen.

Bei einer Apfelsaftschorle, während wir auf das Essen war-ten, hole ich Block und Stift heraus und wir bringen die Ideen zu Papier:

- Luft erst mal anhalten, schlucken, ausatmen
- Einfach schweigen
- Sich ein »Zauberwort« zulegen, das Initialzündung hat
- Einen positiven Energiesatz formulieren, den er dann abrufen kann
- Das Gute im Schlechten sehen (kontrafaktisch den-ken)
- An Frau Mahler denken
- Fragen stellen
- Einen »Wutball« auf seinem Schreibtisch bereithalten
- Aktiv zuhören
- Bis 5 zählen, dabei Blickkontakt zum Gegenüber hal-ten
- Dem »Bild« einen neuen Rahmen geben, die Situation in einen anderen »Rahmen« stellen (reframen[*])
- Sich eine kurze Auszeit nehmen
- Aus dem Raum gehen

---

[*] Reframing: dem Bild/der Situation einen »neuen Rahmen«/anderen Blick-winkel geben.

- Das Gefühl ansprechen. Dem Gegenüber sagen, dass er jetzt wütend ist
- Frau Mahler anrufen
- Aufstehen, vom Schreibtisch weggehen, sich bewegen.

Als wir wieder im Coaching-Zimmer sitzen, ist die Stimmung aufgeräumt und locker. Mit viel Humor und Spaß an der Sache werten wir die vielen Möglichkeiten aus, klopfen jede einzelne auf Machbarkeit ab und sortieren schließlich drei Ansätze, die Herr Damian für sich für umsetzbar hält, aus:

1. Fragen/Nachfragen.
2. Ein »Zauberwort« zulegen.
3. Sein Gefühl ansprechen/dem Gegenüber sagen, was los ist.

Als Coach kann ich sehr gut damit leben, verhaltensorientiert zu arbeiten. Im Coaching bin ich keine Therapeutin. Tiefenpsychologische Ansätze sind hier nicht angesagt bzw. nur sehr begrenzt sinnvoll. Meine Aufgabe heißt: Hans-Jörg Damian möglichst schnell, auf direktem Wege und in »Ist-Zeit« zu weniger aggressivem Verhalten zu führen.

Er schreibt sich die drei Schwerpunkte auf und bittet auch darum, die Gesamtliste mitnehmen zu dürfen. »Ich glaube, ich schaff das, Frau Mahler. Ich bin zuversichtlich.« »Schön, Herr Damian, das ist ein gutes Stichwort – zuversichtlich. Damit Ihre Zuversicht gut verankert wird und Bestand hat, möchte ich gerne noch eine oder zwei Coaching-Einheiten mit Ihnen absolvieren. Wir sollten dieses zarte Pflänzchen jetzt hegen und pflegen. Es muss noch kräftig gegossen werden und braucht Schutz und Bestärkung, sonst überlebt es nicht.«

»Sehe ich auch so«, sagt er trocken. »Wann geht's denn wieder? Diesmal überfalle ich Sie nicht am Samstag.« Wir vereinbaren zwei weitere Vier-Stunden-Termine und voller Hoffnung verabschiedet sich Hans-Jörg Damian, nicht ohne nochmals auf unsere gemeinsamen schwäbischen Wurzeln zu verweisen. »Machet Se's gut, Frau Mahler, und ... dankeschö'.«

Die Zeit läuft

Coach: Theresia Volk

Ein Problem zu lösen heißt, sich von ihm zu lösen.
J. W. v. Goethe

»Bei mir dauert's nicht lange.« Es ist schon kurz nach 18 Uhr. Ich will gerade zum Schlusssatz ansetzen. Da meldet sich Wolfgang Leithner und will noch eben schnell sein Problem besprechen.

Zusammen mit anderen Führungskräften aus unterschiedlichen Unternehmen ist er Teilnehmer in meinem Seminar, in dem es darum geht, die Coachingqualitäten als Chef für die Beratung der eigenen Mitarbeiter zu verbessern.

Wir haben schon den ganzen Tag, seit morgens um neun Uhr, wie bereits gestern, intensiv – meist jeweils über eine Stunde – an den Problemstellungen jedes einzelnen Teilnehmers gearbeitet. Entsprechend geschafft sind wir. Ich finde, wir haben uns ein leckeres Abendessen verdient.

Herr Leithner ist ein sympathischer Mann um die Fünfzig. Er ist bereits seit vielen Jahren Führungskraft in einem Großunternehmen; erfahren, intelligent und einer, der sehr gut zuhören kann. Das hat er in den vergangenen Tagen unter Beweis gestellt. Seine wertschätzenden Beiträge und sein sensibler Umgang, auch mit sehr heiklen Fragen der anderen Workshopteilnehmer, haben ihm Respekt und Vertrauen eingebracht.

Im unsichtbaren Ranking, wer die besten Beraterqualitäten hat, nimmt er den Spitzenplatz dieser Gruppe ein. Ich schätze überdies auch seinen Humor: Mit einer gewissen Schlitzohrigkeit – aber stets mit Wärme – bringt er manchmal eine Leichtigkeit in die eine oder andere vertrackte Problemschilderung, die ausgesprochen auflockernd wirkt.

Während ich andere Kursteilnehmer hin und wieder

bremsen muss bei ihren z. T. ungelenken Interventionsversuchen, setze ich ihn und seine Perspektive gern und gezielt bei der Klärungsarbeit ein.

Im Stillen frage ich mich, was er uns wohl für eine Schwachstelle zeigen wird. Ob er überhaupt einen Fall einbringen wird oder ob er sich mehr aufs Hilfe geben, denn aufs Hilfe annehmen spezialisiert hat. Seine Mitarbeiter – das hat ihm ein Kurskollege bereits nach dem ersten Tag gesagt – könnten sich ja wohl glücklich schätzen, so einen Chef zu haben mit einem so guten Gespür für die Fragen und Probleme anderer.

Nun aber, heute Abend kurz nach 18 Uhr, erspürt er das Feierabendbedürfnis der Gruppe jedenfalls nicht oder er schert sich nicht darum. Oder ist seine Bedarfsanmeldung scherzhaft gemeint?

»Bei mir dauert es nicht lange« – das kann viel bedeuten. Entweder: Wir können es kurz machen, mir ist eh nicht zu helfen. Oder: Es ist wirklich nichts Schwieriges – eigentlich brauche ich keine Unterstützung. Oder: Ich will Euch nicht mit meinen Problemen belasten. Ich komme schon zurecht. Das sähe ihm noch ähnlich. Nichtsdestotrotz, er hat ein Thema angemeldet und meine Erfahrung aus vielen Jahren Beratung sagt mir deutlich: Nach so einer Einleitung kommt alles Mögliche, nur nicht die angekündigte Kleinigkeit.

Aber ich habe Lust, die Situation am Schopf zu packen und reagiere spontan: »Na denn, ein Quickie also. Wie viele Minuten sollen wir denn anvisieren für die Lösung Ihrer Kleinigkeit? 15?«

Er lächelt, ich habe seinen Schalk geweckt:

»Ja genau, 15 hört sich doch gut an«, meint er.

»Okay. Aber ich mache ernst. 15 Minuten. Keine mehr. Und ich werde entsprechend rigoros vorgehen. Wollen Sie noch immer?«

Jetzt habe ich ihn an seiner Ehre gepackt und seine Neugier geweckt.

Schon etwas nachdenklicher, aber klar entschieden, lässt er sich auf das »Spiel« ein. »Okay! Einverstanden.«

Zur Gruppe sage ich: »Entspannen Sie sich. Lehnen Sie sich zurück. Sie müssen heute nicht mehr einfühlend sein. Es geht ja nur um eine Kleinigkeit. Und in 15 Minuten haben wir die Lösung.«

Ich entlasse in diesem Fall die anderen Teilnehmer aus ihrer Mitarbeit bei der Lösungssuche. Denn ich habe ja in der Tat wenig Zeit, da will ich nicht noch die Suchbewegungen der Gruppe mitsteuern, sondern mich ausschließlich auf ihn konzentrieren können.

Herr Leithner beginnt mit der Schilderung eines komplexen Problemfeldes, mit dem er sich schon seit Jahren herumschlägt. Wortreich fächert er die einzelnen Details auf und eine schwierige Konstellation nach der anderen verbindet sich zu einer immer verwickelteren Situationsbeschreibung.

Ich erspare Ihnen hier die Nacherzählung, worum es geht – technologische Neuerungen, fehlgesteuerte Projektgelder, Schnittstellen, die über Kreuz sind, politische Intrigen, die die Sachlogik schachmatt setzen, eine amerikanische Holding als neues Gesamtkonstrukt und noch einiges mehr.

Jedenfalls verstehe ich erst einmal kein Wort, nur dass er immer wieder mit einer Idee scheitert, obwohl sie sachlich wohl durchweg als richtig anerkannt wird. Fünf der 15 Minuten sind schon vorbei.

Ich habe aber das deutliche Gefühl, auch wenn ich ihm noch eine weitere halbe Stunde zuhörte, mehr als bisher würde ich auch dann nicht begreifen, sondern die Geschichte würde sich in ihren ganzen Verästelungen als noch auswegloser darstellen und die Zuhörenden würden noch ratloser zurückgelassen. Die anderen Teilnehmer runzeln bereits die Stirn.

Die Art und Weise, wie er beim Schildern des Themas

Anlauf nimmt, erinnert mich an andere Situationen, wenn jemand mir von seinem Problem erzählt und er oder sie gar nicht mehr aufhören will, es wieder und wieder in allen Einzelheiten zu erläutern und dabei so wortgewandt ist – das kommt von den vielen Schilderungen – und so in sein Problem vertieft, dass er fast vergisst, dass er das Problem lösen wollte, nicht nur erklären.

Nun, soviel Zeit habe ich heute nicht. Um genau zu sein, es bleiben noch 10 Minuten. Ich sage also »Stopp«.

Er ist mit seiner Schilderung noch nicht zu Ende.

»Noch eine Sache, sonst verstehen Sie nicht ...«

»Stopp!«, wiederhole ich. »Sie haben recht. Ich verstehe Sie nicht«, entgegne ich. »Vor mir steht ein ausgewachsener Manager, klug, kompetent, erfahren. Und erzählt mir, dass es ihn ärgert, irgendetwas – meinetwegen das fachlich Richtige – in den entsprechenden politisch geprägten Gremien nicht durchsetzen zu können, und der jetzt dazu beraten werden will, was er noch alles tun könnte. Eine Allerweltserfahrung, die viele Manager täglich machen. Dabei sind Sie schon jahrelang im Geschäft und kennen vermutlich 1001 Möglichkeiten, wie Sie in dieser Fragestellung agieren können und bereits seit mehreren Jahren agiert haben! Glauben Sie ernsthaft, dass es Ihnen helfen würde, noch ein oder zwei weitere Geheimtipps, die Sie noch nicht kennen, von mir zu bekommen? Glauben Sie, dass sich dadurch für Sie wirklich etwas verändern würde? Oder wollen Sie mir beweisen, dass Ihr Problem unlösbar ist, und Sie sich mit gutem Gewissen noch weitere Jahre mit ihm herumschlagen dürfen? Weil sogar wir hier daran scheitern?«

Er lächelt, wenn auch ein wenig gequält, über die Falle, die er unbewusst aufgestellt hat. Sie lauert übrigens oft in solchen Konstellationen: Der ausgewiesene Fachmann eines Problemfeldes kann jeden Lösungsansatz verwerfen und stattdessen nachweisen, dass der Coach etwas übersehen hat, was natürlich mit Sicherheit so ist. Das gibt ihm wiederum die Möglichkeit, zu seiner Problemschilderung zurückzukehren und sie weiter in seiner »bewährten« Methode zu bearbeiten.

Es entspinnt sich bisweilen ein bizarr anmutender Kampf zwischen Problemlösung und Problemrechtfertigung. Fast scheint eine Gefahr davon auszugehen, wenn ein Problem sich wirklich lösen ließe – als hätte sich der Problembesitzer dann vorher ganz umsonst geplagt.

Und der Berater merkt langsam, dass er sich unbeliebt macht, wenn er den Klienten von dem Problem befreien will (ungeachtet der Frage, ob er das letztlich wirklich könnte). Besser fühlt es sich manchmal an, einfach nur in aller Breite zuzuhören, Verständnis über die ungerechte Welt zu zeigen und damit den Gesprächspartner in seiner Sicht der Dinge zu bestärken.

Aber damit sind wir dann in einer anderen Kategorie gelandet: Es geht dann nicht mehr um Lösungen, sondern um Trost oder möglicherweise einfach um gemeinsames Klagen.

»Jedenfalls«, fahre ich fort, »das, was Sie mir da erzählen, ist nicht Ihr Problem, allenfalls so etwas wie schlechtes Wetter. Das kann man auch nicht lösen, sondern dagegen hilft nur gute Kleidung. Und sagen Sie nicht, dass Sie nichts im Schrank hängen haben! Dafür segeln Sie schon zu lange in dieser Klimazone. Also: Um was geht es eigentlich?«

Er will wieder zum Sprechen ansetzen.

»STOPP!«

Erst jetzt habe ich ihn wirklich gestoppt. Er hebt den Kopf und sieht mich offen und fragend an.

»Um – was – geht – es?«

Sein Blick verändert sich. Ich kann beinahe sehen, wie er sich nach innen wendet. Er denkt nach. Es ist fast mit Händen greifbar, wie es in ihm rattert.

Stille. Die Zeit läuft. Zwei weitere Minuten vergehen.

Aber das ist eine gute Investition, um darauf zu kommen, was ihn wirklich umtreibt.

Die Spannung steigt, auch in der Gruppe. Aus dem Augenwinkel sehe ich einige Teilnehmer leicht irritiert über den Wortwechsel. Sie sind den rüden Ton und die barschen Unterbrechungen von mir nicht gewohnt. Sollte ein Coach nicht hauptsächlich Verständnis zeigen? Das zu lernen, sind sie doch in diesen Kurs gekommen. Ich muss innerlich lächeln. Irritationen sind immer noch die besten Lehrmeister.

Zurück zu meinem Gegenüber. Die Ansage, die ich mit den knappen Worten mache, heißt ausformuliert in etwa so: ›Herr Leithner, bitte bringen Sie mir kein Allerweltsproblem, von dessen Lösung Sie sich ohnehin keinen großen Gewinn versprechen. Sie haben es ja selbst angekündigt: Es dauert nicht lange. Bitte formulieren Sie Ihr Anliegen auf der tiefer liegenden Ebene darunter. Sie haben gezeigt, dass Sie einen guten Blick für Fragestellungen haben. Also wenden Sie ihn gefälligst auch bei sich selbst an. Was liegt hinter dem Vordergründigen? Ich bin überzeugt, Sie wissen, was ich meine, und Sie können es auch formulieren, wenn Sie es wollen. Diese innere Arbeit verlange ich von Ihnen, weil ich Sie schätze, weil ich sie Ihnen zutraue – und weil wir keine Zeit verschwenden wollten.‹

Er hat mich verstanden, und sich darauf eingelassen.

Nach langen, stillen zwei Minuten hebt er fast unmerklich den Kopf und sagt:»Ich kann einfach nicht aufgeben.«

Ganz leise kommen seine Worte, mehr zu sich selbst und mit geballten Fäusten:»Ich kann es nicht lassen.«

Jetzt ist er ganz präsent. Es braucht nicht mehr viele Worte. In wenigen Sätzen beschreibt er – ein ehemaliger Leistungssportler –, wie er früh gelernt hat, auch in hoffnungslos scheinenden Situationen niemals aufzugeben. Ob es körperliche Schmerzen waren, mit denen er in den Wettkampf gegangen war; ob es die frühe Verantwortung war, die er für seine Familie übernommen hat; ob es Aufgabenstellungen in der Firma sind, die eigentlich nicht mit den gegebenen Ressourcen zu schaffen sind. Er hat nie Nein gesagt, und so reifte er immer mehr zu dem erfahrenen und starken Manager und Unterstützer, den man ruft, wenn niemand mehr weiter weiß. Und oft genug gelingt ihm eine überraschende Wende. Jahrelange Übung in Beharrlichkeit hat ihn in hohem Maße kreativ, belastbar und gelassen gemacht. Nicht umsonst ist er jetzt in seiner Position.

Was er also geschildert hat, war (nur) eines seiner vielen unlösbaren Projekte – mit denen er vertraut ist, und die man ihm anvertraut, weil er nie aufgibt.

Was er darüber fast verloren hat, ist indessen die Freiheit der Entscheidung. Selbst bei Angelegenheiten, die er bei klarem Verstand mittlerweile als sinnlose Vorhaben bezeichnen würde, entkommt er seinem Automatismus nicht.

Hat er erst einmal Ja gesagt, dann gibt es kein zurück mehr. Nie. Versprochen ist versprochen.

Alles andere wäre Verrat an sich selbst. Er ist in einem Spiel gefangen, das keine Möglichkeiten für das Ende oder den Abbruch bereithält.

Man kann sich unschwer vorstellen, wie anstrengend auf Dauer so ein inneres Prinzip ist, noch dazu, wenn man sich dessen gar nicht genau bewusst ist.

Wolfgang Leithner spricht jetzt viel ruhiger als zu Anfang, wenngleich sein Staunen darüber, wohin wir in wenig mehr als zehn Minuten im Gespräch gelangt sind, immer noch andauert.

Unterdessen sind nämlich weitere fünf Minuten vergangen. Wir forschen nicht weiter nach, wie es kommt, dass Herr Leithner dieses »Nicht-Aufgeben« so stark in sich ausgebildet hat. Nicht nur, weil wir das in den 15 Minuten nicht hinbekämen, sondern auch, weil das Verständnis über die Herkunft einer Verhaltensweise dieselbe noch lange nicht verändert. Leider.

Uns bleiben noch knappe drei Minuten. Denn ich bin immer noch willens, unsere vereinbarte Zeit nicht zu überziehen und ich weiß auch, wie ich das anstellen werde.

»Das heißt also«, fasse ich zusammen, »Ihr Problem ist: Sie können nicht aufhören, selbst wenn es Ihnen reicht oder wenn Sie selbst gar nicht mehr an eine Lösung glauben?«

»Ja«, antwortet Wolfgang Leithner schlicht.

Ich sehe ihm an, dass er dieses Problem als wesentlich schwieriger betrachtet, als alle seine unlösbaren Projekte zusammen.

»Wissen Sie, wie aufhören geht?«, frage ich ihn.

»Nein, wahrscheinlich nicht, sonst würde es mir ja nicht so schwer fallen«, gibt er etwas verunsichert zur Antwort.

»Ich wette, Sie können es. Um aufzuhören, hören Sie einfach auf … Zum Beispiel JETZT.

Die 15 Minuten sind vorbei. Das soeben gefundene Problem kann leider nicht mehr gelöst werden. Morgen haben wir dafür auch keine Zeit mehr. Sie müssen leider abbrechen.«

Er schaut verdutzt.

»Worauf warten Sie?«, setze ich nach. »Es ist vorbei. Keine Klärungen mehr, keine Lösungsideen, keine abschließenden Worte, einfach Punkt. Sie selbst haben die Grenze gesteckt. 15 Minuten. Sie erinnern sich doch? Also hören Sie jetzt bitte auf. Können Sie das?«

»Ich weiß nicht genau«, erwidert er zögernd und immer noch skeptisch.

»Okay. Dann gebe ich Ihnen jetzt den ultimativen Code fürs Aufhören. Sie sagen einfach: ›Das wars. Es gibt Abendessen. Vielen Dank und guten Appetit!‹ Meinen Sie, das kriegen Sie hin?«

Jetzt dämmert es ihm und er lächelt übers ganze Gesicht, sagt aber immer noch nichts.

»Herr Leithner, wie lange wollen Sie uns noch hier festsitzen lassen?«

»Oh!«, durchfährt es ihn und dann mit fester Stimme, fast überschwänglich: »Schluss. Aus. Fertig! Essen gibt's! Auf geht's!«

Er hat verstanden. Und hat es getan: aufgehört. Nach exakt 15 Minuten. Erleichterung bei ihm und allen anderen in der Gruppe. Alle springen fast im gleichen Moment von ihren Stühlen auf und stürmen dem Restaurant zu. Gerade nach einem intensiven Arbeitstag hat ein Schlussstrich etwas sehr Befreiendes und ist außerordentlich wohltuend. Dieser positive und emotional dichte Moment wird ihm in Erinnerung bleiben. Verbunden mit der Erkenntnis, dass Aufhören tatsächlich geht – aber nur, indem man aufhört, weiterzumachen. Mehr Geheimnis steckt nicht dahinter. Es ist der Verzicht auf ein anderes Ergebnis. Keine Nachspielzeit, keine Verlängerung. Egal, bei welchem Spielstand. Das Feld verlassen. Das bedeutet das Ende des Spiels. Jeder Versuch, innerhalb des Spielfeldes eine Lösung herbeizuführen, verlängert nur das Elend, weil es mehr vom Selben ist und zu den allseits und seit Jahren bekannten Ergebnissen führt.

Für eine wirkliche Veränderung muss oft die Perspektive radikal gewechselt werden, das gelingt aber selten, weil das Denken im Problemfeld (und das ausführliche Schildern desselben) inzwischen so vertraut ist, dass man sich gar nichts anderes vorstellen kann.

Es sei denn, jemand will buchstäblich keine Zeit mehr verlieren. Oder hat nur noch ganze 15 Minuten für die Lösung seines Problems.

Wie geht es weiter? Hat Herr Leithner denn nun eine Lösung? Ja, aber eine andere als gedacht. Er hat von mir eine Erlaubnis bekommen und sie sich dann auch selbst gegeben. In seiner Firma bekommt er nicht die geringsten Widerstände, als er seinen Rückzug aus besagtem Minenfeld bekannt gibt. Im Gegenteil, viele sagen ihm ganz offen, dass sie nie verstanden hatten, wieso er sich so lange daran aufgerieben hatte.

Seine Mail, in der er mir diese positiven Reaktionen schildert, beendet er mit seinem neuen Mantra: »Bei mir dauert's ab jetzt nie mehr so lange!«

In Führung gehen

Ein Bild sagt mehr als tausend Worte ...

Coach: Andrea Lienhart

Es gibt Menschen, die gerne das Steuer in die Hand nehmen und die Richtung bestimmen. Manche halten das Megafon in der Hand und lassen sich rudern. Andere nehmen das Ruder lieber selbst in die Hand.

Für die einen legt man sich gerne ins Zeug, für andere bleibt einem nichts anderes übrig. Je nachdem, wie viele Paddel vorhanden sind, fällt es aber auch nicht auf, wenn der Vordermann nur bei jedem zweiten Schlag mitzieht. Solange der Rhythmus stimmt.

Und Achtung! Wir sitzen alle in einem Boot. Oder in einem Seminar für Führungskräfte, die sich mit ihrem eigenen Führungsstil beschäftigen.

Ich schaue mich in der Runde um. Pünktlich um neun Uhr heute Morgen haben wir begonnen, jetzt ist es später Nachmittag. Keiner der Teilnehmenden zeigt Erschöpfungsspuren, ganz im Gegenteil, es wird immer noch rege diskutiert. Die von Anfang an vorhandene Aktivität und Beteiligung der Teilnehmenden ist keine Seltenheit in Seminaren mit

Führungskräften; das persönliche Engagement jedes Einzelnen, der Wunsch, jede Minute bestmöglich zu nutzen und so viel wie möglich aus dem Seminar mitzunehmen. Auch diese Gruppe aus fünf Männern und drei Frauen bewegt sich schnell durch die Themen. Alle sind mit Begeisterung dabei und es herrscht eine Atmosphäre höchster Konzentration.

In den folgenden Stunden gebe ich die Möglichkeit, an einer konkreten Fragestellung aus der eigenen Führungspraxis zu arbeiten. Herr Denner meldet sich. Als Projektleiter führt er ein kleines Team aus sieben Mitarbeitern. »Es gibt keine direkten Konflikte. Die Stimmung macht mir etwas Sorgen. Irgendwie gibt es kein richtiges Miteinander. Jeder arbeitet so vor sich hin. Aus anderen Abteilungen weiß ich, dass die Mitarbeiter manchmal auch außerhalb der Arbeitszeit etwas zusammen unternehmen. Meine Mitarbeiter arbeiten nach Vorschrift und zeigen wenig Eigeninitiative. Nur ganz selten kommt ein Mitarbeiter auf mich zu, obwohl ich immer wieder betone, dass sie mich jederzeit gerne aufsuchen können. Das irritiert mich manchmal und ich frage mich, wie meine Mitarbeiter zu mir stehen. Dabei bemühe ich mich wirklich sehr.«

Herr Denner blickt sich kurz um. »Ich gebe Vorlagen, erkläre, wie was am besten funktioniert, setze Besprechungen an, um alle zu informieren, damit es keine Probleme gibt. Oft lasse ich meine Bürotür offen, um zu zeigen, dass ich für alle ein offenes Ohr habe. Ich weiß, das machen nicht alle in meiner Position. Es gehört aber zu meinem ganz persönlichen Führungsstil«, fügt er hinzu. »Was sich meines Erachtens bestens bewährt hat, sind Zeitpläne, die ich für die Einzelnen aufstelle.«

Der Kollege zur rechten Seite nickt, die Frau im gestreiften Kostüm blickt ihn an. »Ja«, nimmt Herr Denner den Faden wieder auf, »das gibt ihnen einen guten Überblick, wo sie sich im Arbeitsprozess gerade befinden bzw. wie viel Zeit schon investiert wurde und für andere Teilschritte noch zur Verfügung steht.« Er fährt sich leicht verlegen durch die

Haare. »Aber wie schon gesagt, das alles fällt natürlich nicht vom Himmel. Jedes neue Projekt bedeutet immenses Engagement. Schließlich liegt alles in meiner Verantwortung. Das kostet mich immer sehr viel Kraft und Energie und häufig auch mein Privatleben. Aber ein gutes Team zu haben, hat natürlich seinen Preis«, beendet er seine Ausführungen.

»Herr Denner, wollen wir uns einmal Ihren Führungsstil etwas genauer ansehen?«, frage ich ihn.

»Wie soll das gehen?«

Ich halte ihm einen Stapel Karteikarten hin.

»Bitte sehen Sie sich diesen Stapel Karteikarten mit verschiedenen Berufen einmal durch und suchen Sie sich einen Beruf heraus, der Ihrem eigenen Führungsstil am ehesten entspricht.« Ich übergebe ihm einen Stapel Karten. Darunter befinden sich ganz unterschiedliche Berufe, die jeweils einen spezifischen Aspekt von Führung verdeutlichen: Dirigent, Rektor, Hausmeister, Lehrer, Fußballtrainer, Architekt, Löwendompteur, Sozialarbeiter, Erzieher, Vorstand, Polizist und noch einige mehr.

Herr Denner blättert den Stapel amüsiert durch, legt dann drei Karten beiseite und entscheidet sich schließlich für den Architekten.

»Was gefällt Ihnen am Beruf des Architekten?«, frage ich nach. »Ein Architekt ist mit Planen, Zeichnen und Bauen beschäftigt«, antwortet Herr Denner. »Er befasst sich mit Gebäuden und Bauten und ist fachlich absoluter Spezialist. Architekt hätte ich auch werden können ...«

»Herr Denner«, setze ich an, »ich möchte mir gerne ein Bild von Ihrer Situation machen. Haben Sie Lust, hier in der Gruppe eine Aufstellung zu machen? Vielleicht haben Sie«, beziehe ich die anderen Teilnehmer mit ein, »schon einmal davon gehört. Es geht darum, die aktuelle Situation, in dem Fall die Situation von Herrn Denner, bildlich darzustellen.« Acht wache Augenpaare schauen mich gespannt an. Hier und da ein bestätigendes Lächeln oder ein fragender Blick.

Eine Teilnehmerin, sehe ich, macht sich ein paar Notizen. Sie ist Leiterin eines großen Möbelhauses und hat für einen reibungslosen Ablauf im Tagesgeschäft zu sorgen.

»Frau Lienhart«, meldet sich Herr Jenssen, ein sehr junger Mann, der erst kürzlich zum Regionalleiter einer bekannten Drogeriekette ernannt wurde, zu Wort. »Ich frage mich nur, Herr Denner hat ja die Problematik ganz gut erläutert, ergibt da so eine Aufstellung überhaupt noch Sinn?« Leicht entschuldigend und etwas unsicher schaut er auf.

Für Menschen, die noch nie an einer Aufstellung teilgenommen haben, ist die Wirkungsweise einer Aufstellung manchmal zunächst unverständlich. Jedoch erhält man in kürzester Zeit eine Fülle an Informationen über Zusammenhänge und Dynamiken der entsprechenden Situationen. Im Gegensatz zu der rein »wörtlichen« Beschreibung werden weitere Ebenen (z.B. die emotionale) sehr schnell sichtbar. Durch die Perspektiven der anderen, der »Aufgestellten«, entsteht recht zügig ein rundes Bild der oft wirren und zu klärenden Situation. Verstrickungen, Unzufriedenheiten, Optimierungs- und Änderungswünsche kommen zutage. Durch die Darstellung der verschiedenen Zustände werden die Probleme leichter »sichtbar«, besser erkannt und schneller lösungsorientierte Wege gefunden.

Ich sehe was, was du nicht siehst
Ich schlage vor, dass wir uns an die Arbeit machen und bitte Herrn Denner auf »die Bühne«, die zweite Hälfte des Seminarraumes. Dort gibt es genügend Platz. »Herr Denner, einmal angenommen, Sie wären ein Architekt, wie könnte eine typische Situation in Ihrem Arbeitsalltag aussehen?«

»Wir könnten eine Besprechungssituation nehmen. Ein Meeting, wo sich alle Beteiligten mit mir als Bauleitung treffen. Ich benötige einen Tisch für den Bauplan hier in der Mitte«, antwortet er. Gesagt, getan, zwei Teilnehmer stellen einen Tisch in die Mitte des Raumes.

»Wer sind Ihre Mitarbeiter? Wo sollen sie jeweils stehen? Gibt es kleine Gruppen oder stehen sie einzeln für sich? Wählen Sie Vertreter der Berufsgruppen aus, die für Meeting bzw. Unternehmen wichtig sind.«

Herr Denner überlegt einen Moment und stellt sein Team aus unterschiedlichsten Vertretern zusammen: Baufirma, Außenanlageberatung, Malerbetrieb, Haustechnik und Büro für Statik.

Ich fordere Herrn Denner nun auf, aus den Reihen der Teilnehmer Vertreter für die jeweiligen Rollen zu wählen und sie entsprechend im Raum zu platzieren. Die übrigen Teilnehmer können in der Rolle der Zuschauer bleiben.

Kaum habe ich dies ausgesprochen, macht er sich auch schon ans Werk. Eine Teilnehmerin stellt er als Fachfrau für Statik leicht seitlich neben sich. Die Repräsentanten für Außenanlage und Malerbetrieb etwas zurück. »Die brauche ich ja erst später.«

Es kommt Bewegung in den Raum. Herr Denner murmelt geschäftig vor sich hin, schiebt die Haustechnik zwei Schritte weiter vor den Vertreter des Malerbetriebes. Nach und nach werden alle Teilnehmer ausgewählt und in unterschiedlichen Abständen um den Tisch herum positioniert. Er legt bei allen die Körperhaltung und Blickrichtung fest. Alle Repräsentanten schauen ganz klar in seine Richtung. Eine Ausnahme bildet »die Statik«. Sie steht sowohl ihm, als auch den anderen zugewandt da. Ein Bindeglied? Eine Kontaktfrau oder eine Vermittlerin?

Herr Denner sieht sich noch einmal kurz um und nimmt dann auf meine Aufforderung hin seine eigene Position hinter dem Tisch ein. Die Situation ist offen gestaltet, alle sind gut sichtbar.

Die »Mitarbeiter« verharren in ihrer Stellung und schauen ihren »Chef« erwartungsvoll an.

Ich bitte nun Herrn Denner, eine typische Körperhaltung einzunehmen.

Er tritt spontan einen Schritt nach vorne, beugt sich über den Tisch und deutet mit seinem Finger in die Mitte seines imaginären Bauplanes. Sein Blick ist vollständig auf den Plan gerichtet. Die einzelnen Personen aus seinem Team fallen dadurch nicht in seinen Blickwinkel. Es wirkt so, als ob er völlig in seine Aufgabe vertieft sei und gerade ein sehr wichtiges Problem erörtert.

Dann bitte ich alle Teilnehmer, für ein bis zwei Minuten in dieser Haltung zu bleiben. Es wird still im Raum. Herr Denner verharrt in seiner zentrierten Haltung. Die Repräsentanten blicken weiterhin in seine Richtung und warten ab.

Das Schweigen, die Stille im Raum gibt jedem Einzelnen die Möglichkeit, seiner Rolle nachzuspüren. Wie fühle ich mich in dieser Position? Warum stehe ich wohl hier? Wird jemand bevorzugt? Kann er mehr? Bin ich (gar nicht) wichtig für das Unternehmen? Oder: Ah, die schon wieder, die rechte Hand vom Chef. Oder: Immerhin bin ich weiter vorne als der Kollege, wäre ja noch schöner, schließlich bin ich schon doppelt solange dabei. Oder: Typisch mal wieder der Chef, nur mit sich beschäftigt – und so weiter. »Wie geht es Ihnen in dieser Haltung, Herr Denner?«, frage ich in die Stille hinein. Er antwortet gelassen: »Gut, sehr gut, wenn Sie so wollen. Ich konzentriere mich auf meine Aufgabe. Schaue mir den Plan genau an. Das ist ja auch meine Aufgabe.« Er holt Atem. »Nun gut, zugegeben, ein wenig verspannt fühle ich mich schon. Aber wen wundert's, ich muss mich halt voll konzentrieren.«

»Außer der verspannten Haltung, Herr Denner, fällt Ihnen sonst noch etwas auf?«

»Nein, nicht wirklich. Ich meine, es ist sehr ruhig hier drin. Ich höre nichts von meinem Team, aber die sind eben auch konzentriert am Arbeiten. So wie ich es erwarte von meinen Leuten.«

»Fällt Ihnen noch etwas auf?«

»Nein, nichts.« Herr Denner richtet sich langsam wieder auf. »Oder was meinen Sie, Frau Lienhart?« Leicht verlegen reibt er sich ein-, zweimal über den Nacken und lässt den Kopf kurz kreisen.

»Ich möchte gerne noch einen Schritt weiter gehen, Herr Denner. Wechseln wir einmal die Perspektive.«

Ich bitte nun einen Teilnehmer, der bislang in der Rolle des Zuschauers war, die Position von Herrn Denner einzunehmen. Dieser stellt sich an seinen Platz, beugt sich, wie Herr Denner zuvor, ebenfalls über den Tisch und deutet mit dem Zeigefinger auf den Plan. Herr Denner steht außerhalb des Geschehens und sieht sich die Situation gemeinsam mit mir an.

Ich gebe Herrn Denner einen Moment Zeit für seinen Blick von außen. Herr Denner lehnt an der Fensterbank, kann sein Spiegelbild und die Repräsentanten von seinem Blickwinkel aus gut erfassen. Nach mehrmaligem Blickwechsel von seinem »Vertreter« zu den Repräsentanten macht es »Klick« und nochmals »Klick« und man hört förmlich, wie es in Herrn Denners Kopf rattert! »Ja, das gibt's ja nicht. Also, wie konnte ich nur so blind sein!« Herr Denner klopft sich auf den Schenkel und wirft die Arme in die Luft. »Ja logisch, Frau Lienhart! Er sieht ja gar nichts, so wie er da kopfüber steht«, ruft Herr Denner aus. »Ich meine, entschuldigen Sie. Ich meine, nicht er, sondern ich konnte ja die ganze Zeit das Team gar nicht sehen!«, platzt es aus ihm heraus. »Ich fass es nicht. Hänge da über dem Plan, völlig auf meine Aufgabe konzentriert und bekomme überhaupt nicht mit, was links und rechts von mir, was in meinem Team geschieht!«

Herr Denner steht kopfschüttelnd am Fenster. Niemand sagt ein Wort. »Meine Güte«, kommt es da plötzlich etwas leiser von Herr Denner, den Blick auf niemand Bestimmtes gerichtet, »wie konnte ich nur so blind sein!«

»Puh«, atmet eine Teilnehmerin hörbar aus. Einige Repräsentanten nicken wohlwollend in Herrn Denners Richtung.

Einen Moment später und nachdem sich die Anspannung gelöst hat, bitte ich Herrn Denner, seinen Platz auf der Bühne wieder einzunehmen.

»Herr Denner, sind Sie denn bereit, einmal zu hören, wie es Ihrem Team mit Ihnen geht?«

»Es kann ja nichts schaden, mir mal die Meinung meiner Mitarbeiter anzuhören. Meine Damen, meine Herren, ich höre«, lacht der eben noch in sich gekehrte Herr Denner »seine Mitarbeiter« an.

Die Sichtweise des Teams

Wie eine Reporterin gehe ich auf die Repräsentanten zu und interviewe sie jeweils einzeln. Ich stelle Fragen wie: Wie geht es Ihnen an diesem Platz? Wie wohl fühlen Sie sich in diesem Team? Was halten Sie vom Führungsstil Ihres Chefs?

Es folgen Aussagen wie: »Ehrlich gesagt bin ich nur da gestanden und habe auf meinen Auftrag gewartet. Was hätte ich auch anderes machen sollen?« Oder: »Ich habe immer den Chef im Auge behalten.« Oder: »Zu meinen Kollegen hatte ich überhaupt keinen Kontakt.«

»Sie haben immer den Chef im Auge behalten, haben Sie so schön gesagt. Gab es dafür einen bestimmten Grund?«, frage ich beispielsweise.

»Nun, ich habe darauf gewartet, dass er mir ein Zeichen gibt, damit ich mein Konzept an den Mann bringen kann. Dazu ist es leider nicht gekommen. Der Chef war wieder mal so in seine Aufgabe vertieft. Es ist zwar klasse, wie gut er sich in seinem Bereich auskennt. Wirklich, ihm macht auf seinem Fachgebiet keiner etwas vor. Aber von mir und von uns, seinem Team, hat er überhaupt nichts mitbekommen.«

Herr Denner wiegt den Kopf leicht hin und her, als würde er über die Aussage nachdenken. Zufrieden sieht er dabei nicht aus. »Ja, das kenne ich auch«, bestätigt eine andere Teilnehmerin. »Mittlerweile habe ich es fast schon aufgegeben, neue Ideen und Konzepte vorzustellen.«

»Ich empfinde es als sehr anstrengend, immer den richtigen Zeitpunkt abwarten zu müssen, bis Herr Denner tatsächlich ein offenes Ohr hat«, fügt ein anderer Teilnehmer aus seiner Rolle heraus hinzu. »Ich werde schon richtig ungeduldig und das ständige ›Wir machen das so und so und gehen nach Schema xy vor‹ macht mich ganz kaputt. Das geht soweit, dass ich mir schon überlegt habe, mich nach einer anderen, neuen und wirklichen Herausforderung umzusehen«, fügt er provozierend hinzu. Es folgen weitere interessante Gedanken. Ich merke mir Stichworte wie Motivation und Engagement, aber auch Lob und Anerkennung.

Nachdem alle Teilnehmer in ihrer Rolle interviewt worden sind, beende ich die Aufstellung und entlasse die Repräsentanten aus ihrer Rolle. Der Tisch wird beiseitegestellt, die

Stühle wieder in den Kreis geschoben. Herr Denner steht nicht mehr länger außen vor, sondern ist wieder Teil der Gruppe.

Das Bild spricht für sich

Vor der anschließenden Abschlussrunde öffne ich kurz die Fenster, um den Raum durchzulüften und die Atmosphäre zu reinigen. Die Teilnehmer setzen sich wieder auf ihre Stühle. Die Stimmung ist gelockert. Entspannt und gleichzeitig gespannt geht es weiter.

»Herr Denner, als Sie sich durch Ihren Vertreter am Tisch stehen sehen konnten, was ist da in Ihnen vorgegangen?«

»Als ich mich da am Tisch stehen sah«, erneut schüttelt er leicht den Kopf, »musste ich mir eingestehen, dass ich solche Situationen sehr gut aus meinem eigenen Führungsalltag kenne. Durch die vielen Termine, den ständigen Zeitdruck und die kaum zu bewältigenden Aufgaben bin ich völlig abgelenkt. In dieser, auf einen Punkt fixierten Haltung, kann ich die anderen ja auch gar nicht sehen. Ich kann gar nicht wirklich mitbekommen, wo der Einzelne steht. Das ist leider eine für mich sehr traurige Bilanz, das gebe ich offen zu.«

Nachdenklich schaut er mich an. »Es stimmt schon, wie soll ich denn erfahren, wie es dem Team geht, wenn ich mich so stark auf meine fachlichen Aufgaben konzentriere. Aber auch konzentrieren muss. Um mit meinen Leuten zu reden bzw. ihnen zuzuhören, habe ich meist gar keine Zeit.« Er überlegt und fügt dann hinzu: »Das stimmt nicht. Ich *habe* schon Zeit. Ich *nehme* mir keine Zeit. Ja! So ist es. So und nicht anders.«

Die anderen blicken anerkennend zu Herrn Denner. Ein Teilnehmer stöhnt auf. »Ach, das kenne ich auch. Mir wirklich Zeit zu nehmen, muss ich auch immer wieder aufs Neue lernen.«

»Bei mir kommt noch hinzu, dass es mir schon immer

schwer gefallen ist, auf andere Menschen zuzugehen«, gesteht
Herr Denner. »Small Talk und der ganze Kram sind nicht
unbedingt meine Stärken. Damals bin ich aufgrund meiner
Fachkompetenz eingestellt worden und nicht, weil ich besonders kommunikativ bin. Aber es sieht wohl so aus, dass
ich meine Mitarbeiter mehr in den Blick nehmen muss. Mehr
mit ihnen sprechen, mich tatsächlich mit ihnen austauschen
muss. Und mich nicht nur um ›die Sache‹ kümmern, wie
bisher. Führung braucht sowohl das eine als auch das andere.
Theoretisch. Aber bei der Handhabung, da scheitert es wohl
bei mir.«

Ein weiterer Teilnehmer sagt: »Herr Denner, wenn ich das
mal sagen darf. Also, was Sie gerade von sich erzählen, so
offen und ehrlich uns gegenüber, mit Ihrer Selbsteinschätzung
haben Sie mich echt beeindruckt.« »Meinen Sie?«, fragt er
nach und sieht mir dabei direkt in die Augen. Ich nicke ihm
lächelnd zu.

Herr Denner, der sich sichtlich über das Feedback freut,
und auch die anderen blicken lächelnd in die Runde.

»Was würden Sie Herrn Denner mit auf seinen Weg geben?«, frage ich die anderen Führungskräfte, um deren Ressourcen weiter zu nutzen.

»Durch die strenge Organisation in meinem Unternehmen
habe ich natürlich mit sehr vielen, zum Teil leider sehr
schwierigen, Mitarbeitern zu tun«, meldet sich eine Teilnehmerin zu Wort, »was aber immer hilft, ist das Gespräch zu
suchen, nicht locker zu lassen, gerade auch schwierige Themen anzusprechen und das A und O: Blickkontakt! Auch
wenn es Ihnen schwer fällt, versuchen Sie, Blickkontakt
herzustellen und zu halten.«

Herr Denner beginnt, sich Notizen zu machen.

Eine junge Führungskraft meldet sich und sagt: »Herr
Denner, ich bin ja noch nicht allzu lange in der Führungs-
rolle und kenne somit noch ziemlich gut die andere Seite.
Für mich war es ganz gut, dass unser Chef die Besprechungen

immer mal wieder auch von uns Mitarbeitern moderieren ließ. Das war zwar Zusatzarbeit, hat aber Spaß gemacht und ich habe sehr viel dabei gelernt.«

Ich sehe, wie Herr Denner hinter einem weiteren Vorschlag, sich einmal außerhalb der Arbeitszeit in einem anderen Ambiente zu einer Teamklausur zu treffen, ein großes Ausrufezeichen setzt.

»Ich frage manchmal am Ende meiner Besprechungen, ob sie zufrieden sind mit der Art und Weise, wie die Besprechung abgelaufen ist. Das ist zwar manchmal auch mit unangenehmer Kritik verbunden. Aber diese, wenn sie konstruktiv eingebracht wird, kann sehr hilfreich sein«, wirft ein Teilnehmer ein.

»Oder Sie machen ein Seminar über Kommunikation und Smalltalk, Herr Denner. Haben Sie so etwas nicht im Programm, Frau Lienhart?«, scherzt der Teilnehmer abschließend.

Wenn wir den Wald vor lauter Bäumen mal wieder nicht sehen ...

Das Sichtbarmachen von Verhalten, der dazugehörende Perspektivenwechsel wie auch die Erfahrungswerte aus der Perspektive der Repräsentanten führen oft in kürzester Zeit zu den besten Erkenntnissen.

Herr Denner, der von seinem Führungsstil sehr überzeugt war, muss erkennen, dass sein Team nur auf Zuruf arbeitet und in keiner Weise herausgefordert ist. Er fordert sie nicht, da er die Fähigkeiten und Kompetenzen seiner Mitarbeiter nicht ausreichend wahrnimmt, kennt oder anerkennt. Er beschäftigt sie lediglich. Und hat er wirklich ein offenes Ohr – oder steht die offene Bürotür für »lauschende Kontrolle«? Auf jeden Fall muss er zu seinem Team stärker in Kontakt treten.

Bilder haben ihre eigene Sprache. Das Aufstellen des »inneren eigenen Bildes« wirkt sehr erhellend. Sowohl auf die gesamte Situation als auch auf die Repräsentanten. Ein Perspektivenwechsel, ein Blick von außen, das Unsichtbare sichtbar machen führen häufig dazu, eine Situation vollkommen neu zu beurteilen und damit auch zu verändern. Wir beenden diese Coachingsequenz mit der Frage, was jede Person für sich selbst aus dieser Aufstellungsarbeit mitnehmen kann.

Die Teilnehmenden verlassen in reger Unterhaltung den Raum und ich höre noch, wie eine Teilnehmerin Herrn Denner von der Ruderregatta ihrer Tochter erzählt. »Wissen Sie, Herr Denner, da können wir uns alle ein Scheibchen abschneiden, wie es da zwischen dem Trainer und seinem Team funktioniert! Da sind alle bereit, ihr Bestes zu geben und sie sind überaus erfolgreich. Aber es ist auch harte Arbeit, das Miteinander vor allem. Wenn da nicht alle in dieselbe Richtung ziehen.« Herr Denner lacht begeistert. Ja, in seiner Jugend sei er auch ein großer Rudersportfan gewesen.

Wer langsam geht, kommt weit

Coach: Ursu Mahler

Die besten Führer sind diejenigen,
die als Führer gar nicht bemerkt werden.
Die nächstbesten Führer sind diejenigen,
die von ihren Leuten geehrt und gepriesen werden.
Die nächstbesten Führer werden gefürchtet,
und die nächstbesten Führer werden gehasst.
Wenn die besten Führer ihre Aufgabe erledigt haben,
dann sagen ihre Leute:
Wir haben es selbst getan!

Konfuzius

Anna del Vecchio ist eine attraktive Enddreißigerin, die weiß, was sie will. Sie hat in drei Etappen kontinuierlich ihren beruflichen Erfolg vorangetrieben und ist heute Bereichsleiterin Marketing und Vertrieb eines jungen Pharmaunternehmens. Sie kommt zu mir, um sich, wie sie es nennt, »weiteren Feinschliff zu holen«, was ja nie schaden könne. Sie habe von mir über jemanden gehört, der bei mir im Training war. »Er hat Sie wärmstens empfohlen.« Schon am Telefon spüre ich ihre kraftvolle Ausstrahlung.

Jetzt sitzt sie mir am Tisch meines Coaching-Zimmers gegenüber und strahlt eine eindrucksvolle Mischung aus: Wissen um den eigenen Erfolg, Wissen um die rassige Ausstrahlung einer hübschen Südländerin und die Gewissheit, dass sie auf dem richtigen Weg ist. Ihre Augen funkeln, sie sprüht geradezu vor Energie und Tatendrang.

Eine eher seltene Konstellation im Coaching, wo sonst Zweifel, Fragen, manchmal Kummer, Sorgen und Schmerz thematisiert werden. Sie wirkt ansteckend mit ihrer fordernd-fröhlichen Art und ich lasse mich gerne anstecken.

Wir plaudern zum Warming-up über ihre italienischen Wurzeln, über italienische Lebensgewohnheiten und diverse Unterschiede zum Deutschen. Da ich selbst Verwandte in

Italien habe, kommen wir uns rasch näher. Die Chemie stimmt.

Sie hatte mir am Telefon berichtet, dass ihr Chef ihr für eine bestimmte Summe Coaching bewilligt habe. »Und jetzt bin ich da!«

»Was genau ist denn Ihr Ziel für dieses Coaching?«, frage ich sie. Im Coaching-Fragebogen hatte sie geschrieben: »Meine Führungskompetenz verbessern, mich gegenüber den (männlichen) Kollegen behaupten und durchsetzen.«

»Ich habe einen neuen Chef, mit dem ich nicht so recht klarkomme. Er ist Geschäftsführer Marketing und Vertrieb, bei ihm ist z.B. Sand im Getriebe.« »Sand im Getriebe?«, frage ich nach. Und ergänze: »Was muss denn da ineinandergreifen, welche Zahnräder sind denn wichtig? Was hat dieses Getriebe denn anzutreiben?« »Na ja, wir sollten ja schon die gleichen Führungsgrundsätze und in etwa die gleichen Werte haben«, antwortet sie etwas genervt, verdreht die Augen und macht die Lippen schmal. »Er meint aber, man kann Menschen wie Marionetten einsetzen und wie Schachfiguren hin- und herschieben. Jedenfalls hat er mir zu diesem Coaching geraten. Er findet, ich könnte es gebrauchen und jetzt nehme ich das auch in Anspruch.«

»Na dann – womit beginnen wir?« Ihre Antwort kommt ohne Zögern: »Führungsverhalten, Führungsstile. Was ist okay, was ist Mist, was kann ich da noch lernen und was mache ich bei meinen Mitarbeitern falsch?« »Haben Sie eine konkrete Situation einen Mitarbeiter betreffend vor Augen?«

»Ja, die Frau Guhs. Die war schon vor mir im Unternehmen, hat zwei Jahre interimsweise die ganzen Marketingaktivitäten so recht und schlecht koordiniert. Damals war unser Unternehmen noch ziemlich jung am Markt, bis ich dann vor fünf Jahren eingestellt wurde. Die Guhs (sie nennt sie tatsächlich »die Guhs«) ist schon sieben Jahre dabei. Glaubt natürlich, sie kann alles, weiß alles und muss mir das immer wieder beweisen. Manchmal könnte ich sie an die Wand klatschen, aber logischerweise darf ich mir das als ihre Vorgesetzte nicht anmerken lassen. Die Frau nervt mich. Die Guhs ist 48, aber im Kopf ist sie viel älter, steinalt. Und so jemanden soll ich führen.«

Bis hierher habe ich ihr aufmerksam zugehört, jetzt unterbreche ich:»Frau Guhs ist so ganz anders als Sie. Es fällt Ihnen schwer, sie so zu akzeptieren, wie sie ist?«»Weiß Gott, das fällt mir schwer.«

Ich sortiere mich gedanklich. Mein Kopf sagt, sie macht genau das, was sie am Chef nicht mag. Es ist noch keine zehn Minuten her, da erklärte sie mir, ihr Chef schiebe Menschen hin und her, gehe geringschätzig mit Mitarbeitern um. Jetzt höre ich aus der Beschreibung ihres eigenen Führungsverhaltens exakt das gleiche. Ich mache sie darauf aufmerksam.

Etwas betroffen, vor allem aber überrascht, fragt sie mich: »Wie bitte soll ich denn mit einer Mitarbeiterin umgehen, die sich so doof anstellt?« Hoppla, starker Tobak, den sie da so über den Tisch wirft.

Während sie redet, überlege ich, mit ihr im Verlauf des Coachings genauer auf die »Herkunft« ihres Verhaltens zu schauen, um über die Konfrontation mit ihren Glaubenssätzen eine mögliche Auflösung zu erreichen.

Ich halte kurz inne und sage dann:»Zum Beispiel, sie wertschätzen. Daraus ergibt sich dann vieles von selbst. Wollen wir uns das mal genauer ansehen?«

Sie nickt. Ich ziehe das Flipchart näher an den Tisch, bitte sie neben mich und beginne zu zeichnen.

»Schauen Sie hier, auf dieser Achse sind Sie als Führungskraft mit hoher Wertschätzung jedem Mitarbeiter gegenüber ›unterwegs‹. Was verstehen Sie denn unter Wertschätzung, Frau del Vecchio?«»Na ja, schon, dass ich den Mitarbeiter als Mensch und als Person akzeptiere, dass ich freundlich bin und höflich.« Sie atmet tief aus und legt die Stirn in Falten. Ich nicke bestätigend.

»Frau del Vecchio, einen Menschen wertschätzen heißt ja nicht, dass Sie das, was er tut, immer gutheißen müssen. Es geht ausschließlich um Ihre Grundhaltung dieser Person gegenüber.«»Ja, das verstehe ich. Wertschätzung heißt also: Ich nehme dich erst mal so, wie du bist.« Anna del Vecchio schaut mich an. »Das ist schwer, sehr schwer sogar. Weil ich doch als Führungskraft und Vorgesetzte zwangsläufig das Wer und Wie in Zusammenhang bringe.«»Das ›Wie‹ kommt dann als Nächstes. Lassen Sie uns noch kurz bei der oberen Achse bleiben. Wenn Frau Guhs Fehler macht, dann sprechen Sie doch mit ihr darüber. Weisen Sie sie, wo notwendig, zurecht und üben Kritik. Stimmt das bis hierher?«»Ja, natürlich.«
»Wie könnten Sie denn Frau Guhs kritisieren und trotzdem wertschätzend sein? Versuchen Sie mal, Ihre Kritik so zu formulieren, dass sich der andere trotzdem gut fühlt.«»Na ja, ich könnte zu Frau Guhs sagen: ›Bitte überarbeiten Sie diesen Vorschlag. Ich glaube, dass da noch zwei oder drei andere Ansätze hinzu können. Ich bin sicher, wenn Sie sich des Themas nochmals annehmen, fällt Ihnen Weiteres dazu ein. Vielen Dank, Frau Guhs.‹«
»Genau, klasse gemacht. Soviel also zur wertschätzenden Haltung. Schauen wir uns die Querachse, wenig Freiraum, viel Freiraum, an. Das ist ja das ›Wie‹. Wie gehen Sie denn mit einer Mitarbeiterin um, die fehlerhaft, möglicherweise schlampig, arbeitet?«
»Ähm …, ansprechen, klarstellen und dann kontrollieren, ob sie's jetzt besser macht?«
»Ja, prima. Es ist absolut richtig, wenig Freiraum, also kur-

ze Leine zu lassen, wenn einer Ihrer Mitarbeiter nicht willig und/oder nicht fähig ist. Trotzdem gehen Sie wertschätzend mit ihm um. Ziel Ihrer Führungsarbeit ist es, einen Mitarbeiter Schritt für Schritt von wenig Freiraum zu immer mehr Freiraum zu führen. Und das in einer Grundhaltung hoher Wertschätzung.«

»Das mit der Wertschätzung – ich glaube, das hatte ich mir bisher gar nicht so bewusst gemacht«, antwortet Frau del Vecchio. »Ich erwarte unheimlich viel von anderen, aber auch von mir selbst. Ich raste förmlich aus, wenn jemand langsam ist, nicht kapiert, sich umständlich anstellt.«

»Das hört sich so an, als würden Sie Angst und Schrecken um sich herum verbreiten?« »Da ist schon was dran. Manchmal denke ich, so wie es mir früher ging, so bin ich jetzt selbst.« Ich bekomme elefantengroße Ohren. Behutsam frage ich: »Früher? Wo früher – und bei wem?«

Sie wird – tatsächlich von einer Sekunde auf die andere – bleich, schiebt beide Hände unter die Oberschenkel, zieht die Schultern hoch und den Hals ein, als wolle sie in sich hineinkriechen, als wolle sie sich jede Regung, jedes Gefühl zu diesem Thema verwehren. Mir fällt sofort der Begriff »sich zusammenreißen« dazu ein. »Vorsicht, jetzt begibst du dich auf vermintes Terrain. Achtung, ›heißes Eisen‹«, skandiert laut und deutlich meine innere Stimme.

Coaching heißt, absolute Präsenz des Coaches, heißt 150-prozentige Aufmerksamkeit für den Coachee. Neben den verbalen die körpersprachlichen Signale wahrzunehmen und behutsam zu deuten. So entsteht diese komprimierte Vertrautheit, die gute Coaching-Arbeit erst möglich macht. Der Coachee muss in jedem Moment die Gewissheit haben, dass er gehalten und geschützt wird. »Bei meinem Vater«, presst Frau del Vecchio hervor. Aha, jetzt waren wir also, von ihr selbst gesteuert, am Casus Knacktus angekommen. »Er war unglaublich ungeduldig und ehrgeizig mit uns Kindern. Ich habe eine jüngere Schwester, die ist daran kaputtgegangen, dass er immer und immer mehr forderte und so unerbittlich war. ›Von nichts kommt nichts‹, das war sein Wahlspruch. Er war ihm Begründung für alles, was wir nicht durften oder tun mussten. Das habe ich zehntausend Mal gehört.« »Und gut in sich hinterlegt«, ergänze ich. Sie nickt traurig, ein Teil ihrer selbstbewussten, Stärke ausstrahlenden Art ist plötzlich weg. Mir sitzt eine zerbrechliche, des Kämpfens müde Frau auf der Suche nach Alternativen gegenüber. Ich spreche mit ihr über Antreiber und Lebensbotschaften, die Eltern uns mitgeben, indem sie sie uns vorleben.

Die fünf Antreiber:
1. Sei stark!
2. Mach schnell!
3. Mach's allen recht!
4. Sei perfekt!
5. Streng dich an!

Anna del Vecchio macht den Selbsttest, der ihren stärksten Antreiber offenbart. »Sei perfekt« steht mit einer unglaublich hohen Bewertung auf Rang eins, dicht gefolgt von »Streng dich an«. »Eine rasante Mischung, die Sie da in sich tragen. Bietet Ihnen natürlich viele Möglichkeiten, setzt Sie aber auch unendlich unter Druck.«

Ich sehe sie liebevoll an. »Wollen Sie glücklich sein oder immer alles noch besser können? Beides zugleich geht nicht.« Und sage dann: »Va bene cosi, Frau del Vecchio, jetzt wissen wir schon mal, woher Ihr hoher Anspruch an Sie selbst und an andere kommt. Sehen Sie den roten Faden vom Papa – zu Ihnen – zu Frau Guhs?« »Das ist ja schrecklich«, stöhnt sie – etwas südländisch-theatralisch – auf.

»Nein, gar nichts ist daran ›schrecklich‹. Es ist, wie es ist, und Sie haben jetzt die Wahl, in die Veränderung zu gehen oder alles zu lassen wie bisher. Ist das nicht super – Sie haben alle Optionen und können es ganz gelassen angehen.«

Ich setze bewusst eine Pause, indem ich uns Tee nachgieße und einen Schluck nehme. »Können Sie sich vorstellen, dass Sie demnächst mit etwas weniger Gas unterwegs sind? Nicht immer Tempo 220 und high speed, nicht immer diesen irrsinnigen Anspruch an sich haben?«

»Na ja, ich glaube schon, dass es mir – und vor allem meinen Leuten – damit besser ginge. Aber das ist sicher unglaublich schwer, so eine Veränderung.« »Sicher«, bestätige ich sie und ergänze: »und braucht Zeit. Apropos Zeit: Unsere erste Coaching-Einheit ist zu Ende. Für heute machen wir Schluss. Wir können gerne in der nächsten Sitzung noch genauer hinsehen.«

Ich schaue Frau del Vecchio an: »Sie haben das letzte Wort. Wie geht's Ihnen jetzt nach diesem ersten Treffen heute?«

»Pffffff ... es hat mich völlig ›auf links‹ erwischt. Ich habe alles erwartet, nur nicht, dass so alte Geschichten wieder auftauchen. Ich dachte, wir reden hier über Führung. Jetzt hänge ich plötzlich im eigenen Schlamassel.« Ich grinse und sage provozierend: »Na ja, geredet haben wir schließlich auch, Wertschätzungsmodell und so. Und drinhängen? Das sehe ich etwas anders. Sie sind dabei, neue Türen aufzustoßen. Aber darüber und daran können wir in unserer zweiten Sitzung weiterarbeiten.«

»Ich werde auf jeden Fall ab sofort versuchen, etwas weniger zu pushen. Herunterschalten, niedrigere Drehzahl. Nicht an jeden und immer diese abartig hohen Erwartungen.«

»Mir fällt dazu ein italienisches Sprichwort ein«, sage ich. »Sie kennen es sicherlich: ›Chi va piano, va lontano.‹ ›Wer langsam geht, kommt weit.‹« Sie lacht. »Klar, kenne ich. Ich hätte aber nie gedacht, dass es für mich mal wichtig werden würde.« »Das ist doch ein gutes Motto für Sie, für die nächste Zeit.« »Das passt super, danke. Ich freue mich auf die nächste Woche. Mal sehen, welches Kuckucksei ich dann auszubrüten habe.«

Fachidiot sucht Anschluss

Coach: Sabine Asgodom

»Coachen Sie auch Männer?«, war die erste Frage am Telefon. Ich lache. »Aber klar doch, warum nicht?« »Ich bräuchte mal einen Tag Coaching.« »Gern. Um welches Thema geht es?« »Muss ich da nach München kommen?« »Ja. Was möchten Sie denn im Coaching besprechen?« »Stimmt der Preis, den ich im Internet gefunden habe?« »Ja, der stimmt.« »Also, ich überleg mir das und ruf dann noch mal an.«

Frank Schrader überlegt es sich tatsächlich und vereinbart mit meinem Büro einen Termin. Zeit für ein telefonisches Vorgespräch hat er leider nicht, aber er füllt den Fragebogen, den wir ihm vorab geschickt haben, sehr dezidiert aus:

- 38 Jahre alt, ledig.
- Nach BWL-Studium mit hervorragender Note Trainee bei einem großen Automobilhersteller.
- Nach drei Jahren Wechsel als Referent zu einer Versicherung in Stuttgart.
- Seit acht Jahren dort, seit einem halben Jahr Referent des kaufmännischen Vorstands in der Zentrale.
- Auf die Frage »Wovon träumen Sie beruflich/privat?« antwortet er: »Führungsposition, Work-Life-Balance.«
- Er lebt wegen der neuen Stelle seit einem halben Jahr in Hannover, keine Hobbys, keine Freunde.
- Offensichtlich ist er mehrmals bei der Besetzung von Team- und Abteilungsleitungsstellen trotz Bewerbung nicht berücksichtigt worden.
- Sein Vorgesetzter »spendiert« ihm das Coaching, weil es in seinem Alter »die letzte Möglichkeit« sei, noch etwas zu werden, wie er im Fragebogen schreibt. Er soll vor allem seine Führungsfähigkeiten testen.

Ich bin gespannt auf ihn. Ich habe in seinem Unternehmen schon öfter Seminare gehalten und kenne daher auch seinen

Chef flüchtig. Ich freue mich, dass dieser mich offensichtlich empfohlen hat. Eine kleine Stimme in meinem Kopf sagt trotzdem: »Das wird nicht einfach.« Na, schauen wir mal.

Um Punkt neun betritt Frank Schrader das Coachingzimmer. Er trägt einen dunkelgrauen Anzug, ein weißes Hemd, eine randlose Brille. Seine Haare sind ganz kurz geschnitten. Als Erstes fällt mir seine Krawatte auf, bunt gemustert, sie wirkt irgendwie billig und passt gar nicht zur sonstigen Ernsthaftigkeit.

Es folgt erstmal das Coaching-Anwärm-Ritual mit Wasser einschenken und Kaffee anbieten. Er möchte nichts. Okay. Ich erläutere den Ablauf des ganztägigen Coachings, er nickt, hat keine Fragen.

Frank Schrader meidet den Blickkontakt, lächelt nicht ein einziges Mal. Er geht auf keine einzige meiner Ausführungen ein. Er bleibt auf alle Fragen nach Anreise und Hotel einsilbig. Small Talk fällt ihm offensichtlich schwer. Auch ich fühle mich mehr und mehr befangen, und das ist wirklich selten.

Ich komme auf den Fragebogen zu sprechen, frage nach einzelnen Angaben, z.B. nach seinem Aufgabengebiet. Er bereitet vor allem Reden und Stellungnahmen seines Chefs vor. Frank Schrader schaut bei seinen kurzen Antworten entweder auf den Tisch oder links an mir vorbei. Ich kenne es, dass Klienten anfangs unsicher, abwartend oder nervös oder alles zusammen sind. Aber dass sich jemand so vehement gegen alle »Annäherungsversuche« abschottet, ist mir noch nie passiert.

Ich vermute, dass es mit der Tatsache zusammenhängt, dass ihn sein Chef geschickt hat.

»Also, Herr Schrader, Sie sind mein Klient, nicht Ihr Chef, obwohl der bezahlt, und deshalb ist alles vertraulich, was wir in diesem Coaching besprechen. Ihr Vorgesetzter erfährt nichts, was Sie nicht möchten.«

Jetzt wird er langsam etwas lockerer.

»Also, mein Chef möchte schon informiert werden, was

in Sachen Führungsqualitäten herausgekommen ist. Er will übrigens anschließend auch mit Ihnen darüber reden.«

Wir vereinbaren, dass er mir am Schluss des Coachings die Erlaubnis für das gibt, was ich an den Vorgesetzten an Informationen weitergeben darf.

Frank Schrader möchte jetzt doch einen Kaffee. Ein kleiner Schritt für die Menschheit, ein großer Schritt für uns.

Überhaupt ist an seiner Körpersprache gut zu sehen, in welchem Stadium des Vertrauens wir uns befinden: Nach einer Stunde lockert er seine Krawatte und setzt sich erstmals bequemer hin. Um elf Uhr schaut er mir das erste Mal interessiert und offen in die Augen. Nach dem Mittagessen legt er seine Anzugjacke ab. Um drei lächelt er zum ersten Mal. Um vier sind wir fast so etwas wie Verbündete und zum Abschied um fünf drückt er mir lange und warm die Hand. Puh, dazwischen liegen acht Stunden Schwerstarbeit.

Noch sind wir am Anfang. Wir legen aktuell ganz konkret die Coachingziele fest, ich schreibe mit.

1. Stärken-Schwächen-Profil
2. Führungsqualitäten ja – nein?
3. Work-Life-Balance
4. Ehrliches Feedback.

Das sind unsere Themen. Die werden wir im Lauf des Tages auf jeden Fall bearbeiten. Damit er mit klaren Ergebnissen nach Hause geht. Das heißt nicht, dass nicht auch andere Themen aufbrechen können. Aber wir werden immer wieder zu den Schlüsselfragen zurückkehren. Diese Ziele helfen, nicht in die Gefahr des »Plauderns« und »Totquatschens« zu geraten.

Bei der Arbeit am Stärkenprofil, bei der er ganz detailliert aufschreibt, was er für Fähigkeiten hat, was für Erfahrungen, welche Erfolge, zeigt sich sehr schnell: Frank Schrader ist ein hervorragender Referent, kennt sich auf seinem Fachgebiet bestens aus, ist hoch angesehen bei seinem Chef, hat zahlreiche

Erfolge zu verzeichnen – jedoch stets aus der zweiten Reihe, als Vor- und Zuarbeiter. Er war auch lange zufrieden mit dieser Rolle. Bis er bemerkte, dass Kollegen an ihm vorbeizogen und Führungspositionen einnahmen, nur ihn fragte niemand.

Aus einem Bewerbungsgespräch für eine Teamleitung, für das er sich selbst ins Spiel gebracht hatte, trug er eine massive Kränkung davon, wie er plötzlich ganz offen erzählt: Der zuständige Abteilungsleiter hat ihn wörtlich gefragt: »Wie kommen Sie darauf, dass ausgerechnet Sie der richtige Mann dafür wären?« Als Frank Schrader davon erzählt, rötet sich sein Gesicht: »Ausgerechnet Sie – das war nicht Rhetorik, der war wirklich verblüfft!«

»Aber warum, Sie sind doch gut?«

Frank Schrader dreht den Kugelschreiber in den Händen, starrt auf den Tisch: »Ich will mich nicht verkaufen.«

Das kann ich mir vorstellen, Beziehungsmanagement gehört ganz offensichtlich nicht zu seinen Stärken. Ich mache deshalb das Zirkusspiel mit ihm. Eine Übung, in der der Klient gedanklich so mit der fremden Welt des Zirkuses beschäftigt ist, dass er sich im Bewerbungsgespräch genau so zeigt, wie er sich auch im wahren Leben präsentiert.

Frank Schrader muss sich als ein Zirkusstar bei mir, der Zirkusbesitzerin, vorstellen. Er hat fünf Minuten Zeit dafür – spontan, ohne Vorbereitung. Wider Erwarten geht er sofort auf das Spiel ein.

Frank Schrader stellt sich als Jongleur vor. Und redet mich fünf Minuten in Grund und Boden. Erzählt nur kurz von seinem Programm, aber fängt dann an, nur noch von Schwierigkeiten zu erzählen, was nicht geht, warum dies oder das nicht erlaubt ist, wie schwer er es hat. Während der ganzen Zeit hört er auf keine Zwischenfrage von mir, nimmt mich überhaupt nicht wahr, nimmt keinen der Anknüpfungspunkte an, mit denen ich ihm weiterhelfen will wie »Sie waren doch lange Jahre in Las Vegas«. Oder: »Haben Sie nicht mal einen

berühmten Preis bekommen?«Ausstrahlung null, Kontaktfähigkeit null, Begeisterungsfähigkeit null.

Ich erzähle ihm anschließend, was ich wahrgenommen
habe. Mache ihn auf seine negative Art zu erzählen aufmerksam, rege an, dass er mehr auf mich, seine Gesprächspartne-
rin, eingeht. Er hört mir aufmerksam zu, nickt, will es noch
einmal versuchen. Das Ganze von vorn.

Das Ergebnis ist dasselbe. Der Eindruck: Negativ, ich fühle
mich ignoriert, er sucht keine Verständigungsbasis. Und mir
wird klar, er stellt sich nicht stur – er kann nicht anders.

»Kontaktabstinenz«, nennt der Diplom-Psychologe Siegfried
Brockert diese Unfähigkeit, auf das Gegenüber einzugehen,
eine sympathische Basis zu schaffen und eine Beziehung
aufzubauen.

Jetzt tut uns eine Pause gut. Wir gehen mittagessen. Das
Gespräch gestaltet sich wieder mühsam, mir fällt auf: Er interessiert sich nicht die Bohne für mich als seinen Coach,
meinen Werdegang, meine Arbeit. Informationen, die ich ihm
anbiete, die einen Gesprächsstrang entwickeln könnten, hört
er offensichtlich gar nicht. Er stellt keine einzige Frage. Macht
nicht eine einzige nette Bemerkung. Wertschätzung null.
Nichts. Wäre ich mit ihm geschäftlich essen, wäre ich beleidigt, fände ihn uncharmant oder wenigstens uninteressant.
Und würde lieber nichts mit ihm zu tun haben. Aber wir
haben Pause, ich behalte das erstmal für mich.

Sehr schnell gehen wir zurück ins Coaching. Ich möchte
mehr über den Menschen Frank erfahren. Ich frage ihn nach
seinem Privatleben. Keine Freundin, durch den Umzug vor
einem halben Jahr, keine Freunde in Hannover, er geht
manchmal ins Theater, allein. Eigentlich war er immer allein,
ist er immer allein. In seiner Funktion als Referent hat er
seine Aufträge im stillen Kämmerlein erledigt und dann
abgegeben. Ein Einzelkämpfer. Ohne Beziehungsnetz.

Mich überrascht nicht, als er erzählt, dass er Einzelkind ist.
Seine Eltern, beide Akademiker, waren sehr anspruchsvoll,

vor allem seine Mutter. Noch heute ruft sie ihn regelmäßig an und schließt das Gespräch meist mit:»Und jetzt sei wieder schön fleißig!«

Ich empfinde Mitgefühl mit diesem großen Jungen. Doch ich muss mich bremsen, ich bin nicht seine Therapeutin und meine Aufgabe als Business-Coach ist nicht Therapie. Psychotherapie braucht Monate, ja manchmal Jahre, bis Menschen sich selbst auf die Schliche kommen, Zusammenhänge erkennen, Veränderungen angehen. Aber so viel Zeit hat Frank nicht.

Deshalb kommt er ins Coaching. Er möchte jetzt Hilfe, um Klarheit zu gewinnen, wie es weitergehen soll. Er ist bald 39. Und ist er einmal über 40, ist es garantiert zu spät für eine Führungskarriere. Als Business-Coach muss ich ihm jetzt helfen. Und Hilfe kann auch daraus bestehen, mit ihm zusammen den Traum von der Führungskarriere kritisch zu diskutieren. Wir werden sehen.

Übrigens: Habe ich das Gefühl, meinem Klienten würde langfristig auch eine Therapie helfen, dann spreche ich das ehrlich an, meistens nach dem Muster:»Wenn ich an Ihrer Stelle wäre, würde ich mir überlegen, die Hilfe eines Therapeuten, einer Therapeutin in Anspruch zu nehmen ...« Und erzähle dann auch kurz von meinen eigenen Erfahrungen mit Gesprächstherapien.

Mit Frank Schrader spreche ich jetzt sehr vertraut, wie eine mütterliche Freundin. Und ich traue mich spontan, ihn mit dem Vornamen anzureden:»Frank, es macht mir Sorgen zu sehen, wie Sie sich allein durch die Welt schlagen. Mit wem reden Sie denn über das, was Sie bewegt?«

Er schaut mich hilflos an.

»Sie brauchen Menschen in Ihrem Leben, Begegnungen. Wäre das nicht ein wichtiges Projekt? Freunde zu gewinnen, sich mit Menschen zu treffen, sich auszutauschen?«

Er nickt, und ich sehe, wie er schluckt.

»Wofür interessieren Sie sich denn?«

Er schaut mich an und sagt: »Für Theater und Kunst.«

»In Hannover gibt es doch sicher auch eine Theatergemeinde, einen Kunstverein. Haben Sie nicht Lust, sich dort
zu engagieren?«

Er nickt.

»Nicken Sie, um mir einen Gefallen zu tun oder wollen
Sie wirklich raus aus Ihrem Schneckenhaus?«

Er schaut mir jetzt gerade in die Augen: »Glauben Sie, dass
ich ein Team führen könnte?«

Ich frage zurück: »Stunde der Wahrheit?«

Er zögert kurz: »Stunde der Wahrheit.«

In Sekundenschnelle gehen mir folgende Gedanken durch
den Kopf: Darf ich das? Ihm ehrlich sagen, was ich denke,
fühle? Überfordere ich ihn damit? Stürze ich ihn damit in
Verzweiflung? Eine hohe Verantwortung, der ich mir wohl
bewusst bin.

Ich helfe mir mit einer Methode, die ich als sehr hilfreich
und »gesichtswahrend« erlebt habe, nämlich einfach mit der
Beschreibung dessen, was ich wahrgenommen habe und
wahrnehme. Wobei ich auf eine selbstgestellte Maxime ach-
te: Ehrlichkeit braucht Liebe als Begleiterin, sonst wird sie
brutal.

Und da liegt eine der Stärken von weiblichen Coaches in
der Arbeit mit Männern: Wir dürfen das! Ich darf ehrlich
sagen, was ich beobachte. Meine Einschätzung der Dinge
geben. Eine andere Sichtweise einbringen, manchmal emo-
tionaler, manchmal wesentlich unromantischer, oft nüchterner,
klarer. Der große Vorteil: Männliche Klienten erleben mich
nicht als Konkurrenz. Im Gegenteil, sie schätzen den weiblichen Blick. Sie vertrauen der »großen Mutter« in mir, die
sie nicht kleinmachen, nicht beherrschen, sondern ihr »Ich«
erkennen, respektieren und entwickeln will.

Also, Stunde der Wahrheit: Ich erzähle Frank Schrader von
unserem ersten Telefongespräch, von der Begrüßung am
Morgen, vom Zirkusspiel, dem Mittagessen. Von dem, was

sich stringent durchgezogen hat: seinem offensichtlichen Desinteresse am Gesprächspartner. Und ich stelle dagegen, was ich an ihm nicht sehe, was aber eine Führungskraft braucht: Freude am Umgang mit Menschen; das Gefühl, ein Schaf in der Herde zu sein und gleichzeitig der Leithammel sein zu können, dem die anderen Schafe folgen wollen.

Er schaut mir offen in die Augen, während ich rede, wirkt wach und gleichzeitig entspannt.

»Interessieren Sie sich überhaupt für andere Menschen?«, frage ich ihn direkt.

Er schürzt die Lippen wie ein kleiner Junge. »Am liebsten arbeite ich allein, mit einer klaren Aufgabe. Dann bin ich richtig gut.«

»Warum glaubt dann Ihr Chef trotzdem an Sie als Führungskraft?«

Er überlegt lange und sagt: »Ich glaube, wir sind uns sehr ähnlich. Deshalb verstehen wir uns auch blendend.«

»Und ist er eine gute Führungskraft?«

»Stunde der Wahrheit?«

Ich nicke. »Es bleibt in diesem Raum.«

»Er hat auch Probleme mit den Leuten in seinem Umfeld, er stößt manche ziemlich vor den Kopf. Aber er kann sich halt auch sehr gut durchsetzen.«

»Und Sie?«

Frank Schrader zeichnet kleine Vierecke auf seinen Block, überlegt. »Ich glaube nicht.«

»Was glauben Sie denn?«

»Ich bin gut in der zweiten Reihe, quasi als graue Eminenz. Ich muss nicht vorne stehen und die Rede halten, mir macht es Spaß, die Rede zu konzipieren, alles Relevante zusammenzusuchen.«

»Was reizt Sie dann an der Aussicht, Führungskraft zu werden?«

Er zieht die Augenbrauen nach oben, überlegt, schweigt.

»Lassen Sie uns doch mal ein paar Ideen sammeln.«

Ich zeichne ein Alternativrad aufs Flipchart, schreibe in die Mitte:»Führungskraft sein«. Und bitte ihn, alle Assoziationen dazu zu sagen, die ich dann aufschreibe.

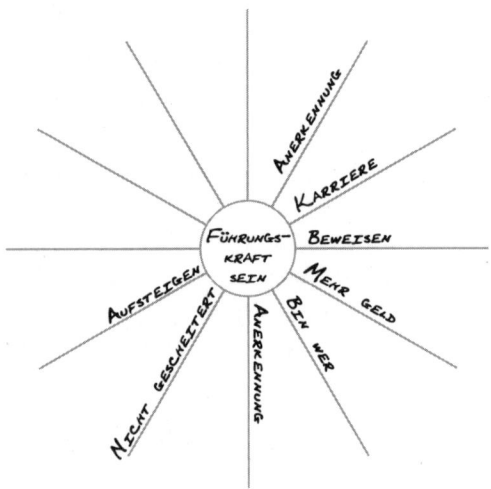

Frank Schrader beginnt zu reden:»Dass meine Arbeit anerkannt wird. Dass ich Karriere mache. Dass ich mehr Geld verdiene. Dass ich beweise, dass ich das auch kann. Dass ich wer bin. Dass ich Anerkennung bekomme. Dass ich aufsteige. Dass ich nicht gescheitert bin.«

Wir schauen uns gemeinsam die Gründe an und ich frage ihn:»Müssen Sie dazu Teamleiter werden oder gäbe es einen anderen Weg, dies zu erreichen?«

»Keine Ahnung. Was meinen Sie mit anderem Weg?«

»Neben der Führungskarriere gäbe es ja auch die Chancen einer Fachkarriere. Wie wäre es, wenn Ihr Vorgesetzter Sie zum Chef-Redenschreiber ernennt oder zum Leiter der Rechercheabteilung in seinem Bereich? Oder zum Verantwortlichen für Wissensmanagement. Und das kann ja durchaus mit einer Status- und Gehaltserhöhung verbunden sein. Denn Sie sind ja offensichtlich richtig gut.«

Frank Schrader wiegt den Kopf, lächelt mich an.

Ja: Lächelt – mich – an!

»Das ist eine gute Idee. Ja, das würde mir gefallen.«

Wir besprechen kurz, wie er seinem Vorgesetzten die Idee nahebringen kann. Frank Schrader wirkt entspannt und wie befreit.

Deshalb traue ich mich nachzufassen: »Würden Sie trotzdem gern Ihre Kontaktfähigkeit, Ihr Beziehungsmanagement verbessern?«

Er nickt. »Ja, sehr gern.«

»Gehen Sie mittags mit Kollegen in die Kantine?« Er schüttelt den Kopf.

»Gibt es einen Kollegen, eine Kollegin, die Sie schätzen?«

»Ja.«

»Mögen Sie diese Person nächste Woche mal fragen, ob sie mit Ihnen zusammen essen geht?«

»Was soll ich als Grund dafür sagen?«

»Vielleicht, dass Sie ein paar Fragen haben oder einfach, dass Sie Kontakt zu den anderen in der Abteilung aufbauen wollen?«

»Okay, kann ich machen.«

»Gehen Ihre Kollegen abends manchmal noch auf ein Bier?«

»Ja.«

»Können Sie sich einmal anschließen und schauen, ob es Ihnen gefällt?«

»Okay.«

»Oder Sie fangen dort an, wo es unbelasteter ist: Lernen Sie in Ihrer Freizeit Leute kennen. Recherchieren Sie, ob es eine Theatergemeinde, einen Kunstverein oder Ähnliches gibt.«

»Ja, okay.«

»Und wenn Sie unter netten Menschen sind, stellen Sie Fragen, hören Sie ihnen zu. Kommunikation heißt nicht sabbeln, sondern zuhören.«

Frank Schrader grinst. »Habe verstanden.«

»Und versuchen Sie es mal mit Lothar. Hier, mit dieser Methode werden sogar Schüchterne zu kommunikativen Menschen.«

Ich reiche ihm ein Arbeitsblatt: »Mach's mit Lothar«
Frank Schrader liest es, zunehmend lächelnd:

L = Lächeln.
O = Offene, entspannte Körperhaltung, d. h. Arme nicht verschränken und Beine nicht übereinanderschlagen.
T = Touch. Berühren Sie andere Menschen ruhig einmal am Arm oder Ärmel, wenn Sie mit ihnen reden.
H = Hinwenden. Beugen Sie sich vor, wenn Sie mit anderen Menschen reden.
A = Anschauen. Lassen Sie ab und zu Blickkontakt zu.
R = Reagieren. Bestätigen Sie, was andere sagen, mit einem Nicken, einer Antwort oder einer Frage.

»Und vielleicht mögen Sie noch eine kleine Hausaufgabe: Überdenken Sie Ihr Menschenbild. Was erwarten Sie von den anderen, wie denken Sie über Menschen, was gibt es an Menschen vielleicht Spannendes zu entdecken?«

Er nickt eifrig und schreibt es auf seine To-Do-Liste. Nachdem wir besprochen haben, was ich seinem Chef kommunizieren darf, unter anderem die Alternative mit der Fachkarriere, schreibt er sich seine obligatorische Erinnerungspostkarte, die ich ihm nach vier Wochen schicken werden.

Wir verabschieden uns fast herzlich, ich bringe ihn zur Tür, wünsche ihm alles Gute. Er schüttelt mir lange die Hand, bedankt sich lächelnd.

Anschließend räume ich, noch ganz in Gedanken, die Unterlagen zusammen, nehme seine Karte und lese »Lieber Frank, geh fröhlich auf Menschen zu!« Und freue mich.

Fäuste und Fingerspitzen

Coach: Theresia Volk

Alle Kunst beruht auf Ordnung, Maß und Zahl.
Walter Muschg

Alles in Ordnung?

»Ich möchte einfach wissen, ob alles im grünen Bereich ist.« Ferdinand Greewe spricht schnell, ohne hastig zu wirken. Seine Stimme am Telefon klingt angenehm warm. Er ist Bauingenieur und erzählt mir, dass er seit einem halben Jahr eine neue und höhere Leitungsfunktion in seiner Firma übernommen hat. Die erste Auswertung des turnusmäßig durchgeführten Führungsfeedbacks hat er eben auf den Tisch bekommen. »Ich schicke sie Ihnen zu, dann können Sie ja schon mal reinschauen«, sagt er zum Abschluss am Telefon, nachdem wir einen Einzeltermin verabredet haben. Ich bin gespannt, was ich zu lesen bekommen werde, und noch mehr auf die Person Ferdinand Greewe.

Als ich ihm zwei Wochen später die Tür öffne, steht ein ernster, fast zierlicher junger Mann vor mir, der noch jünger aussieht, als er ohnehin ist. Er hat bereits einen außergewöhnlichen Aufstieg hinter sich. Erst Mitte 30 wurde er in eine gehobene Leitungsfunktion berufen, in der er direkt dem Vorstand berichtet. Angefangen hat er mit einer Ausbildung zum Bauzeichner in eben diesem Bauunternehmen, danach hat er noch berufsbegleitend studiert und den Dipl.-Ing. erworben. Mit 29 übernahm er seine erste Führungsfunktion, seit sechs Monaten ist er nun Chef von Managern, die selbst große Abteilungen bzw. Großprojekte führen, und die, mit einer Ausnahme, alle älter sind als ihr neuer Chef.

Kaum hat er sich gesetzt, beginnt er auch schon, seine Unterlagen – sein Führungsfeedback – hervorzuholen und die verschiedenen Blätter vor sich auf den Tisch zu legen. »Haben Sie es gelesen?«, fragt er. »Ja, natürlich«, antworte ich. Das hatte ich in der Tat und was ich am Abend zuvor gelesen habe, war ausgesprochen gut. Seine insgesamt acht Mitarbeiter, die ihre Meinungen anonym abgegeben haben, finden im Wesentlichen positive, konstruktive und wertschätzende Worte für ihren Chef. Es ist m. E. keine Lobhudelei dabei, stattdessen werden einige Veränderungswünsche genannt, die aber im Ton sehr sachlich daherkommen. Ich vermeide es, einen Kommentar zu meinem Gesamteindruck abzugeben, weil ich die Resonanz, die das Feedback bei Herrn Greewe ausgelöst hat, noch nicht kenne.

»Denken Sie nicht, ich mache ›fishing for compliments‹«, sagt er. Nein, auf diese Idee käme ich nicht, er wirkt nicht wie jemand, der von mir gelobt werden will. Ihm fallen die positiven Feedbacks also auf. Das ist ja schon mal viel wert. »Und ich freue mich auch darüber, wirklich!«, fügt er noch hinzu.

Ich weiß noch nicht, mit welchem Anliegen er kommen wird, mich beeindruckt aber seine Ernsthaftigkeit. Wie er konzentriert dasitzt, ein erfolgreicher junger Mann, der sicher auch an seinem Schreibtisch jede Menge zu tun hätte. Aber er kommt ins Coaching und zeigt so sein Interesse, sich weiterzuentwickeln, seine Verantwortung noch besser wahrzunehmen oder aus Fehlern zu lernen. Das unterscheidet ihn von jenen, die mit wachsendem Erfolg verlernen oder vergessen, dass sie nach wie vor Lernbedarf haben könnten. Oft schaffen es gerade die Leistungsträger nicht, trotz erklärtermaßen gutem Willen, sich aus ihrer operativen 70-Stunden-Powerwoche zwei Stunden Zeit für eine solche Reflexionsarbeit zu nehmen. Damit hat Ferdinand Greewe anscheinend überhaupt kein Problem.

»Sie gönnen sich also eine Art vorausschauendes Coaching und warten nicht damit, bis die ganze Hütte brennt«, bemerkte ich.

»So könnte man sagen. Und es ist ja nur ein Anruf, eine Terminabsprache, dann steht's im Kalender und ist fix, wie tausend andere Sachen auch«, antwortet er. Dann wendet er sich wieder den Unterlagen zu.

Was ist nicht in Ordnung?
»Sie haben ja sicher gemerkt, dass sich ein Kritikpunkt öfter wiederholt«, sagt er mit Blick auf die Papiere.

Nein, das habe ich nicht. Aber das ist auch nicht nötig, dafür sitzt er ja hier und wird gleich selbst ausdrücken, was ihn beschäftigt. Und ich bin jetzt wirklich neugierig: »Was haben Sie denn als Kritik empfunden?«

»Dass ich eben nicht auf den Tisch hauen kann!«, sagt er hastig.

Aha, denke ich und bin gespannt, was jetzt folgt. Denn mir

ist dieser Punkt ganz und gar nicht ins Auge gesprungen. Tatsächlich ist es so, dass es zwei, drei Rückmeldungen in der Art gibt, die Ferdinand Greewe wohl so interpretiert haben könnte. Diese Sätze lauten: »Man könnte es ihm nicht verdenken, wenn er manchmal mit der Faust dazwischen fahren würde« oder: »Das Einzige, was ich ihm raten könnte: Er sollte sich von einigen vielleicht nicht so viel gefallen lassen.«

Er erzählt, dass er auch früher schon manchmal mit solchen »Tipps« konfrontiert worden ist. »Und dem will ich jetzt einfach mal auf den Grund gehen«, sagt er entschlossen. »Vielleicht kann ich es sogar noch lernen und meinen Führungsstil entsprechend verändern.«

»Na, dann fangen wir mal an mit ein paar Tiefenbohrungen«, antworte ich dem Bauingenieur. Gerade weil ich besagte Sätze nicht als Kritik interpretiere, bin ich gespannt, welche Bedeutung für Herrn Greewe das »Nicht-auf-den-Tisch Hauen« hat.

»Warum hauen Sie denn nicht auf den Tisch?«, frage ich zunächst.

»Ich komme mir albern vor«, sagt er spontan. »Schauen Sie, ich bin grade mal 1,70 groß. Ich mag dieses Auftreten einfach nicht. Aber vielleicht muss ich es einfach mal machen?«, fügt er seufzend hinzu.

»Wir können natürlich gerne meinen Tisch als Übungsfeld dafür benutzen«, biete ich an. Er lacht und schlägt tatsächlich zweimal mit seiner Faust auf die Erlenholzplatte meines Besprechungstisches, allerdings nicht besonders stark. »Na, jetzt haben Sie aber meinen Tisch geschont«, meine ich, » – oder Ihre Hand?« »Ich sage ja, dass ich dazu eigentlich keinerlei Lust habe«, betont er noch einmal, jetzt leicht missmutig.

»Okay«, frage ich, nun wieder ernsthaft, »wieso wollen Sie es dann trotzdem machen? Wozu soll es gut sein?« Das »Auf-den-Tisch-Schlagen« scheint mir ein Symbol zu sein: Wofür steht es bei Ferdinand Greewe?

»Nun, das liegt doch auf der Hand«, erläutert er die vermeintlichen »Selbstverständlichkeiten«. »Wegen der Durch-
setzung. Wegen des vielleicht größeren Respekts. Um mir
noch deutlicher Gehör zu verschaffen.« Gerade bei sogenannten Selbstverständlichkeiten lohnt es sich, ganz »dumm«,
sprich naiv, nachzufragen, um langsam einzukreisen, wie der
Name des Problems lautet. Zu frühe, vermeintlich selbstver-
ständliche Schlussfolgerungen können auf die falsche Fährte
führen.

»Das heißt, Sie können sich also nicht durchsetzen?«, frage
ich ihn. Ich pointiere bewusst. »Nein, so kann man das wirklich nicht sagen«, widerspricht er energisch. »Wie setzen Sie
sich denn durch, wenn Sie z.B. einen Mitarbeiter bewegen
wollen, etwas zu tun, was er nicht einsieht?« Sein Gesicht
hellt sich auf. Er beginnt zu schildern und erläutert mir ohne
großes Nachdenken einige Beispiele. Ich bohre nach weiteren
Details und Herr Greewe beschreibt anschaulich, wie er
Kritikgespräche mit Mitarbeitern führt − »nie vor Kollegen
kritisieren; immer unter vier Augen sprechen, da aber mit
deutlichen Worten« − oder kritische Situationen in der Ab-
teilungsleiterrunde klärt. Er antwortet: »Manchmal muss man
über Bande spielen, um am Ende zu gewinnen.«

Während er so über seine Arbeit spricht, ist er wieder der
ernsthafte, sichere und zielorientierte Mann. Er ist in seinem
Element und wirkt sehr überzeugend. Ich merke ihm an, dass
ihm seine Arbeit mit seinem Team viel bedeutet und er bereits
viel Erfahrung hat. Ich zweifle nicht, dass er sich durchsetzen
kann und sich ja auch durchgesetzt hat. Die Führungsposition in seinem Bauunternehmen ist ihm sicher nicht einfach
zufällig zugeflogen, denke ich gerade, als Ferdinand Greewe
eine weitere Geschichte aus seinem turbulenten Alltag zu
erzählen beginnt. »Herr Greewe«, unterbreche ich ihn, »Sie
müssen nicht mich überzeugen, sondern sich.« Er stoppt und
sieht mich an. »Sie schildern mir sehr überzeugend, dass und
wie Sie sich durchsetzen. Und die Fakten sprechen ja auch

eine deutliche Sprache«, fahre ich fort. »Die Feedbacks Ihrer Mitarbeiter – wenn ich mich recht erinnere, handelt es sich um alte Haudegen mit einer Menge Erfahrung – zeugen von Respekt und lassen auf Substanz schließen.« Es kommt niemand in diese Ebene, der nur fachlich gut ist, sich aber keinen Respekt verschaffen kann oder sich nicht immer wieder gegen Widerstände durchzusetzen vermag.

Die »Probebohrungen« im Gespräch von eben bestätigen und verstärken diesen Eindruck. Aber: Hat Ferdinand Greewe selbst ein Gespür dafür, ob er sich durchsetzen kann, auch ohne auf den Tisch zu schlagen? Das war ja unser Ausgangspunkt.

Doch, es ist alles in Ordnung

»Ja, Sie haben recht«, meint er nachdenklich, »ich kann mich durchsetzen, ganz klar, aber auf meine Art eben.«

»Den Eindruck habe ich allerdings auch«, stimme ich ihm zu. Ich wollte diese Erkenntnis noch etwas sichern, um anschließend auf die immer noch ungeklärte Frage mit dem »Auf-den-Tisch-Hauen« zurückzukommen.

»Ich schlage vor, für einen Moment die Perspektive zu wechseln. Statt: ›Was kann und muss ich noch besser machen?‹, frage ich Sie jetzt andersherum: ›Was haben Sie bisher genau richtig gemacht? Welches sind Ihre erfolgreichsten Durchsetzungsstrategien?‹«

Denn der bewusste Einsatz der eigenen Stärken ist weitaus gewinnbringender als die immer auch notwendige Arbeit an den Schwächen.

»Wir drehen den Spieß einfach um«, fahre ich fort, weil er immer noch keine Anstalten macht, auf die neu gestellte Frage zu antworten. »Sie sind enorm durchsetzungsstark. Wie stellen Sie das an?« Dann aber legt er los.

Es kommt einiges zusammen, und ich schreibe auf dem Flipchart mit:

- Ich kann es aushalten, wenn man mich bei der ersten Begegnung unterschätzt – das nutze ich dann in der Zweiten.

- Ich kann warten, bis sich eine Gelegenheit ergibt und dann blitzschnell zugreifen.

- Ich bin meist höflich und ruhig, das hält viele daon ab, mich frontal anzugreifen.

- Auch wenn ich wütend bin, kann ich mich beherrschen und mache dadurch keinen Fehler im Affekt.

- Ich führe nie jemanden vor; man trifft sich immer zweimal.

Ferdinand Greewe betrachtet zufrieden und ein wenig stolz das Chart. »Ich kann mich eigentlich nicht beklagen, was?«, scherzt er. »Es ist vermutlich so, dass ich aus der Not eine Tugend gemacht habe – Sie müssen wissen, dass ich bei Schulhofraufereien nie besonders gut aussah«, gibt er lächelnd zu, und fügt nachdenklich an: »Ich musste mir ganz einfach etwas anderes ausdenken, um zu gewinnen. Denn verlieren wollte ich nicht.«

So hat sich das Bild also gedreht: Aus einer vermeintlichen Schwäche ist eine Stärke geworden. Ist damit alles gut?

Ich bin mir noch nicht sicher und frage deshalb: »Gibt es denn einen Grund, warum Sie gerade jetzt bei mir angerufen haben und diesem Thema auf den Grund gehen wollen? Sie kennen es ja schon lange, wie Sie sagen.«

Herr Greewe schaut auf den Tisch hinab. Nach einer Weile setzt er an: »Ehrlich gesagt: Ich habe jetzt fast ausschließlich Mitarbeiter, die älter und erfahrener sind als ich. Und Sie haben es ja vorher selbst erwähnt: Das sind zum Teil echte Haudegen. Ich komme mit jedem Einzelnen gut aus. Ich bin mir nur nicht sicher, ob ich nicht vielleicht doch diesen anderen Stil brauche, gerade bei diesen Männern.«

Ah, da liegt der Hund begraben.

»Sie meinen, um ein echter ›Baulöwe‹ zu werden, müssten Sie ein wenig mehr dem Klischeebild der Baubranche entsprechen: Große Maschinen, schwere Kerle, rauer Ton«, sage ich. Er fühlt sich ertappt: »Sieht ganz so aus. Dabei ist das längst nicht mehr durchgehend der Fall.« Wir unterhalten uns eine Weile über Klischeebilder, die sich lange halten und lange wirken, auch bei uns selbst. Aber im Einzelfall muss man eben prüfen, ob sie passend sind.

Für Ferdinand Greewe ist dieser Habitus bisher nicht passend und auch nicht nötig gewesen. Ist er das denn jetzt?

»Ihre Idee ist einerseits verständlich, was die Kultur Ihres Metiers angeht«, beginne ich, »aber in Ihrer ganz konkreten momentanen Situation halte ich sie sogar für gefährlich.«

»Wie meinen Sie das?«

»Ihr ›Problem‹ ist gar kein Problem, sondern eine Lösung!«, spitze ich die Antwort zu. Jetzt runzelt er doch die Stirn. »Was löse ich denn damit?« »Dass Sie bei Ihren neuen Mitarbeitern nicht massiv auftreten, es auch nicht müssen, ist Ihr Erfolgsgeheimnis, nicht Ihr Handicap! Sie sind ja der Jüngste, der eine Reihe älterer und erfahrenerer Alphatiere führt.«

Herr Greewe nickt und hört interessiert zu.

»Dazu ist es notwenig, sich quasi ›hinten anzustellen‹. Sie können sich gerade nicht als Ober-Alphatier präsentieren, denn dann hätten Sie sofort Krieg. Etwas weniger martialisch gesprochen: Es wäre unangemessen und respektlos von Ihnen.«

Noch mehr Ordnungen?

Man spricht in diesem Zusammenhang auch von bestimmten System-Ordnungen und -Rangfolgen. Ganz einfach gesagt gibt es drei wichtige Ordnungen, die einer Organisation zugrunde liegen, und die klar sein müssen:

1. Die Zugehörigkeit.
2. Der Ausgleich von Geben und Nehmen.
3. Die Einhaltung der systemischen Rangfolge.

Werden diese Prinzipien respektiert, dann wird das von den Handelnden als wohltuend und erleichternd wahrgenommen.

Um die letztgenannte Rangfolgen-Ordnung geht es im Fall von Ferdinand Greewe. Es gibt z.B. die Rangfolge der Betriebszugehörigkeit: Wer ist am längsten in der Firma oder im Team? Diesen gebührt – unabhängig von deren sonstiger Stellung – eine entsprechend höhere Achtung.

Eine andere Rangfolge ist die des Lebensalters: Es gibt Ältere, die logischerweise in der Stufung vor den Jüngeren kommen.

Es gibt die Rangfolge der größeren Verantwortung für das Ganze (meist die Hierarchie): Auch diese muss respektiert werden. Aber eben nicht als Einzige (was oft vorkommt).

Weitere Rangfolgen sind die der größeren Leistung, die der größeren Erfahrung oder Fähigkeit usw.

Wir alle haben meist ein gutes Gespür, ob solche »Ordnungen« respektiert werden oder nicht. Einfach ist es, wenn alle Rangfolgen bei den Einzelnen deckungsgleich sind. Wenn also z. B. der Chef eines Teams auch gleichzeitig der beste und engagierteste Fachmann ist, vom Lebensalter her der Älteste und auch noch am längsten im Betrieb. So ein Chef wird selten Akzeptanzprobleme haben.

Anders ist es, wenn sich diese Ranglinien kreuzen, wie z.B. bei Herrn Greewe. »In Ihrem Fall«, erläutere ich, »sind Sie zwar der hierarchisch Höchste, aber im Lebensalter eben der Geringere. Außerdem sind Sie als Letzter in das Team gekommen. Und – Sie sagten es selbst – manche sind Ihnen auch fachlich klar überlegen. Diese Gegebenheiten müssen Sie unbedingt anerkennen, auch symbolisch!«

Häufig beachten jüngere Chefs nicht, dass und worin sie ihren älteren Mitarbeitern nachstehen. Manche meinen sogar, sie müssten den Mangel durch ein besonders imposantes oder rigoroses »Führungs«-Gebaren ausgleichen. Das ist aber gerade Gift. Das Gegenteil ist der Fall: Je mehr Anerkennung ich den anderen ›Ranghöheren‹ zukommen lasse, desto mehr werden sie meinen anderen Rang, der höher ist als der ihre, auch respektieren.

Jetzt kombiniert Herr Greewe sehr schnell und platzt heraus: »Da wäre ich ja ganz schön auf die Nase gefallen, wenn ich mir diesen Stil angewöhnt hätte.« Genau, das »Auf-den-Tisch-Hauen« ist ein Habitus, den man vielleicht einem alten (!) Haudegen zugesteht. Wenn das indessen von einem neuen und jungen Chef kommt, wird es vermutlich als Anmaßung empfunden.

Ferdinand Greewe wirkt plötzlich sehr erleichtert.

»Ich bin heilfroh, dass ich der Versuchung nicht nachgegeben habe, es einfach mal probehalber zu tun«, bemerkt er. »Was hat sie daran gehindert?«, frage ich nach. »Na, irgendwie mein Bauchgefühl.« »Freuen Sie sich darüber, es funktioniert bestens. Und hören Sie weiter genau hin!« »Ja«, pflichtet er bei, »aber es geht doch viel leichter, wenn man weiß« – er tippt sich verschmitzt an die Stirn – »warum.«

Seine Intuition hatte ihn daran gehindert, aber er hat sie nicht als Klugheit deuten können, sondern blieb misstrauisch. Erst heute kommt das bewusste Verstehen, die Verstandes-Seite dazu.

In manchen anderen Coachings geht es darum, zu seinen Gefühlswelten vorzudringen und sie zu entschlüsseln, denn vom Kopf her scheint schon längst alles ganz klar.

Hier ist es umgekehrt: Ferdinand Greewe tat etwas Richtiges, wusste aber nicht, warum es richtig war. Auch das kann einen nachdenklichen Menschen verunsichern. Jetzt hat er sich die Erlaubnis selbst gegeben, so zu bleiben.

Wir verabschieden uns. Er räumt seine Unterlagen vom Tisch zusammen und, schon im Aufstehen begriffen, schlägt er noch einmal – dieses Mal sogar recht fest – mit der Faust auf das Erlenholz. »Der Tisch ist wirklich klasse. Wenn ich ihn mal wieder brauche, komme ich einfach vorbei. Abgemacht?« »Gerne«, antworte ich lachend, und während er die Treppe hinuntergeht, denke ich mir noch, dass er mir jetzt gar nicht mehr so ruhig vorkommt wie noch zu Beginn unserer Begegnung.

Mal eben das Gehalt verdoppelt

Coach: Sabine Asgodom

»Liebe Frau Asgodom, ich sage nur vier Worte: ICH habe es geschafft! Yeah, Jubel, Kreisdreh, Purzelbaum und sonstige Verrenkungen! Ich habe die 125 000 Euro und keinen Cent weniger. Bei der Vorstellung meines Konzepts hat Friedhelm leuchtende Augen und rote Bäckchen bekommen und zwischendurch ließ ich unseren Zaubersatz fallen: ›Friedhelm, wir werden die Finanzwirtschaft zu deiner Spielwiese machen!‹ Der Rest, also die Gehaltsverhandlung, war gar keine Verhandlung mehr, sondern eher ein Spaziergang. Friedhelm hat noch einmal versucht, das neue Gehalt zu staffeln (ab September erst hochzugehen) – ich habe nur gesagt: ›Friedhelm, vergiss es‹ und habe gezwinkert. Daraufhin musste er auch lachen und meinte, er habe in mir seinen Meister gefunden, was Verhandlungen anginge. Wenn der wüsste, wer der Meister in Wirklichkeit ist! Ein herzliches Dankeschön an meine Meisterin. Ich bin froh, dass sich unsere Wege gekreuzt haben und freue mich riesig auf unser nächstes Coaching. Ihre Veronika Kimpfel«

Diese E-Mail hängt über meinem Schreibtisch. Wenn ich jemals einen Motivationsmangel habe, brauche ich nur darauf zu schauen und Energie durchflutet mich.

Veronika Kimpfel, 41, war vor einem halben Jahr erstmals zum Coaching zu mir gekommen. Sie arbeitete damals als Leiterin Marketing bei einem Berufsverband im Ruhrgebiet. Die Arbeit war okay, aber sie träumte davon, sich mit einer Marketingfirma selbstständig zu machen. Im ersten Coaching hatten wir einen Plan zur Selbstständigkeit entwickelt.

Jetzt bittet sie um einen neuen Termin: »Ich muss etwas ganz Aktuelles mit Ihnen besprechen.« Ich freue mich immer, wenn Klienten nach einiger Zeit wiederkommen, über erste Schritte auf ihrem Weg der Veränderung berichten und dann weitere Strategien besprechen wollen. Wir können ihr kurzfristig einen Zwei-Stunden-Termin anbieten. Sie sagt zu.

Veronika Kimpfel überrascht mich mit der Nachricht, dass sie sich trotz konkreter Pläne nicht selbstständig gemacht habe, sondern mit ihrem alten Chef in eine neu gegründete Consulting-Firma gewechselt und dort Marketingvorstand geworden sei. Wow, Glückwunsch! Es gibt nicht sehr viele weibliche Vorstände in Deutschland. Und was ist so dringend? Sie tut sich erst schwer, mir die Konstruktion des Vorstands zu erklären. Ich greife zur Kiste mit den Holzfiguren, mit denen ich gerne arbeite. Mit Hilfe der Figuren stellt sie mir die Kollegen vor:

»Ich habe drei männliche Vorstandskollegen. Das hier ist der Vorsitzende, der bekommt derzeit etwa 150 000 Euro im

Jahr. Die zwei Kollegen hier bekommen jeweils 125 000 Euro.« Soweit okay.

Jetzt stellt sie für sich selbst eine Holzdame dazu. »Ich bin nur drei Tage in der Woche im Büro, ansonsten arbeite ich von zu Hause aus oder ich bin auf Veranstaltungen. Ich wollte nicht mehr die ganze Woche im Büro sitzen. Ich bekomme 55 000 Euro Jahresgehalt. Und darum geht es.«

Ich schaue sie verständnislos an. »Warum so viel weniger als Ihre männlichen Kollegen?«

»Ja, das ist es ja. Die haben mich ausgeschmiert. Wenn man es richtig ausrechnet, müsste ich für meine Drei-Tage-Woche 73 000 Euro bekommen. Ich bin stinksauer. Und Sie müssen mir helfen, dass ich nächste Woche in der Verhandlung mit dem Vorstandsvorsitzenden die 19 000 Euro mehr raushole. Außerdem muss ich nächste Woche mein Marketingkonzept präsentieren und wollte gern, dass Sie noch mal draufschauen.«

Ich starre kopfschüttelnd auf den Puppenvorstand vor mir auf dem Tisch und überlege. Hier ist ein riesengroßer Fehler im System, denke ich, ich weiß nur noch nicht welcher.

Veronika Kimpfel erzählt weiter von den Kollegen, von deren Aufgaben. Plötzlich dämmert es mir.

»Frau Kimpfel, Sie und Ihr Vorsitzender haben einen großen Denkfehler gemacht.«

Fragend schaut sie mich an.

»Sie sind Vorstand der Firma?«

»Ja.«

»Seit wann wird das Gehalt eines Vorstands an der Anzahl der Stunden gemessen, die er im Büro sitzt?«

Sie zieht die Stirn kraus.

»Sie arbeiten doch als Vorstandsmitglied nicht nach Stechuhr. Sie schalten doch nicht Ihr Gehirn aus, wenn Sie das Büro verlassen, Sie bekommen doch auch gute Ideen, wenn Sie unter der Dusche stehen.«

Veronika Kimpfel nickt vorsichtig.

Ich erkläre weiter, was mir durch den Kopf schießt: »Sie

wirken auch für die Firma, wenn Sie auf Veranstaltungen sind. Netzwerken gehört doch zu einem guten Teil zum Marketing, oder?«

Sie nickt jetzt heftiger und ein breites Lächeln zieht sich über ihr Gesicht.

»Hallo, es gibt überhaupt keinen Grund, warum Sie weniger Geld bekommen sollten als Ihre männlichen Kollegen. Es geht nicht um 19 000 Euro mehr, es geht um das doppelte Gehalt. Es geht um 125 000 Euro.«

Ich steigere mich jetzt richtig in diese Überlegungen hinein, freue mich. Ja, das ist Coaching, es heißt, den klaren Außenspiegel zu liefern, Unmögliches zu denken und zu sagen. Zu provozieren, Dinge scharf auf den Punkt zu bringen. Was der Einzelne im Nachdenken nicht schafft, ermöglicht der Dialog. Worauf der Klient allein selbst niemals kommt, entwickelt sich im Gespräch mit dem Coach, der keine Karten im Spiel hat, sprich, der emotional unbeteiligt ist, der in keiner Beziehung zu den Handelnden steht. Die Draufsicht auf die Situation bringt den Durchblick. Anschließend geht es noch darum herauszufinden, ob die Lösung auch wirklich der Klientin entspricht. Abzuchecken, ob ich sie damit nicht überfordere.

Aufgeregt rutscht Veronika Kimpfel auf ihrem Stuhl hin und her. »Das meinen Sie wirklich ernst, oder?«

»Korrigieren Sie mich, wenn ich falsch liege.«

»Nein, nein, Sie haben ja recht.«

»Ja. Ganz nüchtern besehen haben Sie das Anrecht auf ein volles Vorstandsgehalt. Alles andere widerspricht dem gesunden Menschenverstand.«

Meine Klientin starrt auf die Figuren vor sich, überlegt, schaut mich an, nickt. »Sie haben völlig Recht. Das muss nur noch Friedhelm, unser Vorsitzender, auch so sehen.« Sie verzieht jetzt zweifelnd das Gesicht.

Genau darum geht es. Ich bin in Gedanken bereits bei der Umsetzung. Ich sehe die clevere Frau Kimpfel ernst und überzeugend vor ihrem Chef stehen.

»Daraus machen wir jetzt ein schönes Projekt. Das heißt erstens: Ihre Marketing-Präsentation muss der Hammer werden. Und zweitens brauchen wir drei klare Argumente, um Friedhelm aus dem Denkfehler heraus zu helfen. Erzählen Sie mal, was Sie sich für die Präsentation überlegt haben.«

Veronika Kimpfel erläutert ihr Marketingkonzept und ich fühle mich bestätigt: Die Frau ist klasse. Sie kennt sich in der Finanzbranche supergut aus, hat viel Erfahrung und hervorragende Kontakte zu Journalisten.

»So«, sage ich, »und jetzt brauchen wir noch eine Verheißung für den Vorsitzenden, damit der gar nicht umhin kann, Ihnen das volle Gehalt zu geben. Ihm muss klar werden, dass er nur mit Ihnen zusammen erfolgreich sein wird. Er ist doch ein Mann. Er wird bestimmt auf die Titelseite von *Capital* und *Focus* kommen wollen?«

Sie grinst und nickt heftig.

»Und Sie können ihm dabei helfen, in der Branche einen wichtigen und guten Namen zu bekommen? Ihn als Vortragsredner auf Kongressen unterzubringen, ihn mit Artikeln in die Fachpresse zu lancieren?«

Sie nickt wiederum.

Mir kommt eine Idee, ich muss ebenfalls breit grinsen und sage mit einem verführerischen Timbre in der Stimme: »Friedhelm, mein Lieber, gemeinsam werden wir die Finanzwelt zu deiner Spielwiese machen.«

Veronika Kimpfel klatscht vor Vergnügen in die Hände. »Halt, das muss ich wörtlich mitschreiben. Friedhelm, na ja, mein Lieber wäre ein bisschen too much, also, Friedhelm, gemeinsam werden wir die Finanzwelt zu deiner Spielwiese machen. Das ist der Hammer.«

»Sagen Sie es noch mal, legen Sie ganz viel Verheißung in die Stimme.«

»Friedhelm«, sie macht eine kurze Pause, senkt die Stimme,

schaut mir gerade in die Augen, »wir werden die Finanzwelt zu deiner Spielwiese machen.«

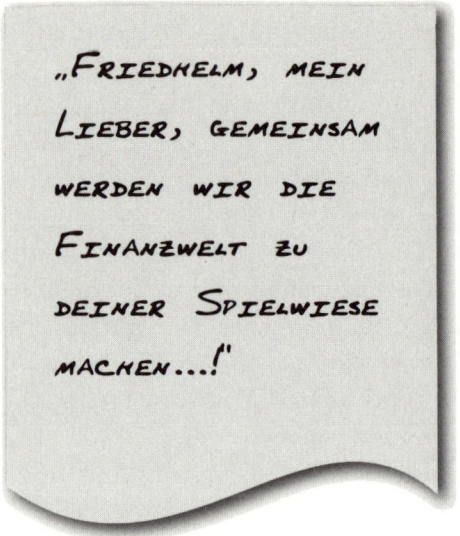

Wir springen beide auf, gehen umher, freuen uns wie kleine Kinder. »Ja, ja, das ist es!«

Wir schreiben für die Gehaltsverhandlung noch drei einfache, klare Sätze auf, die den Vorsitzenden überzeugen sollen:

1. »Friedhelm, uns beiden ist bei unserer letzten Besprechung über das Gehalt ein Denkfehler unterlaufen.
2. Ich werde als Vorstand meine volle Kraft für unser Unternehmen einsetzen, egal ob ich im Büro sitze oder uns auf Veranstaltungen repräsentiere.
3. Das heißt, ich bekomme das gleiche Gehalt wie die anderen beiden Vorstandskollegen, denn ich trage die gleiche Verantwortung.«

1. „FRIEDHELM, UNS BEIDEN IST BEI UNSEREN LETZTEN BESPRECHUNGEN ÜBER DAS GEHALT EIN DENKFEHLER UNTERLAUFEN.

2. ICH WERDE ALS VORSTAND MEINE VOLLE KRAFT FÜR UNSER UNTERNEHMEN EINSETZEN, EGAL OB ICH IM BÜRO SITZE ODER UNS AUF VERANSTALTUNGEN REPRÄSENTIERE.

3. DAS HEISST, ICH BEKOMME DAS GLEICHE GEHALT WIE DIE BEIDEN VORSTANDSKOLLEGEN, DENN ICH TRAGE DIE GLEICHE VERANTWORTUNG."

Wir spielen das Gespräch mehrmals durch, bis die Sätze sicher sitzen. Das Wichtigste dabei: Keinen Vorwurf an den Vorsitzenden, deshalb das versöhnliche »uns beiden«. Kein Neid auf die Kollegen, sondern souveränes Auftreten. Kein Herumzicken nach dem Motto »Mit mir wollt ihr es wohl machen«, also ihre exponierte Stelle als Frau nicht thematisieren. Sich den hohen Betrag auch tatsächlich zugestehen: »Ja, das bin ich wert.« Und vor allem: ihre Drei-Tage-Woche nicht rechtfertigen. Sie ist Vorstandsmitglied, basta. Sie braucht dreimal sein zustimmendes Nicken. Dann hat sie gewonnen.

So gerüstet, voller Optimismus und der Bereitschaft, auch ein »Nein« zu riskieren, fährt Veronika Kimpfel zurück nach Dortmund.

Ja, es kann sein, dass ihr die beste Strategie nichts hilft. Dass ihr Chef nicht einlenkt. Kann sein. Das eine ist, was wir wollen, und das andere, was im Interesse unseres Gegenübers liegt. Manchmal bekommen wir nicht, was wir wollen. Aber versuchen müssen wir es wenigstens. Wir müssen uns vorher die Argumente überlegen, die es dem anderen leicht machen, »Ja« zu sagen.

Da erlebe ich Frauen immer noch als viel zu vorsichtig. Sie scheuen die Niederlage und greifen lieber gar nicht erst an. Frauen sollten lernen, das Spielerische im Business zu erkennen, das Spiel mit der Macht, das Spiel mit Konkurrenz, in dem es immer wieder mal Sieger und Verlierer gibt. Frauen sollten lernen, dass in einer Situation verloren zu haben, nicht Scheitern heißt. Sondern Ansporn sein kann, bei nächster Gelegenheit die Strategien zu verbessern.

Das Nächste, was ich von Veronika Kimpfel höre, ist ihre Purzelbaum-E-Mail eine Woche später. Ich bin damit durchs Büro getanzt und habe sie meinen Mitarbeiterinnen vorgelesen (Coaches sind auch nur Menschen). Was mich daran so besonders gefreut hat: Man muss einfach mutig sein, querdenken, das Unmögliche probieren – und sich nicht den Schneid abkaufen lassen. Und manchmal hat man damit auch noch Erfolg.

In der Zwischenzeit habe ich mich mit Veronika (wir duzen uns inzwischen) zu weiteren Coachingsitzungen getroffen, wir haben strategische Schritte besprochen, an Konzepten gearbeitet. Veronika ist ein gutes Vorstandsmitglied. Und – sie ist jeden Euro wert.

Wenn Träume
wahr werden

Von welchem Lebensstandard
sprechen Sie?

Coach: Sabine Asgodom

»Und außerdem leide ich unter Asthma.« Was Barbara Behneke mir da erzählt, glaube ich sofort. Mir drückt es schon die Luft ab, wenn ich nur sehe, was sie da vor mir auf dem Tisch aufgestellt hat. Ich wollte, dass sie mir ihre Lebenssituation beschreibt. Und als bewährtes Hilfsmittel arbeite ich im Coaching seit vielen Jahren mit kleinen und großen Holzpuppen, die ich mir mal in einer Behindertenwerkstatt habe anfertigen lassen.

Barbara, 32 Jahre alt, arbeitet in der Dienstleistungsbranche. Sie war auf der Hotelfachschule und ist jetzt Bankettmanagerin in einem großen Frankfurter Hotel. »Ich bin dort sehr unglücklich«, hat sie mir geschrieben. »Außerdem verdiene ich zu wenig.« Sie möchte im Coaching Klarheit finden, ob sie die Branche wechseln soll, was sie überhaupt kann und was sie wirklich will. »Ich brauche Feedback, wie ich wirke.« Im Augenblick, so beschrieb sie es am Telefon, sehe sie ihre Fähigkeiten und ihre Zukunft nur im Nebel liegen.

In dieser Verwirrtheit kommt sie eine Viertelstunde zu spät zum ersten Termin. »Ich stand in einem schrecklichen Stau«, entschuldigt sie sich hastig. Sie wirft ihre Handtasche auf den Tisch, zieht ihr Chanel-Jäckchen aus, nestelt an ihrem pinkfarbenen Handy, muss »noch schnell« ein Telefonat führen. Und dann ist sie endlich angekommen.

Ich habe Zeit, sie zu betrachten. Tiefe Falten ziehen sich um ihren Mund, sogenannte Magenfalten. Ihr hübsches Gesicht sieht müde aus, abgespannt, irgendwie hohl. Auf jeden Fall nicht wie das einer blühenden 32-Jährigen.

Wir kommen nur langsam ins Gespräch, sie erzählt stockend von ihrem Job, der ihr keinen richtigen Spaß macht und für den sie viel zu wenig Geld bekommt, »bei den vielen Überstunden«. Geld scheint überhaupt eines der Hauptthemen zu sein. Ich ziehe das Motivationsraster aus der Coachingmappe, eine schöne Übung, um herauszufinden, was jemanden im Leben antreibt.

Motivationsraster:	
Ruhm	Herausforderung
Spaß	Unabhängigkeit
Geld	Harmonie
Anerkennung	Selbstbestimmung
Muße	Erfolg
Freiheit	Ehre
Kollegialität	Abenteuer
Macht	Ästhetik
Sinn	Status
Freude	Sicherheit
Einfluss	Gerechtigkeit
Verantwortung	Zeitsouveränität

Ich nenne ihr die jeweils nebeneinander stehenden Werte und sie muss sich für einen entscheiden: Ruhm oder Herausforderung? Sie entscheidet sich für Herausforderung. Spaß oder Unabhängigkeit? Spaß bleibt übrig. Geld oder Harmonie? Sie zögert nicht eine Sekunde: Geld. Muße oder Erfolg? Erfolg. Anerkennung oder Selbstbestimmung? Anerkennung. Was noch stehen bleibt: Freiheit, Abenteuer, Ästhetik, Status, Einfluss, Sicherheit und Verantwortung.

In der nächsten Runde werden die verbleibenden Begriffe gegeneinander gestellt. Übrig bleiben: Herausforderung, Geld, Anerkennung, Freiheit, Status, Sicherheit. Letzte Runde heißt: Aus sechs mach drei. Und was bleibt jetzt noch übrig: Geld, Anerkennung, Sicherheit.

Barbara Behneke erzählt von ihren Eltern: »Mein Vater ist Vorstandsvorsitzender im Ruhestand, meine Mutter ist Hausfrau. Ich bin die einzige Tochter. Seit ich denken kann, wollte ich immer so werden wie Papa. Bloß nicht wie meine Mutter, die war ja nur zu Hause.«

Ich bitte sie, sich Puppen aus dem Karton zu nehmen und ihre Lebenssituation darzustellen. Sie nimmt eine der Holzfiguren, eine kleine weibliche Puppe, und legt sie flach auf den Tisch. »Das bin ich.« Dann nimmt sie zwei größere Figuren heraus und legt sie auf die kleine Puppe. »Das sind meine Eltern«, sagt sie. Sie greift noch einmal in die Kiste und nimmt eine große Männerfigur heraus. Die stellt sie ein Stück entfernt von den drei anderen aufrecht hin. »Das ist mein Freund.«

Das ist der Augenblick, in dem ich Atemnot bekomme und sie von ihrem Asthma spricht. Erdrückender war noch keine Situations-Aufstellung auf diesem Tisch. Ich bitte sie, die Situation zu erläutern.

»Ich wohne im Taunus, in der Wohnung, die meine Eltern mir gekauft haben, 135 Quadratmeter, die könnte ich mir mit meinem Gehalt niemals leisten. Ich fahre einen Fünfer-BMW, den mein Vater mir geleast hat. Könnte ich mir selbst auch nicht leisten.«

Sie wohnt ganz in der Nähe der Eltern, ist dort jeden Sonntag zum Mittagessen, und die Mutter macht ihr die Wäsche. Ein verwöhntes kleines Mädchen, denke ich, fast beneidenswert. Aber eben nur fast.

Barbara Behneke erzählt weiter: »Manchmal fühle ich mich wie erdrückt von dieser Nähe. Meine Eltern sehen, welches Auto vor der Tür steht; wann ich aufstehe; ob die Betten draußen hängen. Ich bespreche alles mit meinen Eltern. Und sie kritisieren mich oft. Klaus, meinen Freund, mögen sie auch nicht.«

Sie setzt ein Verschwörerlächeln auf: »Sie wissen übrigens nicht, dass ich heute hier bei Ihnen bin. Das wäre ihnen bestimmt nicht recht.«

Aber warum nicht?

»Die finden so was total albern, Therapie und so was. Was Coaching ist, würden die sowieso nicht verstehen. Und wahrscheinlich würden sie sagen, du kannst doch alles mit uns besprechen.« Und deshalb hat die brave Tochter erzählt, dass sie eine Freundin in München besucht.

»Aber ich halte das nicht mehr aus.«

Ich schaue sie lange an und frage: »Wie sollte die Situation denn aussehen, damit Sie sie aushalten können?«

Barbara Behneke überlegt nur kurz. Sie nimmt eine große weibliche Figur und stellt sie zu der Puppe, die ihren Freund darstellt. Dann zieht sie die kleine Puppe unter den Eltern hervor und legt sie zur Seite.

»So würde Ihnen das gefallen?«, frage ich sie.

»Ja«, sagt sie zögernd. »Aber wie soll ich denn das machen?«

»Sie haben es gerade vorgemacht«, antworte ich.

»Ich? Wie?«

»Was haben Sie denn gerade getan?«

Sie wiederholt die Bewegung der Puppe.

»Ich bin weggegangen.«

»Ja! Eben.«

»Aber das kann ich doch nicht.«

»Warum nicht?«

»Ich möchte meinen Lebensstandard halten.«

Mein Mitgefühl mit der jungen Frau weicht einer gewissen Ungeduld. »Wenn ich Sie so ansehe, frage ich mich, von welchem Lebensstandard Sie sprechen? Das Unglück ins Gesicht geschrieben, ein Alb auf der Brust ...«

»Aber ich möchte gern tolle Urlaube machen.«

»Wohin fahren Sie denn?«

»Seychellen, Mauritius ...«

»Okay, das verstehe ich. Wie viele Monate fahren Sie da immer hin?«

»Monate?« Sie schaut mich mit großen Augen an. »Na, zwei Wochen im Jahr.«

Ich möchte der jungen Frau gern etwas übers Erwachsenwerden erzählen, über Selbstverantwortung, Freiheit, halte mich dann aber zurück. Belehren hilft gar nichts. Sie muss von selbst darauf kommen.

»Zwei Wochen Traumurlaub im Jahr gegen 50 Wochen Unglück. Meinen Sie, dass dieses Verhältnis in Ordnung ist?«

Sie schaut mich ratlos an.

Ich hake nach: »Wenn ja, dann müssen Sie den Preis bezahlen. Sie wissen doch, alles hat seinen Preis. Bleiben hat einen, weggehen auch. Handeln hat einen, nicht handeln auch. Sich von den Eltern aushalten lassen, hat einen, auf eigenen Füßen stehen auch. Was wollen Sie?«

Sie sieht jetzt noch unglücklicher aus. »Ich weiß es doch nicht.«

Die Situation ist festgefahren. Wir brauchen Luft. Manchmal verliebe ich mich als Coach in eine Lösung und kann gar nicht verstehen, warum die Klienten nicht sofort darauf abfahren, es ist doch so klar, so einfach. Und dann muss ich mich daran erinnern, dass, wenn es einfach wäre, die anderen meine Hilfe nicht bräuchten. Eine der größten Herausforderungen im Coaching ist für mich Geduld. Und hier bekomme ich wieder mal eine Lektion darin.

Dazu kommt, dass meine Klienten aus dem ganzen deutschsprachigen Raum nach München anreisen, und das in der

Regel nur einmal, als Initialzündung für Veränderungen quasi. Das heißt, in diesem halb- oder ganztägigen Kick-off-Coaching arbeiten wir sehr konzentriert und ergebnisorientiert an den Grundlagen der angestrebten Veränderung. Ich wundere mich manchmal selbst, was in vier bzw. acht Stunden alles möglich ist. Weil es in vier oder acht Stunden sein muss.

Ich lade Barbara Behneke auf einen Spaziergang ein. Und bringe sie sogar dazu, ihr Handy bei mir im Büro zu lassen. Wir gehen an der Isar entlang. Meine Erfahrung ist, Bewegung macht kreativ. Wenn die Füße laufen, bekommen die Gedanken die Chance, ebenfalls zu wandern.

Wir hören die Vögel zwitschern und genießen das erste Frühlingsgrün an den großen Buchen. Die Sonne wärmt uns. Der Himmel spannt sich strahlendblau über München. »Ist das schön hier«, seufzt sie.

»Wenn jetzt plötzlich eine Fee vor uns stünde«, ich versuche es noch einmal ganz sanft, »und würde sagen: Barbara, du darfst dir dein Leben wünschen, wie du es willst. Welches Leben würden Sie sich wünschen?«

Sie fängt mit träumerischer Stimme an zu reden. »Ich würde mir wünschen, mit Klaus, meinem Freund, zusammenzuleben. Am liebsten hier in München. Der mag die Stadt auch so gern.«

»Was würden Sie beruflich tun?«

»Es ist ja ein Traum – oder?« Ich nicke. »Dann hätte ich gern ein kleines Café, ein Tagescafé, irgendwo in Schwabing. Mit leckerem Kaffee und selbstgemachten Torten. Klaus arbeitet in einer Rechtsanwaltskanzlei hier in München, und abends treffen wir uns zu Hause und sitzen auf unserer Dachterrasse. Und wir haben Kinder, zwei, einen Jungen und ein Mädchen.«

Mir geht das Herz auf. Ich muss lächeln.

»So, und jetzt lassen Sie uns zurückgehen und überlegen, wie Sie aus dem Traum ein Ziel machen können.«

Ich denke an einen Spruch, den mir mein Supervisor einmal aufgeschrieben hat: »Gibt's keine Fee, brauchst du selbst 'ne Idee.« Ich liebe die Feen-Intervention, weil sie Menschen innerhalb von Sekunden dazu bringt, aus dem Gefängnis ihres »Ja, aber-Denkens« herauszukommen und einmal sagen zu dürfen, was ihre Sehnsucht ihnen schenkt. Dass es keine Fee gibt, wissen sie selbst, und es fällt ihnen in der Regel recht leicht, das »Reale« und vor allem das »zu Realisierende« aus dem Traum herauszufiltern.

Im Coachingraum schreiben wir alle Elemente des Feen-Traums auf einzelne bunte Karten und legen sie auf dem großen Tisch aus.

»Was ist unrealistisch und was wäre tatsächlich möglich?«, frage ich meine Klientin.

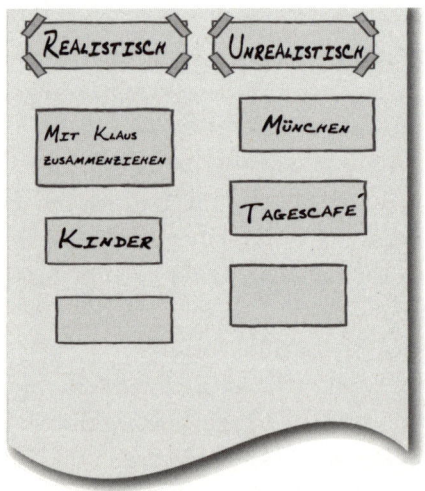

Barbara Behneke denkt lange nach und schiebt dann zwei Karten weg. »München bleibt wohl erstmal ein Traum. Das Café – na, ich weiß nicht. Mit Klaus zusammenzuziehen, ist das einfachste.« Sie hält die grüne Karte in den Händen und legt sie dann direkt vor sich.

»In der Wohnung Ihrer Eltern?«, frage ich zweifelnd.

Sie schüttelt energisch den Kopf. »Nein, wir würden uns eine Wohnung in Frankfurt suchen. Dann hört auch die ewige Fahrerei auf.«

»Möchte Ihr Freund das denn?«

Sie strahlt zum allerersten Mal. »Ja, er hat mich schon gefragt.«

»Wie hoch schätzen Sie die Realisierungschance ein?«

Sie verzieht das Gesicht. »Ich müsste das meinen Eltern verkaufen.«

»Und?«

»Puh, das wird schwer.«

»Aber es ist möglich. Sie sind eine erwachsene Frau. Da ist es doch nur verständlich, dass Sie mit dem geliebten Mann zusammenleben wollen, eine Familie gründen.«

»Sie kennen meinen Vater nicht. Dem ist keiner gut genug.«

»Darauf kommt es nicht an. Er muss Ihnen gut genug sein.«

Sie nickt versonnen. »Ja, das ist er.«

»Sie würden also riskieren, Ihre Eltern zu enttäuschen?«

»Ehrlich, ich weiß es nicht. Ich muss darüber nachdenken.«

»Ja, das ist gut. Und was ist mit dem ungeliebten Job?«

»Ich würde gern noch einmal eine Ausbildung machen. Eine frühere Chefin von mir besitzt eine große Event-Agentur in Frankfurt. Für die würde ich gern Veranstaltungen organisieren. Und vielleicht könnte ich mich da zur Event-Managerin weiterbilden. Ich habe gehört, da kann man auch ganz gut verdienen. Ich merke, dass mir das sehr liegt, mit Menschen zu arbeiten und tolle Veranstaltungen zu organisieren.«

»Haben Sie schon einmal mit ihr darüber gesprochen?«

»Nein.«

»Wann werden Sie es tun?«

»Bis zum Sommer?«

Wenn Klienten die Umsetzung ihrer Ideen sehr lange herausschieben, möchte ich immer herausfinden warum. Ob wirklich gute Gründe dahinter stecken oder ob sie sich einfach vorm Anpacken drücken.

»Warum wollen Sie so lange warten?«, frage ich möglichst sachlich.

»Ich weiß nicht, eigentlich könnte ich sie gleich morgen mal anrufen und mich mit ihr verabreden. Oder?«

»Gute Idee, schreiben Sie es auf.«

Barbara Behneke füllt ihre To-do-Liste:

• Mit Klaus reden wegen Zusammenziehen, heute abend.
• Frau X. anrufen wegen Event-Agentur, morgen.
• Mit den Eltern reden wegen Wegziehen. Bis Ende Mai.
• Wohnung in Frankfurt suchen. Ab sofort.

»Sind Sie zufrieden mit dem heutigen Tag?«, frage ich meine Klientin am Ende des vierstündigen Coachings.

»Ich bin aufgeregt und etwas verwirrt. Aber ich freue mich auch. Das Schlimmste wird das Gespräch mit meinen Eltern werden. Da habe ich schon Angst davor.«

»Ja, das ist verständlich. Soll ich mal in die Rolle Ihrer Eltern schlüpfen und Sie probieren aus, wie sich das anfühlt, ihnen von Ihren Wünschen zu erzählen?«

»Okay.«

Ich staune, wie schnell sie Sicherheit gewinnt und klar von ihren Vorstellungen spricht. Mit jedem Satz gewinnt sie mehr Kraft.

Am Schluss schreibt Barbara Behneke – wie alle meine Coachingkunden – sich selbst eine Postkarte. Wir schicken sie ihr vier Wochen nach dem Coaching zu.

Sie schreibt nur zwei Wörter darauf: »Trau dich!«

Die Kraft des Träumers

Coach: Dr. Petra Bock

Torsten Waldmann hat mir einen Gartenzwerg mitgebracht. Einen kleinen Tonzwerg, etwa zehn Zentimeter hoch mit grünen Hosen und gelber Mütze. »Den fand ich so süß«, sagt er. Direkt auf der Rückfahrt von den Alpen nach Rostock hat er zum Coaching einen Stopp in Berlin gemacht. Seine Freundin wartet in einem Café ganz in der Nähe und ist, wie er sagt, schon sehr gespannt darauf, was heute »rauskommt«.

Der Zwerg stammt aus Ruhpolding. Ich weiß nicht, was ich sagen soll. Aber Herr Waldmann lacht mich so strahlend an, dass ich mich zu einem »Ja, der ist wirklich süß!« hinreißen lasse, mich herzlich bedanke, obwohl Gartenzwerge eigentlich nicht so mein Ding sind. Ich mache mir meine Gedanken. Ich frage mich, während ich Herrn Waldmann und mir ein Glas Wasser einschenke, wie das alles auf mich wirkt.

Vor einigen Wochen hatte Herr Waldmann um einen Termin in Sachen »Strategische Lebensplanung« gebeten. Er sei 30 Jahre alt, Beamter in der Stadtverwaltung, habe aber das Gefühl, dass es »das nicht gewesen sein kann«. Jetzt, da er endlich Beamter sei, mache sich eine ganz unerträgliche Langeweile in seinem Leben breit. Seine Eltern seien zwar stolz auf ihn, aber »meine Freundin macht sich Sorgen«, sagt er, »weil ich manchmal so niedergeschlagen bin. Das kennt sie nicht von mir. Ich bin sonst ein fröhlicher, lebensbejahender Mensch«.

Herrn Waldmanns Thema ist ein ganz normales Anliegen in meinem Coaching-Alltag.

Manchmal haben Menschen ein Ziel erreicht, auf das sie lange hingearbeitet haben. Wie am Morgen nach einer durchfeierten Nacht fallen sie in ein »emotionales Loch«, sind in einer Art Katerstimmung und fragen sich, warum der Erfolg sie nicht glücklich macht. Normalerweise suchen sie sich dann ein nächstes, möglichst fernliegendes Ziel, um das unheimliche Gefühl schnell loszuwerden. So werden Ehen gestiftet, Kinder in die Welt gesetzt, Häuser gebaut und Fernreisen von langer Hand geplant. Manchmal sind diese Ereignisse im Leben eines Menschen wie Meilensteine in einem Projektplan, die sie sich setzen, um der Katerstimmung und der Frage nach dem Sinn zu entkommen. Das muss nicht immer so sein. Manchmal kommen all diese Projekte von Herzen und entsprechen genau den Lebensvorstellungen eines Menschen. Dagegen ist nichts einzuwenden. Nur wenn es einen Menschen chronisch unzufrieden macht oder wenn es zu Depressionen oder Krankheiten führt, sollte er oder sie auf jeden Fall näher hingucken. Und das will Herr Waldmann heute tun.

Ich weiß jetzt, wie das mit dem Zwerg auf mich wirkt. Herr Waldmann kommt bei mir an wie ein verspielter Junge, der sich noch richtig freuen und das auch zeigen kann. Trotz seiner angespannten emotionalen Lage hat er sich für das Coaching eine Stimmungs-Insel bewahren können, die mir einen Blick auf seine Persönlichkeit erlaubt. Manchmal habe ich bei meiner Arbeit eine Intuition, die ich erst im Nachhinein begründen kann. In seinem Fall ist es sein Habitus, seine Art, sich zu bewegen und zu sprechen. Er bewegt sich locker, wirkt dynamisch und selbstbewusst, ist sehr kommunikativ und zugewandt. Er lacht gerne. In diesem Gesamteindruck wirkt das ungewöhnliche Mitbringsel nicht unpassend, sondern charmant und hat eine sehr persönliche, einnehmende Note. Ich traue ihm zu, dass er nicht nur mich, sondern auch andere Menschen für sich gewinnen kann.

Während wir uns mit Smalltalk aufeinander einstimmen, frage ich mich, welchen Beruf ich ihm »unterstellen« würde, wenn ich nicht wüsste, dass er Beamter im Öffentlichen Dienst ist.

Wenn man viel Erfahrung in der Arbeit mit Menschen hat, ist es meiner Meinung nach immer eine gute Idee, sich wieder ganz auf die Basisthemen zu konzentrieren. Wie ist der erste Eindruck? Wie würden wir eine Situation oder einen Menschen einschätzen, wenn wir so tun, als ob wir nichts von ihm wüssten? Dieser »freie Blick«, der Informationen ausfiltert und sich ganz auf die eigenen sozialen Vorurteile besinnt, braucht etwas Training, hat sich in meinen Coachings aber sehr bewährt. Man kann dann entweder provokativ arbeiten und die einengende Fassade, die manche Menschen um sich herum aufgebaut haben, mit einem Lacher auf beiden Seiten zum Einsturz bringen und sofort mit der eigentlichen Arbeit beginnen. Oder man hat eine Richtung auf dem eigenen Frage-Kompass. In die Büsche schießen und schauen, wo die Hasen rauslaufen, nennen das manche Coaches.

»Wissen Sie was, Herr Waldmann«, komme ich schnell zum Punkt, »Sie könnten ein Kollege von mir sein.«

Herr Waldmann ist bass erstaunt. Für einen Augenblick steht ihm der Mund offen.

»Wie meinen Sie das?«, fragt er schließlich. Er wirkt betroffen. Aber da ist auch ein Funkeln in seinen Augen, das mir verrät, dass da bereits einige Hasen aus den Büschen gelaufen sind. Ich nehme an, dass er nicht so früh mit einer Einschätzung von meiner Seite, einem so offensichtlichen Tipp, gerechnet hat.

»Ich kann mir Sie sehr gut auf einer Bühne vor großem Publikum vorstellen. Oder vor einer größeren Gruppe. Und auch im Einzelgespräch könnten Sie glaubwürdig rüberkommen.«

Er will mehr hören. Es gefällt ihm.

»Ich kann mir vorstellen, dass Sie sich für Menschen interessieren und alles andere als ein Amtsschimmel sind.«

»Woher wissen Sie das?«, fragt Herr Waldmann und lacht begeistert, »wir kennen uns doch gerade erst seit ein paar Minuten!«

»Manchmal«, sage ich, »ist der erste Eindruck der Richtige. Und mit dem Zwerg«, setze ich fort, »haben Sie mich selbst in eine heilsame Verwirrung gebracht. Sie haben mich auf die Spur gebracht. Bewusst oder unbewusst?«

»Ganz sicher unbewusst«, antwortet er.

Jetzt sprudelt es aus ihm heraus. »Also ich bin ganz baff über Ihre Einschätzung. Ich beschäftige mich tatsächlich seit einiger Zeit, ganz verschämt und heimlich freilich, mit dem Thema Coaching. Ich habe sogar schon eine Beratungsausbildung gemacht und dieses Seminar sehr genossen. Aber dass ich das wirklich beruflich machen könnte, das habe ich gar nicht richtig zu denken gewagt. Das ist mir nur so im Kopf herumgespukt.«

Auf meine Nachfrage stellt sich heraus, dass Torsten Waldmann bereits seit Jahren Menschen berät. Er ist passionierter Trainer einer Basketball-Mannschaft, arbeitet sehr intensiv mit jedem Spieler auch zu Motivationsfragen und hat sich einen Lehrauftrag an einer Ausbildungsakademie erarbeitet.

»Das sind genau die Sachen, die mir am meisten Spaß machen«, ruft er begeistert. Er freut sich jetzt wirklich wie ein Junge. »Ich werde da auch immer wieder neu angefragt und habe richtige Fans unter meinen Schülern.«

»Was hindert Sie daran, das vollständig beruflich zu machen?«, frage ich ihn.

»Nun ja, ich bin Beamter und habe einen Fachbereich, für den ich zuständig bin. Die Ausbildungslehrgänge sind ein Zugeständnis meines Chefs, das mich viel Arbeit gekostet hat. Mehr als zwei Stunden die Woche lassen sich da nicht mehr rausschinden. Und das mit der Basketball-Mannschaft mache ich doch in meiner Freizeit.«

»Wissen Sie denn, wo Ihre beruflichen Stärken liegen?«, frage ich.

»Ich kann gut zuhören, ich rede auch gerne und arbeite gerne mit Menschen an Entwicklungsthemen. Es macht mir großen Spaß zu sehen, wie sie besser werden«, sagt er.

»Wie viel von diesen Stärken nutzen Sie in Ihrem derzeitigen Beruf?«

Torsten Waldmann schweigt. Dann sagt er nachdenklich: »Ich glaube, ich versuche das schon einzusetzen, aber ich ecke damit eher an.«

Er erzählt, dass sein Chef einen gleichaltrigen Kollegen für eine Beförderung vorgeschlagen hat, ohne ihn überhaupt zu berücksichtigen. Auf seine Nachfrage, warum er nicht einmal in Erwägung gezogen worden sei, bekam er die Antwort, er sei »zu lebhaft« für die Abteilung und man habe einen »ruhigen, sachlichen« Kollegen bevorzugt.

»Das klingt gar nicht gut«, meine ich, »Sie sollten sich immer auf Ihre Stärken konzentrieren und einen Beruf ausüben, der diese Stärken fordert. Sie sollten so wenig wie möglich mit dem beschäftigt sein, was Ihnen nicht liegt.«

»Das klingt ganz schön luxuriös«, antwortet Herr Waldmann.

»Ich denke, es ist viel luxuriöser, sich mit Dingen zu beschäftigen oder in einem Umfeld zu arbeiten, das einem nicht liegt. Sie bremsen damit Ihre Erfolgs- und vor allem Ihre Glückspotenziale.«

Torsten Waldmann ist jetzt ganz aufmerksam.

»Der amerikanische Management-Theoretiker Peter Drucker rät Menschen, die sich Ziele vorgenommen haben, sich ganz genau und bewusst selbst wahrzunehmen. Was sind meine Stärken? Wie ist meine Arbeitsweise? Wie lerne ich? Wie arbeite ich mit Menschen zusammen? Und dann sollte man sich so gut es geht nur noch auf diese Tätigkeiten konzentrieren.«

»Was würde das für mich denn heißen?«, fragt Torsten Waldmann.

»Sie sollten darüber nachdenken, sich auf Ihre Dozententätigkeit, Ihre privaten Coaching-Interessen und das Sportcoaching zu konzentrieren.«

»Also, das kann ich gar nicht richtig ernst nehmen. Ich

muss mich da gar nicht anstrengen«, sagt er, »auch wenn es mir auf der anderen Seite natürlich schon sehr viel Spaß macht und ich viele gute Rückmeldungen bekomme.«

»Der Grundgedanke Peter Druckers ist«, fahre ich fort, »dass nicht wir uns irgendwelchen Organisationen, Theorien oder Systemen anpassen müssen, sondern dass wir uns ein Umfeld und Abläufe schaffen müssen, die zu uns passen. Gleiches gilt für unsere berufliche Entwicklung. Es geht nicht darum, die eigenen Schwächen auszubügeln und sich für andere zu verbiegen, sondern die Tätigkeit und den Ort zu finden, in dem unsere natürlichen Anlagen am besten zur Geltung kommen. Unser Arbeits- und Lebensbiotop.«

»Das klingt gar nicht so schlecht.« Torsten Waldmann lächelt jetzt verschmitzt.

»Ich denke, Sie sollten das, was Ihnen mit Freude und leicht von der Hand geht, besonders ernst nehmen«, sage ich. »Dort, wo Ihre Energien von selbst und ganz freiwillig hinfließen, dorthin sollten Sie noch mehr Energien investieren. Das ist der Weg zu Erfüllung und Erfolg.«

»Aber das ist doch nur ein Hobby!«, wirft er ein, noch nicht ganz überzeugt davon, dass das, was ihm Spaß macht, auch ein ernsthafter Beruf werden könnte.

»Es ist ganz egal, ob das ein Hobby oder ein sogenannter ernster Beruf ist. Sie können aus allem, was Sie tun, einen Beruf machen. Und Sie können in jedem Beruf erfolgreich werden, wenn er Ihren Neigungen und Stärken entspricht. Natürlich müssen Sie dann noch einmal eine Menge tun, aber das wird Ihnen deutlich leichter fallen als Erfolg in einem Beruf zu haben, der nicht zu Ihnen passt.«

Ich frage ihn, wie er aus seinen bisherigen Neigungen einen Beruf machen könnte. Zunächst will ihm nichts einfallen. »Das ist doch alles ganz unrealistisch. Ich weiß doch gar nicht, wie ich das anstellen soll. Ich muss doch meine Miete zahlen. Und überhaupt – jahrelang habe ich in meine Beamtenlaufbahn gesteckt und nun soll ich ...«

»Lassen Sie Ihren ›Inneren Kritiker‹ einfach für ein paar Minuten Pause machen«, unterbreche ich ihn. »Es geht jetzt nicht darum, eine Idee zu bewerten, sondern sie zunächst einmal zum Leben zu bringen.«

»Ich weiß nicht«, sagt Torsten Waldmann, »ich möchte auch gar nicht wissen, was meine Eltern und einige meiner Freunde dazu sagen würden, wenn ich mein Hobby zum Beruf machen würde. Die würden denken, bei dem piept's wohl.«

»Natürlich würde es darum gehen, dieses Hobby zu professionalisieren und einen richtigen Beruf daraus zu machen. Einen Beruf, der Sie erfüllt, ernährt und glücklich macht.«

»Ist das denn realistisch?«, fragt er.

Ich schlage vor, dass wir uns das genauer ansehen und bitte Torsten Waldmann aufzustehen. Ich nehme drei große Papierkreise, einen orangen, einen gelben und einen in Rosa.

»Jeder Punkt«, erkläre ich ihm, »steht für eine innere Position, für einen Persönlichkeitsanteil von Ihnen, der an Entscheidungen, die Sie treffen, beteiligt ist.«

Torsten Waldmann ist neugierig.

»Ich arbeite jetzt so mit Ihnen, wie Walt Disney mit seinen Spitzenteams gearbeitet hat. Er hatte drei verschiedene Arbeitsräume, durch die er mit seiner Mannschaft ging, wenn er ein neues Projekt entwickelte. Ein Raum war nur dazu da, Ideen zu entwickeln, frei zu assoziieren und nichts zu zensieren. Das war der Raum des Träumers. Dann gingen alle zusammen mit dieser Idee in den Raum des Machers. Da wurde nur gefragt, wie sich die Idee umsetzen lässt, nicht, ob überhaupt, sondern lediglich wie. Zuletzt gingen Disney und seine Mitarbeiter in den Raum des Kritikers. Dort wurde alles einer kritischen Analyse unterzogen. Es musste aber immer konstruktiv und nicht destruktiv mit der Idee und den Planungen umgegangen werden. Man fragte lediglich, was noch zu beachten sei, worauf man aufpassen müsse etc.«

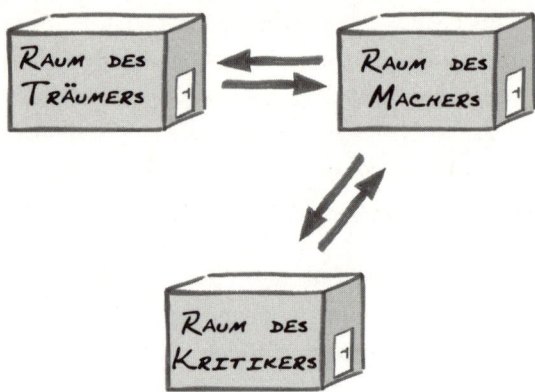

»Das klingt ziemlich interessant«, meint Waldmann. Er war schon ein wenig versunken, hatte wahrscheinlich schon angefangen, einige der Fragen innerlich zu beantworten.

»Suchen Sie sich für jede Position, für jeden Disney-Raum, der einen inneren Persönlichkeitsanteil darstellt, einen Kreis aus«, fordere ich ihn auf.

Wir gehen zur ersten Position, zum Träumer. Ich bitte Herrn Waldmann, sich auf diesen Punkt zu stellen und helfe ihm mit gezielten Fragen in einen entspannten Träumerzustand zu kommen. Ich frage ihn zuerst, an welchem Ort er sich richtig wohlfühlt, wo auf der Welt er die besten Ideen hätte.

»Am Meer«, sagt er, »am Strand.«

»Dann stellen Sie sich bitte vor, Sie sind an einem Strand am Meer. Was hören Sie? Was sehen Sie? Wie riecht es? Wie fühlt sich Ihre Haut an? Geht ein Wind? Wie warm ist es?«

Ich führe ihn gezielt in diese Situation und helfe ihm, alle Sinneseindrücke wahrzunehmen, damit er das mentale und emotionale Erlebnis so stark wie möglich wahrnehmen kann.

Torsten Waldmann steht jetzt ganz entspannt da, er hat die Augen geschlossen und lächelt.

»Oh ja, es geht ein warmer Wind, ich fühle mich sehr entspannt und gut, das Meer ist ziemlich stürmisch und es rauscht ganz wunderbar.«

»Bitte bleiben Sie in diesem Erleben und fragen Sie sich, wie Sie wohl ihre bisherigen Freizeitinteressen zu einem Beruf machen könnten, der mit Coaching und Weiterbildung zu tun hat.«

Herr Waldmann lächelt immer noch und wiegt seinen Kopf leicht hin und her.

»Hm, ich könnte mich mit Leistungssport beschäftigen und Sportlern dabei helfen, Spitzenleistungen zu erzielen. Ich könnte das parallel zu meiner Ausbildungstätigkeit im Öffentlichen Dienst machen. Da könnte ich mich erkundigen, ob ich ganz in den Dozentenbereich wechseln könnte. Das würde zwar heißen ...«

»Stopp!«, unterbreche ich ihn sanft, »wir wollen jetzt ganz dem Träumer zuhören. Der Träumer träumt nur, er macht sich keine Gedanken über Folgen und Bedeutungen.«

Das Abwägen, was die Verwirklichung eines Traumes bedeuten würde, gehört in den Bereich des Kritikers, der ist aber erst im übernächsten Schritt dran.

»Wie könnte so ein gelungener Tag als Sportcoach und Dozent aussehen?«

»Ich würde den Tag über an der Akademie unterrichten und abends ins Sportzentrum fahren. Am Wochenende würde ich vielleicht eine spannende Weiterbildung machen. Ich hätte nur noch mit Menschen zu tun, die sich weiterentwickeln wollen.«

Ich unterstütze die Impulse des Träumers, nicke ermutigend, freue mich mit und ermuntere ihn, weiter zu träumen.

»Ich würde mich den ganzen Tag mit Themen beschäftigen, die mich wirklich interessieren. Ich würde mich sehr über die Fortschritte meiner Schüler und Coachees freuen und meinen ganz eigenen Stil entwickeln.«

Torsten Waldmann steht immer noch ganz entspannt, er

lächelt, freut sich, sein Teint ist frisch, er gestikuliert lebhaft. Er ist eindeutig im Träumer-Zustand. Ich frage so lange weiter, bis der Träumer in Herrn Waldmann ganz zufrieden ist mit seiner Idee.

Dann hole ich Herrn Waldmann sanft zurück in die Arbeitssituation in meinem Coaching-Raum. Ich bitte ihn, seine Hände auszuschütteln, frage ihn nach dem heutigen Datum – hole ihn aus seiner kreativen Trance zurück ins Hier und Jetzt.

»Der Träumer in Ihnen hat ein paar richtig tolle Ideen entwickelt«, sage ich, »jetzt wollen wir den Macher in Ihnen fragen, wie Sie das umsetzen können.«

Ich bitte ihn, zu dem orange-farbenen Macher-Punkt im Raum zu gehen und sich wiederum ganz auf diesen Standpunkt einzulassen. Ich frage ihn danach, in welchen Situationen er sich ganz als Macher fühlt. Bei Menschen, deren Macher nur schwach ausgeprägt ist, weil sie sich z.B. in ihrem bisherigen Leben vor allem als passiv oder gar abhängig erlebt haben, bitte ich darum, sich einen Menschen vorzustellen, der sehr aktiv und dynamisch ist. Das darf auch ein Held wie James Bond sein. Dann bitte ich die Klienten, so zu tun, als seien sie James Bond. Was würde James Bond tun, um die Idee umzusetzen? Da Herr Waldmann einen starken eigenen Macher-Anteil hat, fällt es ihm leicht, in diese Position zu gehen. Er richtet sich auf, die Schultern gerade, die Beine schulterbreit auseinander. Er nimmt eine starke Körperhaltung ein und stemmt seine Hände in die Hüften. Die Augen hat er wieder geschlossen.

»Ich gehe einfach zur Akademie-Präsidentin und trage ihr mein Anliegen vor. Das mache ich, bevor ich zu meinem Chef gehe, denn der weiß sowieso, dass ich mehr unterrichten will. Dann könnte mir noch eine richtige Sport-Coaching-Ausbildung etwas bringen. Ich habe erst kürzlich einen Artikel über Mentalcoaching für Sportler gelesen. Dort würde ich Gleichgesinnte treffen und mich zum Profi ausbilden lassen.«

»Wie kommen Sie denn an die ersten Klienten?«, frage ich interessiert wie in einem Interview. Durch meine Frage signalisiere ich ihm, dass er der Experte für die Lösung des Problems ist. Die Art zu fragen gehört zu den ganz großen Spezialfähigkeiten von guten Coaches. Es geht dabei nicht nur um die richtige Fragetechnik, sondern auch um die stimmliche Komponente. Menschen sind in entspannten Zuständen sehr zugänglich für unterstützende Suggestionen. Ein Coach kann sich mit der richtigen Frage und der richtigen Stimm- und Körperführung sehr wirksam einbringen. Meine Frage nach dem ersten Klienten hätte bei Herrn Waldmann sowohl kritisch als auch ungläubig rüberkommen können. So wie ich sie stelle, wirkt sie als positive Suggestion an das Unterbewusstsein meines Klienten, mit der unterstellten Vermutung, dass er bereits eine Lösung kennt. Diese Form der lösungsorientierten Suggestion, der Kompetenz-Vermutung, ist eine sehr machtvolle Technik im Coaching. Sie wirkt auch bei Herrn Waldmann.

»Ist doch ganz einfach! Ich frage beim Vereinsvorstand, ob ich mir die besten Spieler für ein Mentalcoaching aussuchen darf. Dann könnte ich noch einen Aushang für einen Informationsabend machen. Damit würde ich mich gleich als Sportcoach im Verein präsentieren. Für das Coaching soll mir der Vorstand zumindest einen Pauschalbetrag zahlen. Schließlich möchte ich das von Anfang an als Einkommensquelle ernst nehmen.«

Ich würdige seine pragmatischen Macher-Fähigkeiten und bitte ihn, wieder zurück ins Hier und Jetzt dieses Raumes zu kommen. Dann gehe ich mit ihm zum gelben Kreis des Kritiker und frage ihn, in welchen Situationen er einen besonders klaren, vernünftig beurteilenden Kopf hat. Es gehe aber unbedingt um eine positive, konstruktive Situation.

»Wenn ich bei einem Spiel meiner Basektball-Jungs zusehe«, antwortet er sofort und lächelt.

»Da entgeht mir nichts. Ich sehe alles. Es ist, als ob ich

Adleraugen hätte. Und ich kann auch sofort analysieren, was funktioniert und was wir beim nächsten Mal anders machen müssen.« Er legt seine Hände aufeinander und blickt konzentriert auf einen Punkt im Raum. Er ist jetzt ganz da.

»Was sagt der wohlmeinende Kritiker in Ihnen zu diesem Projekt?«, frage ich. Herr Waldmann lässt sich Zeit mit der Antwort.

»Hm, das Ganze klingt schon mal nicht schlecht«, sagt er schließlich langsam, »aber da sollten noch ein paar Punkte berücksichtigt werden.«

»Interessant«, sage ich, »welche Punkte sind das?«

»Zunächst geht es darum, das Risiko genau abzuwägen. Ich bin Beamter und sollte versuchen, wenn ich meine Position nicht aufgeben möchte, alle Schritte in enger Abstimmung mit meinem Vorgesetzten zu tun. Ich sollte noch einmal das direkte Gespräch suchen und ihm erklären, dass ich in meiner bisherigen Position nicht glücklich und damit auch nicht erfolgreich werden kann. Das muss ihn interessieren und er hat auch die Pflicht, mich in meiner Entwicklung zu unterstützen. Schließlich hat er nichts von einem unmotivierten Mitarbeiter.«

»Was, wenn er nicht mitmacht?«, frage ich. In der Kritiker-Position sind auch kritische Fragen von mir erlaubt.

»Dann muss ich überlegen, ob ich auch einen Alleingang starte. Das ist ein Risiko. Aber ich glaube, so weitermachen wie bisher, ist das noch größere Risiko.«

»Wie weit würden Sie gehen?«, frage ich nach. Ich will die Grenzen Torsten Waldmanns ausloten und genau hinsehen und hinhören, ob seine Antworten stimmig sind oder einer gewissen Coaching-Euphorie geschuldet sind. Meine Erfahrung ist, dass sich Menschen im Coaching, wenn es gut läuft, immer ein Stück weiter herauswagen als sie es im »normalen Leben« tun würden. Wenn man als Coach nicht genau bei der Sache bleibt und diesen Prozess aufmerksam begleitet, kann es nach einem Coaching zu einer Phase der Ernüchterung kommen. Und zwar dann, wenn der Kritiker vollkommen ausgeblendet oder als »negativ« abgetan wurde. Das mag der Grund sein, warum stark motivierende und »pushende« Techniken im Coaching oder bei Trainings so schnell verpuffen. Der Kritiker wird ausgeladen, bleibt in seiner inneren Ecke schmollend sitzen und wartet nur auf die Gelegenheit, mit doppelter Kraft zurückzuschlagen. Deshalb halte ich es für sehr wichtig, auch kritische Haltungen im Coaching bewusst einzubeziehen und nicht abzuwerten. Jedes Verhalten hat eine positive Absicht, heißt es in diversen Coaching-Ausbildungen. Das heißt, dass auch destruktive Stimmen im Kern einen konstruktiven Beitrag enthalten, der lediglich fehlgeleitet wurde.

»Im Notfall gebe ich meinen Beruf auf und setze alles auf eine Karte«, sagt Herr Waldmann entschlossen. Das ist die Gelegenheit, dem Kritiker weiter auf den Zahn zu fühlen.

»Was würden Ihre Eltern und Ihre Freunde sagen, wenn Sie Ihren Beruf aufgeben würden?«

»Nun ja«, zögert er jetzt, »die würden mich, wie gesagt, für plemplem halten.« Wir schweigen. Torsten Waldmann wirkt konzentriert. Zwischen seinen Augen hat sich eine Sorgenfalte gebildet. Der Kritiker ist in voller Aktion.

»Nun gut, ich denke, die wären sehr erschüttert und würden sich große Sorgen um mich machen. Heutzutage ist man doch froh um einen sicheren Arbeitsplatz.«

Torsten Waldmann benutzt das Wort »man« statt »ich«. Ein deutliches Zeichen dafür, dass er jetzt allgemeine Werthaltungen, denen er sich mehr oder weniger bewusst angeschlossen hat, reflektiert.

»Finden Sie das richtig?«, frage ich nach. »Sind Sie auch der Meinung, dass man um einen sicheren Arbeitsplatz froh sein sollte?«

»Ja, schon«, antwortet er etwas unschlüssig.

»Herr Waldmann, sind Sie froh um Ihren sicheren Arbeitsplatz oder denken Sie, froh sein zu müssen?«

Er schweigt. Dann wird er fast zornig.

»So ein Mist! Ich bin natürlich gar nicht froh um meinen sicheren Arbeitsplatz. Diese Langeweile macht mich kaputt, ich geh da ein, ich bin da lebendig begraben! Da geht gar nichts mehr! Ich habe viel mehr zu verlieren, wenn ich bleibe, als wenn ich gehe.«

Die Veränderungsmotivation ist jetzt klar hervorgetreten. Mit dieser Energie lernt der Innere Kritiker, dass er seine Aufmerksamkeit auf Alternativen und nicht auf das Festhalten an alten Bedingungen lenken muss. Eine wichtige Lektion für diesen Persönlichkeitsanteil, der normalerweise eher dazu neigt, den Status quo zu verteidigen und jedes Veränderungsrisiko abzulehnen.

»Was schlagen Sie also vor?«, frage ich weiter.

»Das würde ich gerne meinen Macher fragen.«

»Prima, lassen Sie uns auf diese Position gehen und Ihren Macher um Rat fragen.«

Er geht zurück auf den Macher-Bodenpunkt. Torsten Waldmann hat die Methodik bereits gut in sein Denken integriert. Er weiß, dass er zwischen den Persönlichkeitsanteilen bewusst wechseln kann. Das ist eine sehr gute Selbstcoaching-Technik.

»Ich werde mit meinem Chef sprechen, dass ich vollständig in die Akademie wechseln möchte. Ich bitte ihn um Unterstützung dabei. Wenn er mir nicht hilft, werde ich diesen Weg allein gehen. Wenn alle Stricke reißen, muss ich darüber nachdenken, meinen Beamtenstatus aufzugeben und mich entweder bei einem Weiterbildungsunternehmen anstellen lassen oder mich selbstständig machen.«

Auf diese Weise wechselt Torsten Waldmann noch mehrmals die Positionen im Disney-Modell und entwickelt mehrere Alternativszenarien. Am Schluss unserer Sitzung hat er drei Favoriten. Die erste Alternative ist, mit Hilfe des Chefs erst einmal ganz in die Weiterbildung zu wechseln und das Sportcoaching zunächst privat aufzubauen. Dazu will er Ausbildungsangebote für mentales Sportcoaching recherchieren und die Ergebnisse mit mir in einem weiteren Termin besprechen. Die zweite Alternative ist, frühzeitig die Arbeitszeit auf dem Amt zu halbieren und parallel die Selbstständigkeit als Trainer und Coach aufzubauen. Das Geld aus dem Halbtagsjob reicht, um den Lebensunterhalt zu sichern. Alles, was er zusätzlich verdient, geht in die neue Firma. Die dritte Alternative ist, ein Jahr unbezahlte Auszeit zu nehmen, die ersten Monate vom Ersparten zu leben und parallel mit hoher Intensität Einnahmen als Trainer zu erzielen. Um diese dritte Alternative greifbarer zu machen, vereinbaren wir einen Termin für einen Ganztagsworkshop. Ich bitte ihn, mir in einer Woche eine Mail zu schicken, in der er über die Nachwirkungen unseres ersten Treffens berichtet.

Als die Mail pünktlich eintrifft, lese ich: »Genauso wichtig wie das Coaching selbst sind die Nachwirkungen für mich. Eines Abends, als ich auf meiner Terrasse saß und eigentlich an gar nichts dachte, kam mir ein Bild in den Sinn. Ich sah mich in einem Flugzeug auf dem Weg zur Basketballweltmeisterschaft. Um mich herum meine Mannschaft. Ich gebe Journalisten ein Interview. Sie wollen wissen, wie ich es geschafft habe, aus einer zusammengewürfelten Truppe ein Spitzenteam zu machen. Genau das möchte ich erleben.«

Zu unserem Tagesworkshop bringt mir Torsten Waldmann wieder etwas mit. Diesmal ist es ein kleiner tönerner Leuchtturm. »So wie Sie mir ein Leuchtturm in diesen unübersichtlichen Monaten sind, soll dieser Leuchtturm für Sie da sein«, sagt er charmant.

Der kleine Zwerg aus Ruhpolding steht in dem kleinen Kräuterbeet auf meinem Küchenfensterbrett. Der Leuchtturm hat einen Platz auf meinem Schreibtisch gefunden. Ich bin sicher, dass es Torsten Waldmann gelingen wird, noch viele Menschen für sich zu gewinnen.

Der Traummann

Coach: Andrea Lienhart

Karriere ist etwas Herrliches,
aber man kann sich nicht in einer kalten Nacht an ihr wärmen.

Marilyn Monroe

Ich stehe in der offenen Bürotür und warte, bis Frau Graf die Stufen zu ihrem ersten Coachingtermin genommen hat. Meine Räume liegen zu der Zeit in der dritten Etage eines schönen Hauses aus der Gründerzeit. Ein hübsches Treppenhaus mit alten knarrenden Dielen ohne Aufzug. So kommt es, dass die Schritte im Treppenhaus so manche Stimmung zu mir nach oben tragen, noch bevor die dazugehörende Person bei mir angekommen ist. Frau Graf nimmt die letzten beiden Stufen mit einem großen Schritt und begrüßt mich mit einem verschmitzten Lächeln und festem Händedruck.

Es ist ihr erster Termin bei mir und die sympathische Stimme am Telefon entpuppt sich als eine sportliche, attraktive Mittdreißigerin mit kurzen, rötlichen Haaren und vielen Sommersprossen. Cordula Graf arbeitet als Texterin für eine angesehene Firma in der Computerbranche und betreut den redaktionellen Bereich des Internetauftritts.

»Wissen Sie, Frau Lienhart, eigentlich könnte ich ganz zufrieden sein mit meinem Leben. Ich wohne schön, habe einen guten, wenn auch nicht hoch spannenden Job, der ein ordentliches Gehalt abwirft. Außerdem habe ich nette Bekannte und Freunde, mit denen ich regelmäßig etwas unternehme. Ich jogge gerne und meine Sonntage verlaufen nicht tödlich, wenn Sie verstehen, was ich meine.«

Frau Graf fährt sich durch die kurzen Haare, wirft einen Blick aus dem Fenster und schaut mich erwartungsvoll an.

»Der Haken?«, frage ich.

Frau Graf zögert: »Das hört sich jetzt wahrscheinlich komisch oder arrogant an, aber na ja, was ich sagen will, ist eigentlich, also, ich meine, ich bin irgendwie unzufrieden.« Dabei schlägt sie die Beine übereinander, zupft einen imaginären Fussel von ihrer Hose, schaut etwas verwirrt und fasst sich sofort wieder. »Verstehen Sie, mein Leben ist eine einzige Routine. Vor allem bei der Arbeit. Dabei könnte oder sollte ich doch dankbar sein, dass ich den Job habe und dass es mir gut geht. Ich frage mich mittlerweile oft, ob das alles ist, ob es nicht noch etwas anderes gibt. Andererseits einen gut bezahlten Job einfach aufgeben? Wissen Sie, ich schwimme ganz gerne und auch sehr regelmäßig, als Freizeitausgleich für meinen geplagten Schreibtischstuhlrücken. In letzter Zeit aber ertappe ich mich immer öfter dabei, wie ich bei jedem Zug denke, genauso verläuft mein Leben; in festen, gleichmäßigen, geordneten Bahnen. In einem abgegrenzten Becken, in dem ich Zug um Zug die immer gleichen Bewegungen mache. Ich kann nämlich nur Brustschwimmen«, fügt sie selbstironisch hinzu.

Frau Graf wirkt nicht frustriert oder gelangweilt auf mich, sondern, wenn ich ihren Humor und ihre Selbstironie einmal ausklammere, eher unglücklich und ihre Situation schreit geradezu nach Veränderung. Ihr Selbstbewusstsein und vor allem ihre Selbst(er)kenntnis zeigen ihre Bereitschaft, ihren fast dringenden Wunsch, etwas in ihrem Leben zu verändern. Ihre berufliche Situation? Vielleicht eine ganz andere Tätigkeit, eine Weiterbildung, Fortbildung oder genügt etwa schon ein Firmenwechsel oder eine andere Position im gleichen Unternehmen? Wie sieht es in ihrem Privatleben aus? Wie bindend oder wie oberflächlich sind die genannten Freundschaften? Gibt es eine feste Partnerschaft oder den Wunsch danach? Ist oder könnte Familiengründung ein Thema sein oder eben gerade nicht? Wo will Cordula Graf hin, wo sieht sie sich, worum geht es ihr in ihrem Leben?

»Frau Graf, da ich mal annehme, dass Sie in Ihrem Becken, auch wenn es vielleicht wunderbar blau aussieht, nicht untergehen wollen, woran denken Sie noch, was könnte Sie denn aus ihrer Routine reißen? Gibt es da etwas?«

Frau Graf winkt ab. »Nein, nichts Konkretes. Eigentlich weiß ich nur, dass ich was anders haben will im Leben. Aber was? Da hört es schon wieder auf. Neulich habe ich Ihren Artikel über Karrierecoaching gelesen. Spannend, habe ich da gedacht. Aber ehrlich gesagt weiß ich nicht mal, ob es das ist, was ich suche. Im Moment bin ich einfach nur einfallslos und trete auf der Stelle. Das ist der Punkt. Deswegen bin ich ja eigentlich hier, oder?«

Die direkte Art von Cordula Graf gefällt mir. Sie ist keine Frau, die verzweifelt oder unsicher auf mich wirkt. Sie scheint eher ein optimistischer und tatkräftiger Mensch zu sein. Beruflich ganz klar unterfordert, privat vielleicht etwas einsam, wenn sie auch sagt, dass sie gut und gerne alleine lebt. Eine Frau, die einen Artikel über Karrierecoaching ganz spannend findet, sich das einmal anschaut, aber nicht weiß, ob und was es mit ihr selbst zu tun hat. Eine, die im Moment über keine klare Vorstellung, aber durchaus über genügend Selbstbewusstsein und Energie verfügt, um loszulegen.

»Haben Sie Lust auf ein Experiment bzw. sich mit mir auf eine Reise zu begeben?«

»Wie meinen Sie das denn?«

»Ich möchte Sie einladen, mit mir eine Visionsreise zu machen.«

»Und wohin geht es da?«

Frau Graf gibt sich zwar skeptisch, rückt aber mit ihrem Körper nach vorne und zeigt sich durchaus unternehmungslustig.

»In Ihre Zukunft, Frau Graf. Wir werden gemeinsam einen Blick in Ihre Zukunft werfen.«

»Vision ist die Kunst, das Unsichtbare zu sehen«

Eine Vision (lat. videre = sehen) – ein »Gesicht« – ist ein Bild, ein Traum, eine Idealvorstellung von der Zukunft.

»Im Alltag fällt es uns oft schwer, diese Bilder aus uns selbst heraus zu entwickeln«, erkläre ich Frau Graf. »Wir denken, dass wir keine Zeit für solche Träumereien haben«, spreche ich weiter. Frau Graf hört mir aufmerksam zu. »Abends sind wir müde von der Arbeit oder müssen erst einmal eine Arbeit finden, um unsere Existenz zu sichern. Ein ewiger Kreislauf, in dem wir uns bewegen. Und neigen wir nicht sowieso dazu, in Schwierigkeiten anstatt in Möglichkeiten zu denken?

Wir sind gestresst, genervt und wissen nicht so genau, was uns ›das‹ bringen soll. Visionen? Ist das nicht so ein unrealistischer Kram?« Frau Graf nickt. »Träumereien«, fahre ich fort, »die wir höchstens aus Kindertagen kennen: Im Gras liegen, in den Himmel gucken, ›Was siehst du?‹ spielen.

Dürfen wir – jetzt noch – träumen, Visionen haben? Holt uns die Realität nicht ohnehin wieder ein?«

Ich bemerke, dass Frau Graf mir aufmerksam zuhört. Sie hat sich ein wenig vorgebeugt und schaut mir direkt in die Augen.

»Existenzsicherung, Geld verdienen, Realismus und das Entwickeln von Visionen schließen sich gegenseitig nicht aus«, erkläre ich ihr. Ich möchte, dass sie versteht, wie wichtig es ist, sich Träume und Visionen zu erlauben. Denn hat man Visionen erst einmal für sich entdeckt bzw. sich darauf eingelassen, sind sie eine riesige Kraftquelle und spenden auf ganz verschiedenen Ebenen Energie:

Für sich selbst beispielsweise, wenn es darum geht, Entscheidungen zu treffen oder Prioritäten zu setzen. Wenn Steine aus dem Weg geräumt werden müssen, die uns wie riesige Berge erscheinen.

Aber auch für die Menschen, mit denen wir zusammenleben, ist es wichtig, unsere Visionen zu kennen. Denn wenn unsere Freunde, Bekannten, Kollegen oder Partner/innen wissen, wohin wir gehen wollen, können sie uns dabei auch unterstützen. Sich Hilfe oder Unterstützung zu holen, ist keine Schwäche.

Ob es bei der Vision um die ideale Stelle, das eigene Häuschen oder den Traummann geht, ist jedem selbst überlassen. Visionen sind Voraussetzung für den beruflichen und privaten Erfolg. Je klarer die Bilder von der Zukunft sind, desto größer ist die Wahrscheinlichkeit, sie auch verwirklichen zu können und die richtigen Mittel und Wege dafür zu finden.

Ich erkläre Frau Graf, dass in meinem Coaching die Entwicklung von Visionen in vier Phasen erfolgt: Entspannung in passender Atmosphäre, Sammeln von Gedanken, Fokussieren und Entscheiden und schließlich die ständige Weiterentwicklung.

Was sich in und während dieser vier Phasen entwickelt, sind im Coaching häufig ganz besondere Momente, wenn sich die Menschen auf diese Reise einlassen. Wenn das Funkeln in ihren Augen sichtbar wird und sie ihre Gedanken mitteilen. Wenn es knistert und vibriert. Die Atmosphäre in diesen Sitzungen erlebe ich immer wieder als sehr tiefgreifend, spannend und oft auch humorvoll. Ein befreiendes Lachen, wenn der Schalk aufblitzt. Die Schlinge sich nicht zuzieht, sondern der Knoten gelöst ist. Es ist wunderbar zu erleben, wie die eigenen Bilder immer klarer werden und die Menschen immer mehr Mut fassen und Sicherheit gewinnen, diese Bilder zu zeigen, zu bestimmen und letztendlich ihnen zu folgen. Meine Aufgabe als Coach ist es, die Menschen, die zu mir kommen, zu begleiten auf ihrem Weg, Zukunft zu gestalten, Veränderungsprozesse auszubauen und sich zu entwickeln.

Die Umsetzung der Visionen braucht Zeit, sprich Geduld

Von den ersten eigenen (Zu-)Geständnissen über die vielen, vielen Nächte, die wir darüber schlafen, bis zu den zig Gesprächen mit Partnern/Freunden, (die es schon gar nicht mehr hören wollen) und unseren Coaches natürlich.

Weitere Schritte verlangen von uns, aus den Visionen realistische Konzepte und umsetzbare Planungen zu entwickeln. Dazu gehören ebenso Recherchen: Was brauche ich? Wie sieht der Markt aus? Wo bekomme ich was? Gibt es Unterstützung? Netzwerke? Wie komme ich an Informationen?

Das Abschätzen wirtschaftlicher Risiken: Was kann ich riskieren? Was kann ich tragen? Wie mich absichern? Was macht die Konkurrenz? Gibt es sie? Wie hoch ist mein persönliches Risiko? Wage ich zu viel?

Abhängig davon gibt es Ergänzungen, Erweiterungen und falls notwendig Änderungen zu machen. Wenn aus Wegen Umwege werden oder Einbahnstraßen.

»Ergo«, schließe ich, »Visionen brauchen Zeit, Aufmerksamkeit und Geduld.«

Und wie sieht es bei Frau Graf aus? Frau Graf stimmt zu. Nach dem Motto, warum auch nicht, kann ja nicht schaden, erklärt sie sich bereit, einen Blick in ihre Zukunft zu werfen. Was sie jedoch kategorisch ablehnt, ist, ein Bild von ihrer Zukunft zu malen. Und auch die Methode, die Vision mit einem Fragebogen zu beginnen, sagt ihr nicht zu. Als dritte Möglichkeit schlage ich ihr vor, ein Interview mit ihr zu führen, dem sie erleichtert und gespannt zustimmt. Nun gut, jetzt ist schauspielerisches Talent gefragt.

»Der Rahmen, oder wenn Sie es so wollen, Frau Graf, Ihr neues Schwimmbecken für die jetzt folgende Stunde, sieht folgendermaßen aus:

Stellen Sie sich vor, ich bin Journalistin einer renommierten Zeitschrift, die eine Reportage über ›Frauen, die es geschafft haben‹ herausgibt und Sie, Frau Graf, Sie sind genau zehn Jahre älter als jetzt. Einverstanden?«

Cordula Graf schaut entsetzt auf. Ob es wegen des Alters ist oder weil sie dachte, dass sie sich gemütlich zurücklehnen könne, kann ich ihrem Blick nicht entnehmen. Sie nickt kurz und ich gebe mich geschäftig, überprüfe das nicht vorhandene Aufnahmegerät, bringe das imaginäre Mikrofon in Position und gebe ihr so etwas Zeit.

»Frau Graf«, beginne ich, »vielen Dank, dass Sie sich Zeit genommen haben für das Interview ›Frauen, die es geschafft haben‹. Lassen Sie uns doch erst einmal wissen, wie sie heute leben.«

Frau Graf schaut etwas irritiert, aber ich mache weiter.

»Erzählen Sie uns doch mal, wie sieht der Alltag einer erfolgreichen Frau aus? Das ist es, was unsere Leser/innen wissen wollen.«

»Also, na, was genau soll ich denn jetzt sagen?«

»Fangen wir mal damit an, wie Sie wohnen, Frau Graf. Wie haben Sie sich eingerichtet?«

»Ahhh«, Frau Graf rückt sich etwas zurecht und beginnt, mit leicht amüsiertem Lächeln mitzuspielen.

Sie beschreibt ihr eigenes Haus am Stadtrand, viel Licht, viele Fenster, großes Grundstück. »Ein wilder Garten, aber auch hübsche Gemüsebeete mit ein paar Obstbäumen«, schwärmt sie. Und das alles hier in Freiburg.

»Es muss ja wunderbar sein, hier zu leben, Frau Graf. Wie sieht denn so Ihr Tag aus? Was machen Sie?«

»Hmmm ...«

Nach kurzem Überlegen beschreibt Frau Graf ziemlich genau, wie sie mit einer Tasse Kaffee in der Hand morgens eine erste Runde durch den Garten spaziert, hier und da ein welkes Blatt abzupft, in Gedanken kurz ihr Statement durchgeht, das sie später beim Meeting abgeben wird, der Katze, die ausgehungert von der nächtlichen Jagd nach Hause kommt, übers Fell streicht und sich dann an den gedeckten Frühstückstisch setzt, bevor sie später in ihrem schicken, neuen Auto in die Firma fährt.

»In der Sie als Texterin arbeiten?«

»Nein, nein, das war früher einmal, jetzt arbeite ich in einer Textfabrik, eine Art Ideenbörse. Rund ums Wort heißt die.«

Im weiteren Verlauf des Interviews berichtet Frau Graf von beruflichen Herausforderungen, den unterschiedlichsten Kunden mit ihren zum Teil verrückten Anfragen. Sie erzählt auch von dem kleinen Team, vom Spaß beim Schreiben, den vielen guten Diskussionen, dem Miteinander bei der Arbeit. Abends noch ein Cocktail oder ins Theater. Am Wochenende raus in die Natur. In die Schweiz oder nach Frankreich, eine Seenwanderung.

»Mal angenommen, unser Fotograf würde ein Foto von Ihnen machen in einer Situation, in der Sie sich so richtig wohlfühlen, was wäre auf diesem Foto zu sehen?«

»Schwierig.« Frau Graf überlegt einen Moment. »Also im Sommer ganz klar draußen auf der Veranda, im Winter vielleicht vor dem offenen Kamin. Auf dem Sofa, ein Glas Rotwein und ein Buch in der Hand, ach, und warum auch nicht, ein Mann neben mir, oder noch besser, mein Mann, der mir eben die Füße massiert«, fügt sie verschmitzt hinzu, »oder ist das zu intim?«

Ein ganz neuer Aspekt taucht in ihrer Vision auf. Als ich sie auf den Namen »ihres« Mannes direkt anspreche, wird sie zunächst etwas mürrisch und scheint ihren Humor zu verlieren. Nein, sie könne nicht sagen, wie er heißt oder aussieht und was er beruflich macht, schließlich kenne sie ihn ja gar nicht.

»Aber er ist doch auf dem Foto zu sehen, beschreiben Sie ihn mir einfach, da sitzt er doch«, versuche ich es.

Frau Graf, die für einen Moment aus der Rolle gefallen war, holt tief Luft und lacht wieder. »Stimmt, da sitzt er ja. Also, das ist Georg, Architekt, zwei Jahre älter als ich und der potenzielle Vater meiner Kinder. Ziemlich romantischer Typ, aber auch mit beiden Beinen auf dem Boden.«

»Was baut er denn für Häuser?«

Dem Blick von Frau Graf entnehme ich, dass sie einerseits belustigt, andererseits ziemlich unsicher ist hinsichtlich meines Vorgehens. Vor allem bei den Fragen, die Georg betreffen und auf die sie immer erst mit einem leicht genervten Unterton reagiert, aber dann doch sehr genaue Beschreibungen und Überlegungen preisgibt. Und auch wenn Frau Graf mich aufgesucht hat, weil sie in erster Linie ihre berufliche Situation verändern möchte, warum nicht Georg bzw. den Traummann mit einbeziehen in die Vision? Schließlich leben wir nicht vom beruflichen Erfolg allein.

Die Entwicklung von Visionen im Coaching, speziell in einem Karrierecoaching, bezieht sich niemals nur auf die berufliche Situation, sondern setzt sich aus verschiedenen Aspekten zusammen. Beruf/Karriere ist dabei nur ein Aspekt. Beziehung/soziale Kontakte, Gesundheit/Hobbys, Lebenssinn sind die vier Säulen, die beim Karrierecoaching berücksichtigt werden müssen. Denn fehlt nur eine einzige Säule oder ist eine unterrepräsentiert, kann daraus kein stabiles Gebäude entstehen. Gleichgewicht halten ist die erfolgreichste Bewegung des Lebens.

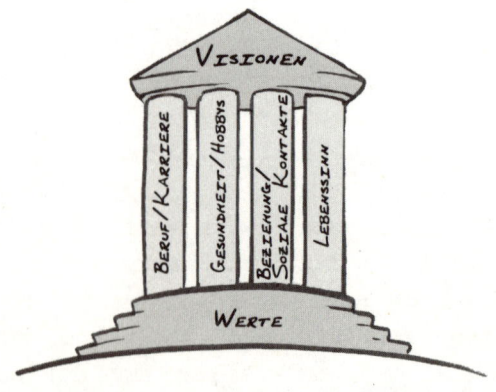

Frau Graf entscheidet sich in den nächsten Monaten dazu, innerhalb ihres Unternehmens eine höher dotierte Stelle anzunehmen. Ihr Aufgabengebiet erweitert sich und sie fühlt sich nun viel mehr gefordert, was ihr sehr gut tut. Sie beendet die Sitzungen bei mir, weil sie nun viel zufriedener ist. Frau Graf hat nicht mehr das Gefühl, dass ihr Leben eine einzige Routine ist.

Zwei Jahre danach ...

»Stellen Sie sich einmal vor, Frau Lienhart, was mir passiert ist«, raunt mir Frau Graf zu, als ich sie zwei Jahre nach unserem letzten Coachingtermin zufällig auf dem Markt treffe. Frau Graf arbeitet noch im selben Unternehmen, jedoch in einer anderen Abteilung, die mehr Kreativität von ihr fordert, die sie nur allzu gerne gibt. Sie korrigiert keinen Text mehr, sie macht ihn!

»Glückwunsch!«

Frau Graf winkt ab. »Nicht so wichtig. Stellen Sie sich lieber mal vor, was ich habe.«

Das Häuschen mit dem schönen Garten fällt es mir wie Schuppen von den Augen. »GEORG!«, ruft Frau Graf lachend. »Georg ist da, erinnern Sie sich? Der Mann vom Foto!«

Nur zu gut erinnere ich mich. War Georg doch irgendwann und immer freimütiger bei jedem Coaching bzw. bei jeder Vision dabei. Bildlich natürlich, aber Frau Graf hatte es immer wieder geschafft, ihn bei ihrer »beruflichen Thematik« einfließen zu lassen.

»Wissen Sie, ich habe mir erlaubt, nach unserem Coaching immer mal wieder an ihn zu denken, von ihm zu träumen, mir auszumalen, wie es wäre mit Georg. Georg, der auf dem Sofa neben mir sitzt. Mir die Füße massiert. Oder wie er mit einer Tasse Kaffee im Garten sitzt und in ein Buch vertieft ist.« Frau Graf hält einen Moment inne, dann flüstert sie mir zu: »Eines Tages habe ich ihm sogar einen kleinen Schlüsselanhänger gekauft, pro forma quasi. Und zur Verkäuferin habe ich gesagt ›den schenke ich später einmal meinem Traummann!‹«

»Und dann?«

»Lange lag der Anhänger in meinem Schlafzimmer auf der Fensterbank. Dort hat er tagsüber in der Sonne gelegen und mir in manch einsamen Momenten Gesellschaft geleistet und mich an meine Visionen und was schon alles passiert ist, erinnert. Immer mal wieder habe ich ihn betrachtet, naja, und an Georg gedacht und mir vorgestellt, wie das wäre ...«, strahlt mich Frau Graf an. »Und dann bin ich ja zu diesem Tauchkurs gefahren ... Jetzt trägt der ›falsche‹ und doch der richtige Georg den Schlüsselanhänger mit großem Stolz an seinem Schlüsselbund. Er liebt die Geschichte dazu sehr. Hätten Sie das gedacht?!«

Motorrad-Susi
Coach: Ursu Mahler

»Hallo, Frau Mahler, es hat funktioniert, es hat geklappt! Ich fasse es nicht – es ist tatsächlich wahr! Das Geld ist seit gestern auf meinem Konto!«

Die Stimme am anderen Ende des Telefons zerfetzt mir fast das Ohr. Dröhnender Jubel, Freude pur. Susanne Hoppe ist total aus dem Häuschen, flippt regelrecht aus. Sie kriegt sich nur langsam wieder ein. Schließlich hat sie ja auch allen Grund, sich unbändig zu freuen.

Vier Monate ist unser erster Kontakt her. Mit meinem Büro verhandelt sie einen Coaching-Termin, sagt meiner

Assistentin, es sei sehr dringend; möglichst einen Termin gleich am Montag (heute ist Donnerstag) will sie haben. Als ich sie am Montag für ein Vorgespräch zurückrufe, wiederholt sie mehrmals im Verlauf des Gesprächs:»Ich weiß gar nicht, wie ich da hineingeraten bin. Ich weiß gar nicht, wie das passieren konnte.« Chaotisch und unstrukturiert erzählt sie, dass ihr Chef sie loshaben möchte. Und der zweite Chef auch. Dass auch die Personalabteilung ihr dazu rät zu gehen. Jetzt, mit 43 Jahren, könne sie ja noch etwas anderes finden.»Soll ich gehen oder soll ich bleiben? Das ist die Frage. Ich weiß es nicht. Und dafür brauche ich jetzt Hilfe.« Und noch einmal:»Ich weiß überhaupt nicht, wie ich da hineingeraten bin?« Ich wälze meinen Kalender und vereinbare einen Vier-Stunden-Termin mit ihr. Mittwoch dieser Woche. Ich nenne den Preis und sie schluckt, zögert kurz, sagt dann:»Ja, geht in Ordnung.«

Bis Mittwoch sind es nur noch zwei Tage.

Also gehe ich die Fragen des Coaching-Bogens am Telefon mit Frau Hoppe durch und erfahre:

Sie arbeitet seit fast 20 Jahren in einem Unternehmen der Luft- und Raumfahrtindustrie. Nach dem Abitur absolvierte sie eine Sekretärinnenausbildung, danach ging sie ein Jahr in einen Ashram nach Indien und ein dreiviertel Jahr war sie in Brasilien in einer Landkommune. Anschließend begann sie, im jetzigen Unternehmen zu arbeiten. Zuerst war sie im Controlling tätig, nach einigen internen Umbesetzungen wurde sie beim Abteilungsleiter Vertrieb angesiedelt. Als dieser eine Geschäftsführerposition erhielt, wurde Frau Hoppe mit ihm »upgegradet«. Sie berichtet weiter:

»Vor zwei Jahren wechselte mein Chef in eine andere GF-Position. Spätestens seit dem ist total der Wurm drin. Er hat mich nicht mitgenommen. Ich habe einen neuen Chef bekommen, jünger als ich, erst 38 Jahre alt. Er hasst mich. Er hat von Anfang an versucht, mich loszuwerden. Und mein alter Chef gibt mir keinerlei Unterstützung mehr. Die machen mich richtig fertig. Es ist die Hölle.« Ihre Stimme wird leiser. Ich spüre ihre Anspannung, fühle die Kränkung und höre ihren schweren Atem. Jetzt wird mir klar, warum es ein Termin gleich am Montag sein sollte.

In mir regt sich weibliche Solidarität. Das können die Herren nicht bringen. Jemanden »wegzumobben« anstatt zu reden und einzufordern? Schließlich sind die beiden Führungskräfte und das auf oberster Ebene. Waren all die Seminare und Trainings, die sie garantiert durchlaufen haben, für die Katz? So viel »Feigheit vor dem Feind« ist nicht akzeptabel.

Mittwoch um 16:00 Uhr klingelt Susanne Hoppe. Sie trägt in der linken Hand ihren Motorradhelm, auf dem Rücken einen Sportrucksack, mit dem sie locker zwei Tage Hüttenwanderung absolvieren könnte. Sie wirkt rustikal, herb, ist korpulent und nachlässig, fast schlampig gekleidet. Das halblange Haar hängt strähnig, fettig, ungepflegt herunter. »Ich bin die Susi«, sagt sie und streckt mir die Hand entgegen. Ich bin von ihrem Äußeren leicht irritiert und frage: »Kommen Sie direkt vom Büro?« »Ja, ich hab's gerade so geschafft – Punktlandung.« Ich höre meine innere Stimme, die laut und deutlich sagt: »Mein lieber Mann, so kann sie als GF-Assistentin aber nicht auftreten. Das ist doch wohl nicht wahr!« Ich versetze mich sekundenlang in die Rolle ihres Chefs und habe kein gutes Gefühl dabei.

Susanne Hoppe verlangt mir viel ab. Blitzschnell hinterlegt mein Hirn, dass über ihr Äußeres noch zu reden sei.

Wir starten, indem sie mir nochmals ihre Unentschlossenheit und Unsicherheit – bleiben oder weggehen – schildert: »Ich bin inzwischen so fertig, dass ich dazu tendiere, möglichst schnell zu gehen. Ich bekomme da keinen Fuß mehr auf den Boden.« Sie berichtet, dass der Chef sie anbrüllt, als völlig unfähig und überfordert tituliert, sie manchmal: »Sind Sie schwachsinnig?« fragt und sich mit ihrem Ex-Chef am Telefon laut über sie und ihre Blödheit unterhält. »Seit wann geht das so?«, frage ich sie. »Seit circa zwei Jahren.« »Gab es einen konkreten äußeren Anlass? Können Sie dieses Verhalten der beiden Chefs an irgendetwas festmachen? Gab es bei Ihnen Veränderungen?« »Ja und nein. Ich habe mich vor circa vier Jahren auf eine intern ausgeschriebene Auslandsstelle beworben, wäre gerne nach Brasilien gegangen. Ich hab die Stelle aber nicht bekommen. Mein Chef wusste nicht, dass ich mich bewerbe. Der hat das wohl von der Personalabteilung erfahren. Ich glaube, er war sauer. Er hat aber nie etwas zu mir gesagt, und ich habe es auch nicht angesprochen.« »Okay, das könnte ein Grund sein. Jetzt lässt er Sie das bitter schmecken. War nicht sehr klug, wie Sie das eingefädelt haben, ist Ihnen schon klar? Aber lassen Sie uns auf das Hier und Jetzt schauen: Was wollen Sie denn, was sagt denn Ihre innere Stimme? Standhalten und kämpfen oder weggehen und neu beginnen?« »Ich habe keine Kraft mehr zum Kämpfen. Die letzten zwei Jahre haben mich mürbe gemacht. Ich will weggehen. Aber ich weiß nicht, was dann.« »Welche Ideen haben Sie dazu? Was könnten Sie sich denn vorstellen? Wozu haben Sie denn Lust und Motivation?« Ich ziehe am Flipchart zwei senkrechte Linien, sodass drei Spalten entstehen und schreibe über die erste »Im Notfall«, über die zweite »Kann ich mir vorstellen«, über die dritte »Mein Traum, das wäre es«.

Dann biete ich Frau Hoppe den Filzstift an und bitte sie, am Flipchart aufzulisten.

In der Rubrik »Im Notfall« schreibt sie:
- bleiben und aushalten
- intern versetzen lassen
- irgendwo neu bewerben
- selbstständig machen mit Office-Schreibservice
- Portugiesisch-Übersetzerin werden

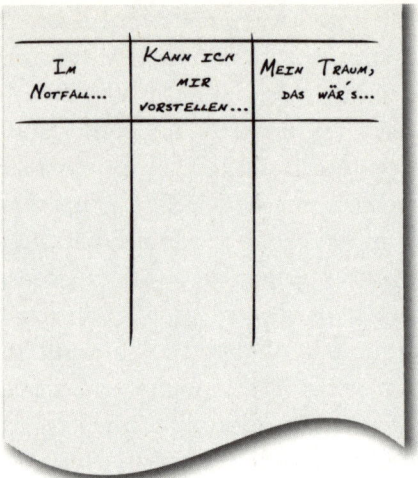

Die Rubrik »Kann ich mir vorstellen« füllt sie mit:
- neue Stelle ganz woanders/andere Stadt
- bei gleichem Gehalt in ganz anderer Branche anheuern
- nach Indien in einen Ashram ziehen
- nach Brasilien, für Audi, BMW oder Siemens arbeiten

In die dritte Spalte »Mein Traum« schreibt sie, ohne zu zögern:
- die Biker-Kneipe bewirtschaften.

Sie dreht sich um, lacht mich das erste Mal an. Dann legt sie den Stift weg. »So sieht es aus. Mehr fällt mir nicht ein.« Ihr Körper strafft sich, sie steht aufrecht und kraftvoll im Raum, und noch bevor ich etwas sagen kann, klopft sie mit der Hand gegen die dritte Spalte des Charts und wiederholt mehrmals: »Mein Traum, mein absoluter Traum. Mein Gott wäre das super. Ja, das wär's. Das ist wie geschaffen für mich. Ich fahre ja selbst 'ne Maschine und fühle mich bei den Bikern wohl.« So wie sie da steht, ist sie total stimmig. Plötzlich passt alles zusammen: ihr Äußeres, ihre rustikale Art aufzutreten, der Rucksack, ihr »Bequem-Look«. Ich kann sie mir sehr gut in einer Biker-Kneipe vorstellen.

»Erzählen Sie doch noch etwas mehr darüber!« Und Susanne Hoppe spricht von ihrem Motorradführerschein, den sie vor vier Jahren gemacht hat, dass sie seitdem mindestens einmal im Monat, im Sommer sogar jedes zweite Wochenende, Richtung Ulm fährt. Dort ist sie aufgewachsen, erzählt sie weiter. Und dort hat sie ihre Motorrad-Clique. »Die Leute mögen mich.«

»Wie war das denn vor dem Motorradführerschein? Wo waren Sie denn da zuhause?«, frage ich sie. »Schon auch in Wiblingen. Aber da war ich nicht so oft dort. Da habe ich ab und zu mal was mit den Kollegen und Kolleginnen unternommen. Da war ich auch noch viel schnieker.« »Was meinen Sie damit – schnieker?« »Na ja, eben eher Kostüm und Schuhe mit Absatz und so. Seit ich die BMW fahre habe ich keine Lust mehr auf so etwas.« Ich stelle mir ihre allmähliche Wandlung von der äußerlich dem klassischen Bild der Sekretärin entsprechenden Vorzimmer-Assistentin zur »Biker Lady« vor. Und verstehe ihren Ex-Chef, der diese Veränderung miterlebte, jetzt besser. Die Auseinanderentwicklung der beiden kommt mir vor wie eine langjährige Beziehung, in der nicht mehr geredet wird, nur noch gewartet und erwartet wird, dass der andere »es« doch merken müsse. Offensichtlich war die »Übergabe« vom alten an den neuen Chef bereits geprägt von dessen negativen Wahrnehmungen und wurde 1:1 übernommen. Ein Beispiel dafür, wie uns Meinung und Wahrnehmung anderer, die uns »ins Bild setzen«, beeinflussen. Die Situation ist ziemlich verfahren. Trotzdem, wichtig ist, was meine Klientin will und braucht. Um sie geht es hier.

Auch das ist Coaching-Ansatz und Grundhaltung: Nicht, was ich mir vorstelle, nicht meine Sichtweise und meine Vorstellungen sollen hier zum Tragen kommen, sondern

Susanne Hoppe und ihre Wünsche und Möglichkeiten stehen im Mittelpunkt.

»Frau Hoppe, ich …« »Sagen Sie doch einfach Susi zu mir«, unterbricht sie mich. »Das ist mir lieber – ich bin die Susi.«

»Okay, ich fasse kurz zusammen: Sie haben vor circa vier Jahren den Motorradführerschein gemacht und sich persönlich – auch äußerlich – entwickelt und verändert. Von der ›schnieken‹ Susi zur sehr legeren Motorrad-Susi. Und als Sie sich vor vier Jahren intern bewarben, hatte dies einen Bruch im persönlichen Verhältnis zwischen Ihnen und Ihrem Chef zur Folge.« »Ja, das ist wohl so. Ich habe mich schon sehr verändert.« »Susi, ich benenne die Fakten hier nochmals so deutlich, weil mir wichtig ist, dass Sie klar sehen, wie diese Entwicklung zustande kam. Am Telefon sagten Sie ›Ich verstehe gar nicht, wie ich da hineingeraten bin.‹ Das war ein schleichender Prozess, nicht ein spezieller Auslöser, sondern offensichtlich passten da zwei Wertvorstellungen und Lebensentwürfe nicht mehr zusammen. Das ist der Ist-Zustand, die jetzige Situation. Das ist überhaupt nicht zu bewerten – nicht gut, nicht schlecht, sondern es ist so. Punkt. Basta. Und hier setzen wir an.«

Ich deute auf das Flipchart und frage sie: »Mein Traum – ist das wirklich Ihr Traum?« »Absolut, da bin ich mir ganz sicher. Das scheitert nur am Geld.« »Wie das? Wieso am Geld?« Susi erklärt mir, dass die Biker-Kneipe, die eigentlich »Waldwirtschaft zur Grünen Gans« heißt, im nächsten Frühjahr neu verpachtet wird und dass das natürlich kostet. »Circa 20.000 Euro muss ich aufbringen. Und ich muss, wenn ich jetzt kündige, die Zeit bis zu den ersten Einnahmen überbrücken – etwa ein halbes Jahr. Ich lebe sparsam, aber 2.500 Euro im Monat brauche ich mit Miete und Versicherungen – und dann der Umzug – alles in allem sicher 20.000 Euro, und dazu 20.000 Euro für die Pacht.« »Haben Sie eine Rechtsschutzversicherung?« »Ja, schon ewig, aber nie gebraucht.« »Sehr schön, kommt uns jetzt genau richtig. Wir

peilen also 50.000 Euro an. Das ist realistisch. Rechtsanwalt
Dr. Fritsch wird das im Detail prüfen und hinbekommen.«
Susi schaut mich irritiert an, und ich erkläre ihr lachend:
»Jetzt machen wir ›klar Schiff‹, ›Nägel mit Köpfen‹, verstehen
Sie? Wie viel bekommen Sie denn offiziell als Abfindung?
Was steht Ihnen denn zu?«»Man hat mir 4.000 Euro ange-
boten, weil ich damals einen ziemlich blöden Vertrag unter-
schrieben habe, nach dem mir eigentlich gar keine Abfindung
zusteht. Ich habe da nie drauf geachtet. Konnte ja nicht
ahnen, dass das mal so kommt.«»Susi, ab sofort ist Ihre
Marge 50.000 Euro. Die wollen Sie, die kriegen Sie. Klar?«
Susi ist baff und kaut auf der Unterlippe. »Das werden die
nie bezahlen. Niemals.«»Nehmen Sie augenblicklich das
›Niemals‹ aus Ihrem Hirn. Programmieren Sie um: ›Ich
bekomme 50.000 Euro und keinen Cent weniger‹.«

Es macht mir großen Spaß, ab und an in der Coaching-Arbeit handfest und pragmatisch um »Pfründe« zu ringen.
Materiell für und mit meinem Klienten das herauszuholen,
was ihm zusteht. Da schlägt dann doch die auf Sicherheit
und materielles Wohlergehen bedachte Beamtentochter in
mir durch. Manchmal gilt eben auch – siehe Bertolt Brecht –
»Zuerst kommt das Fressen und dann die Moral ...«
    »So, und jetzt üben wir mal, wie Sie demnächst das Ge-
spräch mit Ihrem Chef führen werden.«
    Beim ersten Versuch stakst und stottert Frau Hoppe, ent-
schuldigt sich fast dafür, dass sie eine Abfindung fordert. Wir
üben. Beim zweiten Versuch eiert sie gewaltig herum. Wir
üben. Beim dritten Durchlauf ist sie sehr viel klarer, konkreter
und hält den Blickkontakt zu mir (ihrem vermeintlichen
Chef) aufrecht. Sie steht gerade und selbstbewusst, lächelt
freundlich und hat die Hände ohne »zappeln«, Handflächen
offen, vor dem Bauch. Vor der vierten Sequenz bitte ich sie,
das Gespräch, bei dem sie sich auf keine Diskussion einlässt,
mit dem Satz: »Herr Dr. Fritsch, mein Anwalt, wird sich

direkt mit der Personalabteilung in Verbindung setzen und für mich verhandeln«, zu beenden.

Susi haut sich auf die Schenkel und gurgelt:»Was für ein irres Gefühl, ich breche gleich zusammen. Das ist ja verrückt.« Unsere Strategie ist klar: Susi Hoppe vermittelt ihrem Chef:»Entweder du musst weiter mit mir vorlieb nehmen – und glaube bloß nicht, dass ich mich ändere – im Gegenteil: Ich werde dir das Leben schwer machen – oder ich erhalte eine anständige Abfindung und bin hier in vier Wochen weg. Lieber Chef, du hast die Wahl!«

»Haben Sie eine Betriebsrente?«»Ja natürlich, haben alle bei uns.«»Super, dann kommt ja noch was hinzu. Das wird aber Dr. Fritsch für Sie aushandeln. Er hat schon mehrmals Klienten von mir in kniffligen Situationen sehr geholfen. Er ist spezialisiert auf solche Fälle.« Ich gebe ihr Adresse und Telefonnummer des Anwalts und schlage ihr dann vor, ein letztes Mal mit klarer Sprache, stimmiger Körpersprache und dem Selbstbewusstsein des»Es ist okay, dass ich das fordere« mit mir/ihrem Chef zu reden. Sie löst die Aufgabe bravourös, überzeugend, echt.

Unsere Zeit ist bis auf fünf Minuten vorbei. Ich könnte jetzt noch ein paar Minuten Small Talk machen und sie dann verabschieden. Es arbeitet aber in meinem Hirn:»Da war doch noch etwas, was du ihr mitgeben wolltest.« Meine innere Stimme ist unerbittlich und laut.»Nicht kneifen«, sagt sie und ist nicht zu überhören.»Ich möchte noch etwas mit Ihnen besprechen, Susi. Darf ich Ihnen eine Rückmeldung geben dazu, wie ich Sie wahrnehme?«»Ja, natürlich.« Leicht irritiert sieht sie mich an und sagt noch einmal:»Ja, klar. Machen Sie.«

Mir wird einmal mehr bewusst, wie schmal der Grat ist, auf dem ich als Coach wandle. Wie nahe liegen hilfreiche Intervention, Hilfe zur Selbsthilfe und Überforderung/Verunsicherung des Klienten beieinander. In meiner Coaching-Arbeit verlasse ich mich oft auf meine Intuition, mein Bauchgefühl.

»Susi, weshalb gehen Sie so lieblos mit sich um?« »Wieso lieblos, ich bin doch nicht lieblos zu mir.« »Mit lieblos meine ich: Weshalb vernachlässigen Sie Ihr Äußeres so? Ihre Haare sind strähnig, Ihr ›Schlabber-Look‹ ist mehr fürs Joggen als für den beruflichen Bereich gedacht. Weshalb?« »Ich mache mir eben nicht so viel aus Äußerlichkeiten, schon lange nicht mehr.«

»Das ist das eine, Susi. Sich nicht viel aus Äußerlichkeiten zu machen, ist ja völlig okay. Das andere ist, dass Sie sich mit Ihrem jetzigen Auftreten abwerten. Ich schlage Ihnen vor, nehmen Sie die Anregung einfach mit, lassen Sie's auf sich wirken. Sie sind eine kraftvolle, lebensfrohe und kluge Frau. Zeigen Sie doch auch über Ihr Äußeres, dass Sie sich mögen und wertschätzen.« Vier, fünf Sekunden, die mir endlos lang erscheinen, herrscht absolutes Schweigen. Wir stehen uns gegenüber. Und dann, völlig unerwartet und unvermittelt, umarmt Sie mich. »Das hat mir so noch niemand gesagt, danke«, nuschelt sie an meinen Hals. »Danke.« Ich umarme sie herzlich und warm zurück.

Einen Moment stehen wir so. Dann löst sie sich und sagt flapsig: »Gut angelegt das Geld, das ich da investiere. Bekomme ich doch glatt auch noch Sachen, die ich gar nicht erwartet habe.«

Wir verabschieden uns mit einem herzlichen Händedruck. Ich sage zu ihr: »Lassen Sie mich das Ergebnis bitte wissen. Ich freue mich darauf.« »Da können Sie aber sicher sein.« Schon unter der Tür stehend sagt sie: »Ich melde mich – definitiv.« Ich antworte: »Das hoffe ich – definitiv.«

Als ich die Tür geschlossen habe, lehne ich mich einen Moment dagegen und denke lächelnd, Coaching heißt, Menschen Wege aufzuzeigen, die sie selbst nicht sehen. Manchmal ganz pragmatisch, manchmal komplizierter und langwieriger, immer aber zum Wohle und zur Weiterentwicklung des Klienten.

Ich bin zufrieden mit dem heutigen Tag.

Die Wunderfrage
Coach: Dr. Petra Bock

Holger Stephani ist Fernseh-Produzent. Groß, dynamisch, zupackend. Er trägt ein kurzarmiges Hemd, obwohl es draußen nicht mehr als fünf Grad Celsius hat.

»Seit Jahren schwirrt mir dieser Stoff durch den Kopf und ich bekomme ihn nicht raus«, sagt er.

»Ich drücke mich davor, das alles runterzuschreiben und gleichzeitig lässt es mich nicht los. Ich denke seit Jahrzehnten jeden Tag an diese Geschichte. Sie quält mich schon richtig. Ich weiß nicht, was mich so blockiert.«

Stephani wollte immer Drehbuchautor werden. Aber irgendwie ist er, wie er sagt, in die Produktion gerutscht und kümmert sich jetzt um alles. Die Auswahl der Stoffe, die Organisation, das Budget, den Kontakt mit den Autoren und den Sendern. Er tut alles. Außer schreiben.

»Wie lange sind Sie jetzt schon beim Fernsehen?«, frage ich ihn.

»Fragen Sie das nicht! Es sind fast 20 Jahre. Seit meiner Zeit an der Film- und Fernsehhochschule bin ich dabei.« Er schüttelt den Kopf über sich selbst.

Stephani ist Anfang Vierzig und verheiratet. Er hat eine gut dotierte Stelle bei einem großen Privatsender, hat Macht und Einfluss und ist im Mediendschungel bestens mit den wichtigen Köpfen verdrahtet. Trotzdem ist er unglücklich. Zwischen seinen Augen hat er eine tiefe Sorgenfalte.

»Die anderen haben den guten Job. Die Autoren. Wie ich sie beneide! Sie können einfach schreiben, ihre Themen anbieten, sich verwirklichen. Und ich? Ich werde von den Sendern und meinem Boss ›getreten‹, muss öfter ›nein‹ zu guten Ideen sagen als mir lieb ist und bin überhaupt der Buhmann für alle.«

Stephani redet sich seinen Frust von der Seele. Ich höre ihm einfach zu. Mache Notizen. Sehe ihn mir ganz genau an. Da sitzt ein Mensch, der seine Träume seit 20 Jahren vertagt hat. Jetzt muss eine Menge raus und ich gebe ihm diesen Raum.

»Was sagen Sie dazu?«, fragt er schließlich. »Bin ich ein besonders schwerer Fall?«

»Nein«, antworte ich, »Sie sind ein ganz normaler ›Fall‹. Mich interessiert: Was hat Sie bisher daran gehindert, Drehbuchautor zu werden?«

Wir gehen seine berufliche Laufbahn durch. Film- und Fernsehhochschule, Produktionsassistenz, dazwischen Drehbuchworkshops, dann wieder Produktion. Vom Assistenten wird er zum Produzenten. Seine Projekte werden bedeutender, die Etats höher. Schließlich leitet er einen eigenen Bereich.

»Das klingt nach einer Bilderbuchlaufbahn. Wie schaffen Sie das, so gut in einem Beruf zu funktionieren, den Sie gar nicht ausüben wollen?«, frage ich ihn.

Er schweigt eine Weile, bevor er antwortet: »Hm, weiß nicht.«

»Sie sind der Experte Ihres Problems«, sage ich, »verraten Sie uns, wie Sie das machen, einen ungeliebten Beruf erfolgreich auszuführen und gleichzeitig direkt dabei zuzusehen, wie andere den Traumberuf ausüben.«

»Ja, das ist in der Tat eine eigenartige Sache«, sagt Stephani. Jetzt ist er ruhiger geworden.

»Ich glaube, es waren eine Menge sogenannter guter Gelegenheiten, die mich nach und nach von meinem Weg abgebracht haben. Ich hatte zwar immer den Drehbuchtraum im Kopf, aber dann kamen Anfragen von Produzenten und ich habe schlicht und einfach nicht Nein gesagt.«

»Ja, der Weg in den falschen Beruf ist gepflastert mit guten Gelegenheiten«, sage ich. Stephani lacht.

»Ich denke, das ist noch nicht die ganze Miete«, fahre ich fort, »ich möchte wissen, wie Sie es schaffen, sich immer wieder von Ihrem eigentlichen Traum abzulenken, obwohl Sie die Gelegenheiten direkt vor Ihren Augen haben.«

»Ich denke dann: später«, antwortet er. »Nur noch dieses Projekt, dann habe ich so viel geschafft, dass ich mich an meine Geschichte setzen kann. Ich hangle mich von Urlaub zu Urlaub in der Hoffnung, dann an meiner Geschichte zu arbeiten.«

»Und was passiert im Urlaub?«, frage ich.

»Da ärgere ich mich so über meine Schwäche, mein Funktionieren, dass gar nichts mehr geht.«

»Was würde denn passieren, wenn Sie Ihren Traum verwirklicht hätten?«

»Dann wäre ich endlich glücklich.«

»Wie wäre das? Wie würde ein Tag in Ihrem Leben aussehen?«

Stephani überlegt. »Ich glaube, ich wäre ruhiger, nicht mehr so gehetzt. Ich würde jeden Tag an meinem Schreibtisch sitzen und mich mit mir und meiner Geschichte beschäftigen. Ich würde mir einen Tee machen und einfach ruhig und ungestört arbeiten. Und am Abend hätte ich das gute Gefühl, etwas geschafft zu haben.«

Ich notiere folgende Punkte auf das Flippchart:

• Mich mit mir beschäftigen
• Ruhig und ungestört arbeiten
• Klare Arbeitsergebnisse

»Klingt nach Entschleunigung«, sagt er, als er alles gelesen hat.

»Klingt für mich nach einem wichtigen Kompass dafür, was Sie sich bei der Arbeit wünschen, was Ihnen wichtig ist und im Moment fehlt.«

»Stimmt, nichts von dem, was da steht, hat mit meiner derzeitigen Tätigkeit zu tun.«

»Klingt für mich aber auch danach, dass wir den Traum vom Drehbuchschreiben von zwei Seiten betrachten sollten. Einmal als innere Insel, als geistigen Zufluchtsort in einem Beruf, der Sie über Ihre Grenzen hinweg fordert. Wenn Sie ihn verwirklichen, haben Sie keine Insel mehr.«

»Aber ich hätte dann auch keine Probleme mehr!«

»Das ist im Moment vielleicht mehr als Sie sich tatsächlich vorstellen können. Manchmal sind unsere Gefühle langsamer als unser Verstand. Wir können uns oft nicht vorstellen, eine Sache, die zwar schmerzhaft ist aber vertraut, loszulassen. Das ist wie in Beziehungen, die sich überlebt haben. Wir halten daran fest, weil wir uns mit ihnen eingerichtet haben. Aber nicht nur mit ihnen, sondern auch mit den inneren Inseln, die gleichzeitig entstanden sind. Mit Tagträumen, die uns über Wasser halten.«

»Dann wären die Tagträume ja etwas Schlechtes!«, wirft er ein.

»Ich finde, das sind sie auch. Und zwar dann, wenn wir sie ewig mit uns herumtragen, ohne ihnen eine echte Chance zu geben. Nach dem Motto, eines Tages werde ich dies und jenes machen, stabilisieren wir eigentlich den Status quo, weil wir uns kurzfristige Entlastung schaffen.«

»Und was ist die zweite Seite, von der aus ich das Drehbuchschreiben betrachten sollte?«, fragt Holger Stephani.

»Sie sollten den Traum ernst nehmen und fragen, wie er zu verwirklichen ist.«

Stephani ist überrascht.

»Jetzt haben Sie mich von hinten kalt erwischt«, sagt er ernst. »Ich habe jetzt richtig spüren können, wie groß meine Angst ist, den Traum ernst zu nehmen. Über meinen Produktionsjob zu jammern und zu klagen, das ist einfach, auch wenn es sich schlecht anfühlt. Aber das mit dem Drehbuchschreiben ernst zu nehmen, das erscheint mir plötzlich wie ein riesiger Berg.«

Stephani ist ganz starr geworden in seinem Sessel. Seine Sitzhaltung wirkt verkrampft. Er ist in der sogenannten Problemphysiologie. Seine Körperhaltung spiegelt die innere Anspannung wider. Eigentlich paradox. Wir sprechen über die Lösung, über die Verwirklichung seines Traumes und sein Körper verkrampft sich. Aber es zeigt genau den Kreislauf, in dem er sich seit Jahren bewegt. Der Traum, die eigentliche Lösung seines Problems, ist zum Problem selbst geworden. Das beobachte ich im Coaching häufig. Gerade wenn es um lang gehegte Wünsche oder Ziele geht. Als ob die Enttäuschung über das lange Warten sich wie ein Schatten auf die Lösung gelegt hätte. Der Klient wünscht sich nichts mehr, als das Problem loszuwerden, muss aber erst lernen, die Lösung nicht mehr zu problematisieren. Wenn das geschafft ist, ist der Weg meist frei für recht schnelle und tragfähige Veränderungen.

Ich entscheide mich dafür, die Verkrampfung und Verwirrung Holger Stephanis zu nutzen. Da ich nicht weiß, welche verschlungenen inneren Pfade seine Lösung zum Problem gemacht haben und befürchte, dass ich das Problem weiter festige, wenn ich es noch mehr vertiefe, überspringe ich eine weitere Analyse und beschließe, ihn mit der Wunder-Frage in einen Lösungszustand zu begleiten. Ob das gelingt, kann ich an seinem Körper gut beobachten.

»Nehmen wir an«, beginne ich unvermittelt, »dieses Coaching wäre für Sie ein Erfolg und Sie würden heute Abend nach Hause gehen und sich irgendwann ins Bett legen, vielleicht noch etwas lesen, und irgendwann einmal würden Sie müde werden und einschlafen.« Stephanis Blick wird ein wenig glasig, sein Kiefer entspannt sich, er lässt sich auf die Trance-Sprache, die ich benutze, ein. Er nickt.

»Und irgendwann würden Sie einschlafen, tief einschlafen und in diesen Stunden des Tiefschlafes würde ein Wunder geschehen. Einfach ein Wunder. Ein Wunder, das Ihr Problem auf einmal löst. Ohne, dass Sie etwas dafür tun müssten, wie Wunder eben so sind.« Ich mache eine Pause. Aus Stephanis Gesicht ist die Anspannung gewichen. Sein Körper wirkt aber noch genauso verspannt wie zu Beginn meiner Intervention. Er hört mir zu.

»Und am nächsten Morgen würden Sie aufwachen wie immer. Aber weil in der Nacht ein Wunder geschehen ist, ist doch alles ganz anders.«

Stephani nickt wieder, sagt aber nichts.

»Was ist anders? Woran erkennen Sie, dass in der Nacht das Wunder geschehen ist?« Ich warte auf eine Reaktion Stephanis. Zunächst tut sich nichts. Dann setzt sich Stephani gerade in den Sessel. Er legt die Hände parallel auf seine Oberschenkel, die Schultern sind jetzt locker, beide Füße berühren den Boden. Ich bin gespannt, welche Lösung sich in ihm entwickelt hat.

»Ich wache auf und sage zu meiner Frau: Heute fange ich an. Heute fange ich einfach an mit meiner Geschichte.« Ich höre aufmerksam zu.

»Es ist für mich ganz klar. Es ist kein Drama mehr. Ich stehe einfach auf, mache mir Kaffee, entschuldige mich beim Sender, fahre meinen Computer hoch und fange an zu schreiben. Ich fange einfach an zu schreiben. Wahnsinn,« sagt er und sucht jetzt meinen Blick, »Wahnsinn.«

Ich nicke ihm zu und frage: »Woran erkennen Sie es noch, dass das Wunder geschehen ist?«

»Ich bin insgesamt ausgeglichener. Meine Entscheidungen stehen fest. Ich weiß, dass ich das Drehbuch schreiben werde. Ich habe die Gewissheit, dass ich meine Produktionsjobs runterfahren werde und es trotzdem geht.«

»Woran erkennt Ihre Frau, dass das Wunder geschehen ist?«

»Ich bin ruhiger und freundlicher zu meiner Frau. Ich nörgle nicht mehr. Ich frage sie, wie es ihr geht. Ich sehe sie wieder. Ich habe wieder Hoffnung für mein Leben. Und auch für sie und mich.« Stephani hat jetzt Tränen in den Augen. Er flüstert: »Sie wissen gar nicht, wie ich mich und meine Umgebung mit dem Thema gequält habe.«

»Wir sind immer noch dabei, das Wunder auszuwerten«, führe ich Stephani zurück in die Lösung.

»Welche Ressourcen haben Sie? Was unterstützt Sie dabei und hilft Ihnen, die Folgen des Wunders ganz und gar für sich zu nutzen?«, frage ich.

»Meine Frau ist eine Ressource. Und meine schöne Wohnung. Wir haben auch ein Ferienhaus in der Provence, das kommt mir sofort in den Sinn. Ich sollte da endlich mal hin. Nicht nur für eine Woche, sondern für mehrere Wochen. Mit meinem Laptop. Zuerst allein, später sollten meine Frau und unsere besten Freunde dazu kommen.«

»Wie können Sie bereits morgen dafür sorgen, dass das in die Wege geleitet wird?«, frage ich weiter.

»Ich kann mich mit meiner Frau zusammensetzen und die Auszeit in der Provence planen. Ich mache einen Termin mit meinem Chef und bitte ihn um eine mehrwöchige Auszeit.«

»Ist das realistisch?«, werfe ich ein.

»Es ist eine Verhandlungssache. Ich habe in den letzten zwei Jahren so gut wie keinen Urlaub genommen. Ich könnte das hinbekommen. Ich will das hinbekommen.«

»Das klingt gut«, sage ich. Er lächelt. Ich lächle auch.

»Was noch?«, frage ich.

»Nichts«, sagt er, »ich tu es einfach.«

Wir schweigen.

»So einfach ist das«, sagt er und atmet tief durch.

»So einfach ist das«, bestätige ich.

Wir schweigen noch einen Moment. Dann beende ich die Sitzung und entlasse Holger Stephani in den Abend. Mit federndem Schritt läuft er seinem Wunder entgegen.

Manchmal ist es einfach gut, so zu tun, als wäre die Lösung gar kein Problem.

DANKSAGUNG

Wir bedanken uns bei
Bilen Asgodom, Susi Bihr, Siegfried Brockert, Bernd
Carl, Christian Dombrowski, John Horman, Monika
Jonza, Annette Kräter, Sonja Lienhart, Waltraud Lüde-
mann-Wieringa, Yasmine Matheis, Jutta Mönninghoff,
Marie Neuser, Dagmar Olzog, Elke Opolka, Ursa Paul,
Kara Pientka, Markus Pölloth, Beatrix Riedel, Lydia
Roeber, Heike Schiffmann, Prof. Dr. Lothar Seiwert,
Dorit Spiller, Regina Volk-Thoma, Evelyn Walther,
Denise Zöphel, unseren jeweils vier »mitschreibenden«
Kolleginnen und allen Coachingkunden, mit denen wir
immer wieder lernen und Neues entwickeln können

Die Autorinnen

SABINE ASGODOM ist eine der bekanntesten Management-Trainer und Coaches im deutschsprachigen Raum. 1999 hat sie ihr Unternehmen »Asgodom live. Training. Coaching. Potenzialentwicklung« in München gegründet.

Ihr Menschenbild wird geprägt von der Positiven Psychologie nach Professor Martin Seligman. Ihr Berufs-Ethos ist, Stärken zu stärken und das Beste aus jedem Menschen herauszuholen.

Gemeinsam mit dem Diplompsychologen Siegfried Brockert gibt sie jeden Monat einen Coaching Newsletter heraus. Darin finden Sie aktuelle Informationen zu Coaching und Selbstcoaching, Experten-Interviews, Praxisberichte, bewährte Übungen und lebenspraktische Tipps für alle, die etwas in ihrem Leben verändern wollen: Eine Kostprobe und Informationen, wie Sie den E-Mail-Newsletter beziehen können, finden Sie auf der Internet-Seite www.coach-of-coaches.de.

Sabine Asgodom hat ein außergewöhnliches Gespür für Trends. Sie hat bereits Menschen gecoacht, als das Wort »Coaching« in Deutschland noch nahezu unbekannt war. Heute arbeitet sie mit Führungskräften aus Politik, Wirtschaft und Showbizz, und prinzipiell mit Menschen, die etwas Entscheidendes in ihrem Leben verändern wollen. Sie hat Anfang der Neunziger Jahre mit ihrem Bestseller *Eigenlob stimmt* den Begriff der Selbst-PR geprägt. Außerdem war sie die erste, die in Deutschland ein Buch über Work-Life-Balance, *Balancing*, veröffentlicht hat.

Zu ihren bekanntesten Büchern gehören zudem *Greif nach den Sternen*, *Die zwölf Schlüssel zur Gelassenheit* und – 2007 ein halbes Jahr auf der SPIEGEL-Bestseller-Liste – *Lebe wild und unersättlich*. Ihre Bücher wurden in zahlreiche Sprachen übersetzt und haben bisher eine Gesamtauflage von rund einer halben Million Exemplaren erreicht.

Sabine Asgodom hat seit 2002 einen Lehrauftrag für Selbst-PR an der Berufsakademie Heidenheim. Die »Financial Times« zählte sie 2004 als »Trainerin der Manager« zu den 101 wichtigsten Frauen der deutschen Wirtschaft. 2007 wurde sie in der Kategorie »Moderation und Entertainment« von Deutschlands Veranstaltungsplanern auf Platz eins gesetzt und mit dem »Conga Award« geehrt. Im September 2007 wurde sie für zwei Jahre zur Präsidentin der German Speakers Association (GSA) gewählt, der Vereinigung deutscher Spitzen-Trainer und -Coaches.

Sie wird als Key-Note-Speaker auf Kongresse und Veranstaltungen in Deutschland, der Schweiz und Österreich eingeladen. In ihren humorvollen Reden ruft sie zu Selbstverantwortung und Offenheit, Lebensbalance und wertschätzendem Umgang mit anderen Menschen auf.

Sabine Asgodom
Asgodom Live
Prinzregentenstr. 85
81675 München
E-Mail: info@asgodom.de
www.asgodom.de
www.coach-of-coaches.de

DR. PETRA BOCK ist Coach, Trainerin, Buchautorin und professionelle Rednerin mit Büros in Berlin und Köln. Sie ist Expertin dafür, wie man seine Berufung findet und erfolgreich umsetzt. Nach Jahren als »funktionierende Karrierefrau« in anspruchsvollen Wirtschaftspositionen hat sie Sinn, Spaß, Erfüllung und Erfolg in den Mittelpunkt ihrer Arbeit gestellt. Mit ihrem sehr erfolgreichen Buch *Die Kunst, seine Berufung zu finden* (Fischer-Taschenbuch), zahlreichen Medienauftritten und ihrer Arbeit als Coach hat sie Tausenden Menschen in Deutschland, Österreich und der Schweiz dabei geholfen, ihre ureigene Lebensaufgabe zu finden. Darüber hinaus berät sie deutschlandweit Führungskräfte aus namhaften Unternehmen, Selbstständige und Freiberufler bei der Entwicklung und erfolgreichen Umsetzung ihrer ganz persönlichen und stimmigen Karrierestrategie. In ihren Vorträgen, Seminaren, Rundfunkbeiträgen und Büchern besticht sie mit einer seltenen Mischung aus Humor, Eloquenz und Präzision.

Dr. Petra Bock ist Professionelles Mitglied der German Speakers Association (GSA), der Vereinigung Deutscher Spitzentrainer und der IFFIPS the International Federation of Professional Speakers. Sie hat zahlreiche Ausbildungen im Systemischen Coaching, Systemischer Organisationsaufstellung, NLP und Lösungsorientiertem Coaching absolviert. Sie ist lizenzierte Trainerin nach der LIFO-Methode. Dr. Petra Bock ist außerdem Ausbilderin für Coaches und bietet eine eigene Coaching-Ausbildung an.

Dr. Petra Bock
Coaching&Beratung
Albrechtstraße 13
10117 Berlin
E-Mail: kontakt@petrabock.de
www.petrabock.de

ANDREA LIENHART ist seit 1995 erfolgreich als Managementtrainerin, Supervisorin und Coach in Deutschland, Österreich und der Schweiz tätig. Sie begleitet Unternehmen, Teams und Einzelpersonen auf ihrem Weg, Veränderungsprozesse auszubauen, sich zu entwickeln und Zukunft zu gestalten. Zu ihren Kunden zählen Wirtschaftsverbände, mittelständische Unternehmen, Konzerne und Verwaltungen. Ihre Themenschwerpunkte sind Führung, Kommunikation, Karriere und Management.

Nach pädagogischem Studium, betriebswirtschaftlicher Zusatzausbildung, Supervisionsausbildung und langjähriger Berufspraxis in der Erwachsenenbildung startete sie ihre Karriere als selbstständige Managementtrainerin, Supervisorin und Businesscoach.

Sie ist professionelles Mitglied der German Speakers Association (GSA) und engagiert sich in verschiedenen Frauennetzwerken, z.B. bei Zonta, einem internationalen Zusammenschluss berufstätiger Frauen in leitenden oder selbstständigen Positionen und im BusinessCoachingnetz, einem bundesweiten Gruppencoaching-Angebot für Frauen. Zusätzlich ist sie Fachautorin einer Vielzahl von Artikeln, Aufsätzen und Newslettern.

Die Entwicklung des persönlichen Potentials und die Stärkung der eigenen Kompetenzen stehen im Mittelpunkt der Arbeit. Grundlage bildet dabei ihre Überzeugung, dass die notwendigen Ressourcen, um Ziele zu erreichen, im Menschen bereits vorhanden sind. Mit diesem systemisch orientierten Lösungsansatz unterstützt sie heute ihre zahlreichen Kunden darin, eigene Möglichkeiten im Berufsalltag zu entdecken, zu strukturieren und nutzbar zu machen.

Ihr Credo »Denke in Möglichkeiten, nicht in Schwierigkeiten« setzt sie seit Jahren erfolgreich um.

andrea lienhart
büro für
training coaching supervision
richard kuenzer str. 3a
79102 freiburg
E-Mail: info@andrea-lienhart.de
www.andrea-lienhart.de

URSU MAHLER ist bekannte Managementtrainerin und Coach. Nach einer sozialpädagogischen und psychologischen Ausbildung tourte sie zwei Jahre mit dem VW-Bus durch Nordafrika.

In Deutschland zurück, arbeitete sie in der Erwachsenenbildung und Therapie, ab 1981 – parallel zur Festanstellung - auch als Trainerin und Beraterin. Den Begriff Coach gab es zu dieser Zeit noch nicht. Therapeutische Zusatzausbildungen in Gestalttherapie und Psychodrama.

Mit dem Wechsel in die Industrie übernahm sie Führungsverantwortung und startete ihre zweite Karriere.

1991 legte sie den Grundstein für eine erfolgreiche dritte Karriere: Sie gründete ihr eigenes Trainings-Unternehmen.

Heute gehört sie zu den besten Trainerinnen Deutschlands. Ihre Trainings und Vorträge sind gleichermaßen Ereignis, Erlebnis und Entwicklungsmöglichkeit für die TeilnehmerInnen. Witzig, pfiffig, packend und unter die Haut gehend werden Themen präsentiert und erarbeitet.

Sie lebt, was sie lehrt, und überzeugt durch ihre spontane, natürliche Ausstrahlung und Herzlichkeit.

Sie ist Mitglied im Bundesverband deutscher Unternehmensberater (BDU), Mitglied im Forum »Werteorientierung« in der Weiterbildung e.V. und zertifizierte Unternehmensberaterin CMC/BDU (Certified Management Consultant).

2002 erhielt sie den »Teaching Award in Gold« der International Business School, Schweiz.

Autorin vieler Buchbeiträge, Fernlehrgänge, Fachartikel und Newsletter.

In ihre Arbeit fließen Inhalte aus der systemischen Beratung und Supervision, der Aufstellungsarbeit und aus dem NLP ein, zusätzlich ist sie zertifizierte DISG-Trainerin.

Ursu Mahler BDU
Managementtraining –
Potenzialentwicklung - Coaching
Karlstraße 41
80333 München
E-Mail: info@ursumahler-training.com
www.ursumahler-training.com

THERESIA VOLK. Ihr Kerngeschäft ist die Beratung. Sie arbeitet in einem großen Trainings- und Beratungsunternehmen in der Führungsebene und berät Top-Manager bei ersten Adressen aus Industrie und Dienstleistung – in internationalen Konzernen ebenso wie bei ehrgeizigen Mittelständlern. Im Fokus stehen die Themen Führung, Organisationskultur und Changemanagement.

Sie kennt die Innenansichten von Organisationen aus eigener Erfahrung: die hochtourige Leistungsdynamik ebenso wie die spezifischen Paradoxien des Managements. Sie hat sich den Blick für den Einzelnen darin bewahrt. In ihren Coachingprozessen entwirrt und entwickelt sie mit ihren Kunden den roten Faden.

Coaching ist für sie nicht nur Passion, sondern auch Profession: fachlich fundiert und wirkungsvoll. Es ist keine Zauberei, sondern Handwerk, Kunst und Begegnung gleichermaßen.

Die bekennende Geisteswissenschaftlerin (»denken hilft!«) verfügt über einen ausgewiesenen theoretischen und methodisch-fachlichen Beratungsbackground. Fundierte Ausbildungen – in TZI, Soziometrie, Psychodrama, systemischer Aufstellungsarbeit, gruppendynamisch und psychoanalytisch orientierter Supervision, systemisch-transaktionsanalytischer Organisationsentwicklung und Changemanagement – und kontinuierlicher Austausch mit den Profis aus Wissenschaft, Management und Beratung, bilden ihre Arbeitsgrundlage.

Sie ist Lehrbeauftragte, publiziert und referiert auf internationalen Kongressen zu Personal- und Managementthemen und ist Mitglied in der Deutschen Gesellschaft für Supervision (DGSv).

Am ICO, dem Institut für Coaching und Organisationsberatung in Augsburg, das sie mit gründete, bildet sie als Lehrtrainerin systemische Coaches und BeraterInnen aus.

Theresia Volk
Am Pfannenstiel 14
86153 Augsburg
E-Mail: thv@theresia-volk.de
www.theresia-volk.de

© Constanze Wild